schueleraustausch.de

Christian Gundlach, Sylvia Schill

**Austausch-Organisationen auf dem Prüfstand:
Infos zu über 70 Anbietern**

Ein Schuljahr in den USA und weltweit

Mit einem Vorwort
von Prof. Dr. Rita Süssmuth

Recherchen-Verlag
Verlag & Agentur Sylvia Schill, Berlin

Bibliografische Information Der Deutschen Bibliothek
Die Deutsche Bibliothek verzeichnet diese Publikation in der Deutschen Nationalbibliografie; detaillierte bibliografische Daten sind im Internet über http://dnb.ddb.de abrufbar.

Impressum
13., völlig neu bearbeitete und aktualisierte Auflage 2013/2014
© Copyright by Recherchen-Verlag,
Verlag & Agentur Sylvia Schill, Berlin
- Alle Rechte vorbehalten -
- Alle Angaben ohne Gewähr -
Druck: Beltz Bad Langensalza GmbH, Bad Langensalza
Umschlaggestaltung: Agentur Barth, Kaiserslautern
Grafik, Layout, Satz: Jens Todzy, Hamburg
Printed in Germany
ISBN-13: 978-3-930902-13-2

Alle Informationen in diesem Buch sind von den Autoren mit größter Sorgfalt gesammelt und vom Lektorat des Verlages gewissenhaft bearbeitet und überprüft worden. Da inhaltliche und sachliche Fehler nicht ausgeschlossen werden können, erklärt der Verlag, dass alle Angaben im Sinne der Produkthaftung ohne Garantie erfolgen und dass Verlag wie Autoren keinerlei Verantwortung und Haftung für inhaltliche und sachliche Fehler übernehmen. Zum Zeitpunkt der Drucklegung gültige Daten und Angaben unterliegen dem Zeitlauf. Aktuelle Ergänzungen und Neuigkeiten finden Sie im Internet unter „www.schueleraustausch.de".

(Redaktionsschluss: 01.03.2013)

Dieses Buch ist in jeder Buchhandlung im deutschsprachigen Raum erhältlich. Die Bezugsadressen für den Buchhandel sind

- BUGRIM Verlagsauslieferung
- Barsortimenter

Wer im lokalen Buchhandel Recherchen-Verlag Bücher nicht findet, kann diesen Titel auch im Internet bestellen:
www.schueleraustausch.de

Pressestimmen – ein Auszug

- ***Die Zeit:*** „(...) Detaillierte Tipps, vor allem für die Auswahl der Austauschorganisationen, gibt (...) Christian Gundlach in seinem Ratgeber „Ein Schuljahr in den USA". (...)"

- ***Frankfurter Rundschau:*** „(...) Neben Tabellen, die einen Vergleich der einzelnen Organisationen überhaupt erst ermöglichen, beantwortet der allgemeine Teil so gut wie jede Frage, die sich Schüler und Eltern stellen sollten.(...)"

- ***Capital:*** „(...) Bei der Entscheidung für oder gegen den mindestens 10.000 Euro teuren Langzeittrip hilft Christian Gundlach mit seinem Buch „Ein Schuljahr in den USA". (...)"

- ***Stiftung Warentest - test:*** „(...) Der Band gibt eine gute Hilfestellung bei der Auswahl der Organisation. (...)"

- ***Spotlight:*** „(...) There are so many organizations providing different programmes that it is impossible to research them all. But a new book, Ein Schuljahr in den USA, can help you out. It guides you through different organizations with details and rankings. (...)"

- ***Frankfurter Allgemeine:*** „(...) „Ein Schuljahr in den USA" stellt Schülern und Eltern eine Leistungsübersicht und den Vergleich zwischen den auf dem deutschen Markt tätigen Organisationen vor. (...) Grundlage für Lehrer und Pädagogen, die über Schüleraustausch informieren müssen. (...)"

- ***WirtschaftsWoche:*** „(...) Infos aus erster Hand: Die Plattform www.schueleraustausch.de bietet Foren mit der Möglichkeit zum Chatten, Erfahrungsaustausch sowie einen virtuellen Literaturshop. (...)"

Symbole

Wichtige Informationen, besondere Hinweise und Tipps haben wir durch verschiedene Symbole gekennzeichnet:

Das „STOP"-Symbol kennzeichnet besonders Wissenswertes und Wichtiges. Hier lohnt es sich, genauer nachzulesen.

Das „TIP"-Symbol macht auf praktische Hinweise vor, während und nach dem High School-Jahr aufmerksam.

Das „BUCH"-Symbol zeigt auf weiterführende Literatur. Die wohl umfangreichste Sammlung von Literatur zum Thema Schüleraustausch (auch US-Titel) finden Sie in unserem Literatur-Verzeichnis.

Das „WWW"-Symbol markiert interessante WWW-Adressen zum Thema Schüleraustausch. Diese befinden sich auch im WWW-Verzeichnis oder noch praktischer direkt zum Anklicken unter unserer eigenen WWW-Adresse:
„www.schueleraustausch.de" unter Links

Danksagung

An der Erstellung dieses Buches waren viele Menschen beteiligt. Sie haben uns mit ihrem Erfahrungs- und Wissensschatz geholfen, die verwirrenden Puzzleteilchen zusammenzusetzen. Im Einzelnen möchten wir für ihre Hilfe danken:

Prof. Tyll van Geel, Dr. Lutz Goertz,
Erika Gundlach-Schröter, Julia Howard,
Wolfgang Röttger, Jens Todzy,
allen Austauschorganisationen.

Dedicated to "Katyllixap", Sassa.

Christian Gundlach, Sylvia Schill

Christian Gundlach, geb. 1970, war 1987/88 Austauschschüler in Rochester, NY, USA. Nach seinem Medienmanagement-Studium in Hannover arbeitete er zunächst als Pressesprecher eines Handelsunternehmens. Bis zum Ende der Spielzeit 2011/2012 gründete und leitete er als Direktor die erste Reportoire-MusicalCompany im deutschen Raum am Theater für Niedersachsen. Außerdem schreibt er Theaterstücke und Musicals. www.christiangundlach.de

Sylvia Schill, geb. 1963, arbeitete nach ihrem Germanistik- und Philosophiestudium mehrere Jahre im Schüleraustausch. Danach wechselte sie in die Verlagsbranche und war viele Jahre für PR, Redaktion und Werbung zuständig. Heute ist sie Presse-Referentin bei der Kultusministerkonferenz. Die Autorin informiert in regelmäßigen Vorträgen deutschlandweit zum Thema Schüleraustausch. www.schueleraustausch.de

Inhaltsverzeichnis

Vorwort: Prof. Dr. Rita Süssmuth

Teil 1

I Einführung 21
    „Krachend aufeinander"? 21
    Schüleraustausch – kompliziert und teuer? 22
    Für wen ist dieses Buch? 23
    Was ist Schüleraustausch? 24
    Austauschziel USA? 26
    Was leistet dieses Buch? 27
    Konzeption dieses Buches 29

II Bin ich bereit? 31
    Von lebensnotwendig bis nützlich 31
    Formale Voraussetzungen 33
        Alter 33
        Schulpflicht 33
        Jahrgangsstufe 33
        Kosten 35
        Gegenseitigkeit des Programmes 35
    Persönliche Voraussetzungen 36
        Sprachkurs oder Schüleraustausch? 36
        Motivation 37
        Diabetes, chronische Krankheiten, leichte Behinderungen 38
        Anpassungsbereitschaft 38
        Kirche und Religion 39
        Amerikanische Mittelschichtfamilien 40
        Kultureller Schmelztiegel 41
    Und das ist auch noch wichtig 41
        Rauchen 42
        Aussehen 42
        Das Schuljahr ist kein Urlaubsjahr 43
    Kann das Leben angenehmer machen 44
        Sport 44
        Kirche 45
        Sprachkenntnisse 45

	Gastgeschenke	46
	Ist das wirklich sinnvoll?	47
	Selbständigkeit	47
	Ohne Freunde und Familie auskommen	47
III	Das amerikanische Deutschlandbild: Kuckucks-Uhren und Mercedes-Stern (von Prof. Wolfgang Gast)	49
IV	Die acht Phasen des Austauschjahres (von Joanna King)	53
V	Wahl der Organisation und des Austauschlandes	59
	Gibt es die „richtige" Organisation?	59
	Administrative und persönliche Ebenen	60
	Aufgaben der Partnerorganisation im Gastland	61
	Aufgaben der deutschen Organisation	63
	Wie finde ich Informationen?	64
	Literatur	65
	Internet	66
	Informationsangebot der US-Botschaft	66
	Die Arbeit der Organisation – chronologisch in sechs Schritten	67
	Schritt 1: Auswahlverfahren	67
	Bewerbung	67
	Informationsmaterial	68
	Persönlicher Kontakt	69
	Schriftliche Bewerbung	70
	Bewerbungsverfahren - Meinungen	71
	Schritt 2: Langfristige Vorbereitung	74
	Arbeit der Partnerorganisation im Gastland	74
	CSIET (Council on Standards for International Educational Travel)	75
	Auswahl der Gastfamilie	76
	Arbeit der deutschen Organisation	78
	Schritt 3: Abschließende Vorbereitung	80
	Arbeit der Partnerorganisation im Gastland	80
	Wann steht die Gastfamilie fest?	80
	Arbeit der deutschen Organisation	81
	Schüler-Eltern Treffen	82
	Schüler-Seminar in Deutschland	82
	Schüler-Seminar im Gastland	83
	Schritt 4: Das Austauschjahr – „Normalfall"	84
	Arbeit der Partnerorganisation im Gastland	84
	US-behördliche Regelungen	85

- Department of State, Bureau of Educational and Cultural Affairs 87
- Arbeit der deutschen Organisation 88
  - Elternabende 88
- Schritt 5: Betreuung im Notfall 89
  - Arbeit der Partnerorganisation im Gastland 89
    - Gastfamilienwechsel 89
    - Konflikte vermeiden: Richtiger Umgang mit dem Telefon 92
  - Arbeit der deutschen Organisation 92
- Schritt 6: Nachbereitung 93
- Wo bleibt das Geld? 95
- Stipendien 97
  - Parlamentarisches Patenschaftsprogramm (PPP) 98
  - Firmen- und Stiftungsstipendien 98
  - Weitere Stipendien 99
  - Schüler-BAföG 100
  - Bildungskredit 100
- Wahl des Austauschlandes 101
  - Argentinien 101
  - Australien 102
  - Brasilien 102
  - China 103
  - Costa Rica 103
  - Ecuador 104
  - Frankreich 104
  - Großbritannien 105
  - Irland 105
  - Italien 106
  - Japan 106
  - Kanada 107
  - Mexiko 107
  - Neuseeland 108
  - Schweden 108
  - Spanien 109
  - Südafrika 109
  - Weiterführende Informationen im Internet 110

VI Achtung, unseriöse Praktiken! 111
Schüleraustausch in der öffentlichen Meinung 111

Rechtliche Situation 111
Verbände und Beratungsstellen 114
Worauf muss ich achten? 116
    Reiserecht im Schüleraustausch 117
    Vertragsabschluss 118
    Rechtlicher Status der Organisation 118
    Platzierungsgarantie 121
    Führerschein 121
    High School-Diploma 123
    Im Preis enthalten 125

Teil 2

VII Tabellenteil 135
    Regeln zum Tabellenteil 135
    Benutzungs-Tipp für die nachfolgenden Tabellen 143
    Die Organisationen im Überblick - Ein Vergleich 144
    Gastschüler in Deutschland: Inbound-Programme 231
    Weitere Organisationen (auch Österreich und Schweiz) 232
    Privat organisierter Aufenthalt 234
VIII Auswertung und Perspektiven 243
    Kriterien für besonders gute Arbeit 244
    Handlungsbedarf 247

Verzeichnisse

Organisationen 249
Postleitzahlen 251
Austauschländer 259
Literatur 263
Versetzungsrichtlinien 271
WWW 289
CSIET Advisory List 292
Stichworte 297

ANZEIGE

SCHÜLERAUSTAUSCH:
BESSER GEHT'S NICHT.

Das war das Beste, was mir passieren konnte...

...sagen die meisten, wenn sie sich an ihren Schüleraustausch erinnern. Schließlich verbirgt sich dahinter viel mehr, als nur im Ausland zur Schule zu gehen. Du tauchst ein in eine fremde Kultur, erlernst die Sprache deines Gastlandes, löst dich zum ersten Mal von deinem Elternhaus und lernst interessante Menschen kennen. Nicht selten entwickeln sich dabei Freundschaften fürs Leben. Auch für deine berufliche Zukunft sind diese ersten Auslandserfahrungen wichtig. Nicht zu vergessen: der Spaßfaktor!

Alles in allem ist der Schüleraustausch ein großes Abenteuer, das deinen Horizont erweitert. Also worauf warten? Fang am besten gleich mit der Vorbereitung an. Es ist leichter, als du denkst:

Gute Vorbereitung ist alles.

Als Erstes solltest du dir überlegen, wohin du gehen möchtest. Die beliebtesten Ziele für einen Schüleraustausch sind: die USA, Kanada, Australien, Neuseeland, Großbritannien, Spanien und Frankreich. Die ideale Zeit für den Austausch ist kurz vor oder nach der 10. Klasse. Informiere dich rechtzeitig, welche Voraussetzungen du in welchem Land für ein High-School-Jahr mitbringen musst, beispielsweise Notendurchschnitt, Sprachkenntnisse, Visum oder Alter.

Auch die Kostenfrage kann über die Wahl des Landes entscheiden. Wenn du bereits selbst gute Kontakte in deinem Wunschland hast, kannst du dein Austauschjahr selbst organisieren. Vielleicht kennst du ja auch jemanden, der bereits im Ausland war, und kannst dessen Gastfamilie ansprechen. Wenn du vor Ort noch niemanden kennst, empfiehlt sich eine Agentur, die für dich unter anderem die Gastfamilie sucht und den Schulbesuch organisiert.

Sicher ist sicher!

Auch um deine Gesundheit solltest du dir in der Vorbereitungszeit Gedanken machen. In Ländern wie den USA, Kanada, Australien und Neuseeland ist beispielsweise der Abschluss einer Auslandskrankenversicherung Pflicht und in europäischen Ländern empfehlenswert. Damit bleiben deine Eltern nicht auf den Kosten sitzen, falls du doch einmal krank werden solltest. Kopien deiner Reiseunterlagen, Dokumente sowie medizinische Informationen, beispielsweise zu Allergien oder chronischen Erkrankungen, sollten an sicherer Stelle aufbewahrt werden. Ideal dazu eignet sich der Online-Reisesafe von reisemeister.

Wie das funktioniert und auch alles, was du über die Organisation eines Schüleraustausches wissen musst, erfährst du unter www.reisemeister.de/schueleraustausch. Hier lernst du auch Jenny und Max kennen, die gerade ein Auslandsjahr in den USA absolvieren. Die beiden berichten live von ihren Erlebnissen und beantworten deine Fragen. Besser geht's nicht!

Sei mit dabei:

Jenny (Louisiana, USA) und Max (Hawaii) berichten von ihrem Auslandsaufenthalt.
www.facebook.de/schuelerauslandsjahr

Per QR-Code direkt zu den Infos, die für dich wichtig sind!

Die Auslandskrankenversicherung übernimmt die Kosten für:
- ✓ ambulante und stationäre Behandlungen
- ✓ Zahnbehandlungen
- ✓ einen medizinisch sinnvollen Rücktransport nach Deutschland
- ✓ Transport ins Krankenhaus etc.

Mit Haftpflicht-, Gepäck-, Unfall- und Notfallversicherungen kombiniert, bietet sie dir Rundum-Schutz!

reisemeister

Vorwort

Liebe Leser,

wenn Sie dieses Buch in den Händen halten, spielen Sie selbst mit dem Gedanken, ein Schuljahr im Ausland zu verbringen oder sind Eltern eines Kindes, welches plant, für ein Austauschjahr in die Welt zu gehen. Auch wenn der Abschied schwer fällt, bin ich mir sicher, dass Sie die richtige Entscheidung getroffen haben. Denn ein Auslandsaufenthalt hilft dem Austauschschüler nicht nur beim Erlernen der Sprache des Gastlandes. Darüber hinaus lernt der Schüler, sich in einem fremden Land und in einer fremden Kultur zurechtzufinden. Dadurch entwickelt der Austauschschüler Sensibilität und Verständnis für Menschen anderer Nationen. Letztendlich trägt ein solcher Austausch aber auch zur Völkerverständigung bei: ein lebendiger Jugendaustausch bewirkt mehr als große Deklarationen.

Die Organisation eines solchen Aufenthaltes ist nicht einfach. Schließlich soll ja die ideale Gastfamilie gefunden werden. Es gibt zahlreiche Anbieter für Auslandsschuljahre. Diese alle einzeln zu kontaktieren, wäre sehr mühsam. Dieses Buch soll helfen, den Überblick im Dschungel der Anbieter zu bewahren. Außerdem erfahren Sie hier alles rund um die persönliche Vorbereitung des Aufenthaltes.

Beim Lesen und Vorbereiten viel Freude sowie eine schöne Zeit im Ausland

wünscht Ihnen

Prof. Dr. Rita Süssmuth

I Einführung

„Krachend aufeinander"?

Der Artikel sprang sofort ins Auge: „Zum Weinen unter die Dusche" zog sich die Oberurseler Austauschschülerin zurück. Das als „Traum" begonnene USA-Austauschjahr war „zur Hölle" geworden. Der Gastvater habe die Schülerin belästigt. Das Nachrichtenmagazin „Spiegel", in dem diese Abscheulichkeiten zu lesen waren, nutzte den Anlass, um über das Geschäft mit dem Schüleraustausch zu berichten und es als lukrativen Markt für unseriöse Vermittler zu brandmarken. Glaubt man dem Artikel, dann werden immer mehr Austauscherfahrungen zu Horrortrips. Schuld daran sind Veranstalter, bei denen unklar ist, wo das Geld bleibt. Und schuld sind natürlich auch die amerikanischen Partnerorganisationen, die bei der Vermittlung und Betreuung der Gastschüler lasch arbeiten.

Mit dieser Darstellung schwamm der „Spiegel" auf einer Welle von Veröffentlichungen, die das Austauschgeschäft in ein übles Licht rückten. Viele, auch überregionale Tages- und Wochenzeitungen überboten sich in den folgenden Wochen mit dramatischen Erlebnisberichten ehemaliger USA-Austauschschüler. Solche und ähnliche Presseberichte wiederholen sich regelmäßig. Kein Wunder, dass sich fast alle Austauschorganisationen von den Medien mehr Unterstützung wünschen, wenn es darum geht, den Austauschmarkt realistisch zu präsentieren.

Die negative Berichterstattung betrifft nur etwa 2% aller Austauschschüler. Über die anderen 98%, die ein gutes Jahr haben, wird so gut wie nie berichtet. Eine Journalistin eines größeren TV-Senders sagte uns, dass sie in der Redaktionskonferenz einen positiven oder auch nur informierenden Beitrag über Schüleraustausch nicht durchsetzen könne, da Sensationen gefragt seien.

Woran aber merkt man, dass es einer Organisation nur ums Geld geht? Was ist eine „gute Vorbereitung"? Wie erkennt man eine „sorgfältige

Betreuung"? Bisher mussten sich austauschwillige Schüler und deren Eltern auf die eigene Recherche verlassen – und das konnte eine schweißtreibende Angelegenheit sein. Immerhin handelt es sich hierbei um eine „Investition in die Zukunft des Schülers", und zwar nicht nur im übertragenen, sondern auch im eigentlichen Sinne des Wortes.

Schüleraustausch – kompliziert und teuer?

Womit wir beim Thema wären: Schüleraustausch ist kompliziert und teuer. Allein an Programmgebühren legt man für ein Jahr USA locker EUR 8.500 auf den Tisch. Je nach Austauschland können es bis zu EUR 30.00 sein. Aber es geht auch günstiger: Für rund 4.600 Euro ist beispielsweise ein Schuljahr in Osteuropa möglich. Die großen Preisunterschiede erklären sich zum einen dadurch, dass in einigen Ländern wie Australien oder Neuseeland Schulgeld anfällt und die Gastfamilien bezahlt werden und zum anderen Flüge und Versicherungen teurer sind. Kann man dafür nicht auch etwas verlangen? Eine passende Gastfamilie? Eine abwechslungsreiche, sichere Schule? Eine gute Vorbereitung? Eine Rundum-vierundzwanzig-Stunden-am-Tag-und-in-der-Nacht-Betreuung? Es kann schließlich nicht nur negative Erlebnisse geben, sonst würden doch nicht jedes Jahr wieder tausende von Schülern die weite Reise antreten.

Sich durch das fast unüberschaubare Angebot an Schüleraustausch-Organisationen durchzukämpfen, ist eine schwer zu bewältigende Aufgabe – es ist nervtötend. Die einzelnen Angebote zu vergleichen, ist noch schwieriger: Jeder gestaltet seine Preise anders und die sich über mehrere Seiten erstreckenden Vertragsbedingungen lesen sich meist ähnlich spannend wie das örtliche Telefonbuch. Erschöpft legt man den Broschürenberg beiseite und denkt: Kann mir nicht einfach jemand sagen: „Fahr mit Organisation X – die sind gut!"

Leider kann dieser Bitte nicht so pauschal entsprochen werden. Dafür gibt es zu viele Unwägbarkeiten, die es unmöglich machen, eine Erfolgsgarantie auszusprechen. Zu viele Menschen sind beteiligt, als dass man von einer „Standarderfahrung" sprechen könnte.

Deshalb muß aber keiner verzweifeln und den Austauschwunsch gleich wieder über Bord werfen. Die Unwägbarkeiten kann man zwar nicht vermeiden, aber zumindest einschätzen lernen. Die am Austausch beteiligten Menschen und Institutionen kann man nicht gleichschalten, aber man kann lernen, mit ihnen umzugehen. Eine Standarderfahrung kann man nicht erwarten, aber man kann sich informieren, welche Abweichungen man sich nicht gefallen lassen muss.

> **Sinn und Zweck dieses Buches ist es,**
>
> den Schüleraustauschmarkt klar, deutlich und verständlich zu präsentieren, so dass jeder Leser sich einen qualifizierten Überblick über die verschiedenen Angebote verschaffen kann.

Für wen ist dieses Buch?

Angesprochen sind die Schüler, denen längst klargeworden ist, daß die auf wenige Seiten zusammengeschnurrten Werbetexte in den Broschüren der Austauschorganisationen kein umfassendes Bild über das bevorstehende Abenteuer bieten können. Angesprochen sind auch die Eltern, die es leid sind, mit „behördlichen Bestimmungen", „administrativen Zwängen" und „kompetenzverlagerten Entscheidungskriterien" konfrontiert zu werden, die sie zwar alle nicht nachvollziehen können, die aber richtig Geld kosten.

Angesprochen sind aber auch die Lehrer und andere Personen in pädagogischen Diensten, die für interessierte Schüler und deren Eltern oft erste Anlaufstelle für Informationen zum Schüleraustausch sind. Insbesondere die Schulen werden mit Broschüren der verschiedensten Anbieter geradezu überhäuft. Sich als Fachlehrer durch das Überangebot an Organisationen zwischen Unterricht und Fachbereichskonferenz durchzuwühlen, um die Spreu vom Weizen trennen zu können, ist nicht immer von Erfolg gekrönt.

Nach Lektüre dieses Buches sollten zwei Dinge deutlich sein: Zum einen, dass sowohl ein positives als auch ein negatives Austauscherlebnis jedem passieren könnte. Und zum anderen, dass es in beiden Fällen unfair wäre, allein die deutsche Schüleraustausch-Organisation für den guten bzw. den schlechten Verlauf des Jahres verantwortlich zu machen. Sehr viel mehr Faktoren als nur die Qualität der deutschen

Organisation spielen nämlich bei einem wie auch immer definierten Erfolg des Austauschabenteuers eine Rolle.

Von guten und von schlechten Erfahrungen im Ausland hat wahrscheinlich jeder schon mal gehört. Jede Organisation wird sowohl ein „Superjahr" als auch einen „Horrortrip" schon erlebt haben. Ja, es ist gut möglich, dass beide im gleichen Jahr bei der gleichen Organisation vorkommen. Könnte man dann daraus ableiten, dass das „Superjahr" dem Durchschnitt bei dieser Organisation entspricht und der „Horrortrip" nur ein „Ausrutscher" sei? Oder umgekehrt? Nein, auch das kann man nicht. Fest steht, dass die absolute Mehrheit der deutschen Austauschschüler ihr Jahr im Nachhinein als positiv bewertet. Aber Kriterien für den positiven bzw. negativen Verlauf eines Jahres sind schwer aufzustellen. Bei aller administrativen Organisation und behördlichen Reglementierung bleibt Schüleraustausch immer ein ganz persönliches, individuelles Erlebnis.

Dieses Buch will die Möglichkeiten und die Grenzen der persönlichen und der organisatorischen Komponenten des Schüleraustausches aufzeigen. Zu den Möglichkeiten mehr auf den nachfolgenden Seiten. Zu den Grenzen schon mal vorab ein Zitat:

> **...eine andere Kultur...**
>
> *"Es gibt nur eine Art und Weise, eine andere Kultur zu verstehen. Sie zu leben. In sie einzuziehen, darum zu bitten, als Gast geduldet zu werden, die Sprache zu lernen. Irgendwann kommt dann vielleicht das Verständnis. Es wird dann immer wortlos sein. In dem Moment, in dem man das Fremde begreift, verliert man den Drang es zu erklären. Ein Phänomen erklären heißt, sich davon entfernen."*
>
> **Peter Høeg**

Was ist Schüleraustausch?

Es geht uns um den sogenannten langfristigen Schüleraustausch weltweit. Hierzu bedarf es einiger Definitionen, um von vornherein zu sagen, was dieses Buch nicht leisten wird.

Das Wort „Schüleraustausch" suggeriert eine Art Duales System der Landverschickung. Tatsache ist aber, dass der wirkliche „Austausch" im eigentlichen Sinne des Wortes gar nicht mehr stattfindet. „Austausch" nämlich heißt, dass eine Begegnung der Kulturen auf Gegenseitigkeit stattfindet. Demnach müsste für jeden Schüler, der den Weg von Deutschland in die weite Welt antritt, auch ein entsprechender Gegenbesuch kommen.

Die Zahlen vermitteln hier jedoch ein anderes Bild: Die beispielsweise von der amerikanischen „Schüleraustausch-Überwachungsorganisation" CSIET empfohlenen Organisationen platzierten rund 28.000 Schüler in den USA. Hingegen konnten nur knapp 1.400 amerikanische Schüler dazu bewegt werden, die Reise in die weite Welt anzutreten. Da in der CSIET-Liste alle großen Organisationen aufgeführt sind, kann man davon ausgehen, dass diese Zahlen einigermaßen repräsentativ für die Gesamtschülerzahlen sind.

Wir stellen also fest, dass jährlich weniger als ein Zehntel soviele Schüler aus den USA ausströmen, wie in das Land einströmen. Gründe hierfür liegen auf der Hand: Die USA werden noch immer als das Einwanderungsland schlechthin bezeichnet. Vieles, was die westliche Welt prägt, kommt aus den USA: die populäre Musik, Hollywoods Traumkino, das unvermeidliche McDonalds, subkulturelle Trends, usw. So ist es nicht weiter verwunderlich, dass trotz ständiger öffentlicher Kritik an den USA in den letzten Jahrzehnten (Stichworte: Iran, Vietnam, Nato-Doppelbeschluss, Umweltverschmutzung) immer noch die USA das beliebteste Land der jungen Deutschen zwischen 14 und 29 Jahren ist. Dies ergab eine Umfrage des Nachrichtenmagazins „Der Spiegel". Auf die Fragen „Möchten Sie lieber in einem Land außerhalb Deutschlands leben? Wenn ja, wo?" antworteten 24 Prozent der befragten 2.034 Jugendlichen mit „USA".

Schüleraustausch ist also eine Art Einbahnstraße. Trotzdem soll der Begriff, der Gewöhnung halber, weiter verwandt werden. Wir möchten an dieser Stelle darauf hinweisen, dass es trotz der relativ geringen Zahl von Schülern, die ein Schuljahr in Deutschland verbringen wollen, auch bei uns nicht immer einfach ist, eine Gastfamilie zu finden. Einen ausländischen Schüler für ein Jahr bei sich aufzunehmen, ist eine einzigartige Erfahrung, die das Leben bereichern kann. Mehr dazu im Kapitel "Gastschüler in Deutschland: Inbound-Programme".

Schaut man sich das Austauschangebot der Organisation an, tut sich eine große Ländervielfalt auf: Brasilien, Ecuador, Ungarn und Japan

finden sich unter den rund 40 Austauschzielen. Und Australien, England, Kanada, Neuseeland oder Südafrika bieten mittlerweile die meisten Organisationen an. Leider sind die Austauschplätze manchmal knapp, weil beispielweise Länder wie Australien und Neuseeland „quoten". Der guten, alten Austauschidee treu, muss für jeden ausländischen Schüler, der ins Land kommt, auch ein eigener Schüler das Land verlassen.

Der Grundgedanke, der dahintersteckt, ist sicherlich nicht verkehrt. Der Effekt jedoch ist, dass der Austausch mit diesen Ländern nicht so richtig in Gang kommt, da es insbesondere in Deutschland sehr viel mehr austauschwillige Schüler gibt als in jenen Ländern.

Austauschziel USA?

In vielen Beispielen beziehen wir uns exemplarisch auf die USA als Austauschziel. Dies hat im Wesentlichen pragmatische Gründe. Wie in den folgenden Kapiteln zu lesen sein wird, handelt es sich beim Schüleraustausch um eine äußerst komplexe, schwer zu erfassende und noch schwerer zu kategorisierende Angelegenheit. Alles, was wir über die Vor- und Nachbereitung, die Auswahl einer Organisation und den Ablauf eines Austauschjahres schreiben, kann problemlos auf die anderen Länder übertragen werden. Im Tabellenteil sind alle wichtigen Angaben zu den Austauschen weltweit zu finden und zusätzlich bieten wir einen Kurzüberblick über die beliebtesten Austauschziele (Kapitel "Wahl des Austauschlandes").

Es gibt noch einen anderen Grund, warum es in diesem Buch beispielhaft um High School-Programme in die USA gehen soll: Die USA sind immer noch das beliebteste Austauschziel der deutschen Schüler, die Nachfrage ist in den letzten Jahren sogar wieder deutlich gestiegen. Selbst beim weltweit operierenden YFU belegen dies die aktuellen Zahlen: Von rund 1.160 entsendeten Schülern gingen 737 in die USA, 13 nach Mexiko, 27 nach Argentinien, 17 nach Japan und 31 nach Brasilien. Die übrigen Schüler verteilen sich auf rund 50 weitere Länder. Auch bei den vielen anderen Organisationen, die sich eine Internationalisierung des Schüleraustausches auf die Fahne geschrieben haben, sieht die Bilanz ähnlich aus. Selbst die gängigeren Programme nach Australien, Neuseeland oder Kanada machen nur einen kleinen Teil der Schülerzahlen aus. Dennoch ist die Nachfrage nach Austauschzielen neben den USA ebenfalls gestiegen. Besonders englischsprachige Länder sowie Asien liegen im Trend. Schüleraustausch mit Australien, Japan oder Paraguay ist mit Sicherheit ebenso spannend, erlebnisreich und vielseitig wie Schüleraustausch mit den USA. Während in den USA ein Austauschschüler schon etwas Gewohntes ist, kann es sein, dass Austauschschüler in Polen, Ecuador oder China noch richtige "Exoten" sind und mit besonders herzlicher Gastfreundschaft aufgenommen werden.

> Wir beschränken uns exemplarisch auf den langfristigen (d.h. mindestens sechsmonatigen) Austausch weltweit. Programme kürzer als sechs Monate sind unserer Meinung nach Sprachkurs- bzw. Ferienprogramme (z. B. sog. Homestay-Programme), da der Schüler dort meistens ein „paying guest" ist.

Der High School-Besuch wird bei den in diesem Buch diskutierten Programmen vorausgesetzt, schließlich handelt es sich um schulpflichtige Jugendliche.
Auch der Studienaustausch wird in diesem Buch explizit ausgeklammert. Die hierfür geltenden Bestimmungen und Anforderungen sind so grundverschieden vom Schüleraustausch, dass eine vergleichende Diskussion nur zur allgemeinen Verwirrung beitragen würde.

Was leistet dieses Buch?

Der langfristige Schüleraustausch wird im deutschsprachigen Markt derzeit von rund 70 Organisationen angeboten. Diese Zahl ergab sich aus Auswertungen im Internet, Analysen von Zeitungsanzeigen und der erhältlichen Literatur zum Thema, sowie Erkundungen bei mit dem USA-Austausch befassten Institutionen (Amerika-Häuser, Konsulate, Kultusministerien, etc.). Es kann davon ausgegangen werden, dass es sich zum Zeitpunkt der Drucklegung hierbei um die Gesamtzahl der Anbieter handelt. Sollten bestimmte Organisationen übersehen worden sein, werden diese selbstverständlich bei der nächsten Auflage des Buches berücksichtigt. Gleiches gilt für Firmenneugründungen.

Neben diesen Organisationen gibt es noch verschiedene Institutionen auf Länderebene, die sich mit dem langfristigen Schüleraustausch befassen. Dazu zählt z.b. der Bayerische Jugendring, das Oberschulamt Stuttgart sowie die Kultusministerien der verschiedensten Bundesländer. Diese Institutionen wurden bei der tabellarischen Auswertung nicht berücksichtigt. Ihre Angebote unterscheiden sich in Anlage und Durchführung derart von den oben beschriebenen Programmen, dass sie ausgeklammert werden mussten. Wiederum handelt es sich hierbei nicht um eine Bewertung der Güte dieser Programme. Im Gegenteil, es ist vielmehr zu begrüßen, dass dem kommerzialisierten Markt der internationalen Begegnung auch von behördlicher Seite nicht immer nur lamentierende Klagen, sondern auch Eigeninitiativen entgegengesetzt werden. Der Hamburger Senat z.b. fördert ganzjährige Austauschschuljahre mit Teilstipendien. Mehr Informationen im Kapitel "Stipendien".

Die Basis der Recherche zu diesem Buch bildet eine Untersuchung, an der alle zum Zeitpunkt der Drucklegung bekannten Schüleraustausch-Organisationen beteiligt wurden. Ein 12-seitiger Fragebogen wurde jeder dieser Organisationen zugeschickt mit der Bitte, ihn ausgefüllt zurückzusenden. Dieser Bitte sind alle Organisationen nachgekommen. An dieser Stelle gebührt ihnen ein herzliches Dankeschön für die Mühe, die sie sich mit dem Ausfüllen des sehr umfangreichen Fragebogens und der Zusammenstellung der erforderlichen Materialien gemacht haben. Jede Organisation wurde mindestens zweimal angeschrieben und mindestens einmal telefonisch oder per E-Mail an den ausstehenden Fragebogen erinnert.

Die Entwicklung des Fragebogens beruht auf drei Faktoren: Persönliche Erfahrungen, Expertengespräche, Literatur- und Internetrecherche. Die am Markt erhältliche Literatur sowie die zu Redaktionsschluss bekannten Internetseiten (siehe Literatur- und WWW-Verzeichnis) zum Thema Schüleraustausch wurden ausgewertet. Ausserdem sind die Inhalte und Meinungen journalistischer Veröffentlichungen in Tageszeitungen (regional und überregional) und Wochenzeitungen sowie Zeitschriften (Der Spiegel, Die Zeit, Spotlight etc.) in die Untersuchung eingeflossen.

In einem zweiten Schritt führten wir Gespräche mit Experten. Dazu zählen Mitarbeiter der Amerika-Häuser, der deutsch-amerikanischen Institute, der Kultusministerien und Schulämter sowie der Konsulate und Botschaften. Daneben sind zahlreiche Gespräche sowie der E-Mail Austausch mit Schülern, Eltern und den Austausch-Organisationen eine wichtige Informationsquelle.

Letztendlich haben wir unsere eigenen Erfahrungen im Schüleraustausch für die Entwicklung des Fragebogens berücksichtigt. Viele Austauschjahre sind ein voller Erfolg. Um so mehr ein Grund, den eingangs zitierten Zeitungsartikeln nachzugehen.

Der Anspruch dieses Buches...

Die Ergebnisse der Fragebogenaktion wurden statistisch erfasst. Sie haben eine zentrale Bedeutung für dieses Buch, mit dem Anspruch, sich an der Wirklichkeit des Marktes zu orientieren.

Konzeption dieses Buches

Das Buch besteht aus zwei Teilen: einem Ratgeber-Teil und einem Tabellenteil. Der Ratgeber-Teil erfasst, beschreibt und erklärt den Schüleraustauschmarkt. Die nachfolgenden Kapitel beschäftigen sich mit den persönlichen und formalen Voraussetzungen für einen Schüleraustausch sowie mit der Auswahl einer Austauschorganisation und eines Gastlandes. Darüber hinaus beschäftigen wir uns, mit der Arbeit der Organisationen und ihrer Partnerorganisation im Gastland sowie mit dem Ablauf und Inhalt eines Austauschjahres. Tipps zu Schule, Gastfamilien und Freunden sowie Hinweise auf verschiedene Stipendienmöglichkeiten runden den Ratgeberteil ab. Dabei fließen immer wieder Ergebnisse der Fragebogenaktion ein, um die angesprochenen Themen in den Gesamtzusammenhang zu stellen.

Im zweiten Teil dieses Buches werden dann die Organisationen ausführlich vorgestellt. Nach Lektüre des ersten Teils wird deutlich, dass eine Vergleichbarkeit der Angebote nur aufgrund des Informationsmaterials der Organisationen nicht möglich ist. Deshalb bietet der Tabellenteil mit Hilfe schnell vergleichbarer Charts eine exakte Übersicht über die tatsächlichen, nachgeprüften Leistungen der Organisationen. Im Innenteil kommt die Organisation jeweils selbst zu Wort. Der Text zum Thema „Philosophie der Arbeit" ist von den Organisationen selbst geschrieben und von Verlag und Autoren ohne Prüfung und Nachfrage abgedruckt worden. Die Gewähr für den Wahrheitsgehalt liegt bei dem jeweiligen Anbieter.

Gebrauchsanweisung für den Tabellenteil:

Durch leichtes Verschieben der linken bzw. rechten Tabellenseite einer Organisation können die wichtigsten Leistungen einer Organisation mit denen der anderen auf einen Blick verglichen werden (siehe auch "Benutzungs-Tipp für die nachfolgenden Tabellen").

II Bin ich bereit?

Von lebensnotwendig bis nützlich

Dieses Buch soll bei der Wahl der richtigen Schüleraustausch-Organisation behilflich sein. Und dennoch geht es zunächst mal gar nicht um die Organisationen, sondern um den Schüler bzw. seine Eltern selbst. Bevor man sich nämlich einer Austauschorganisation zuwendet, sollte man sich darüber im klaren sein, ob man wirklich ein Jahr ins Ausland reisen möchte; ob einem wirklich bewusst ist, was es heißt, ein Jahr in einem fremden Land in einer fremden Familie, an einer fremden Schule unter Benutzung einer fremden Sprache zu leben. Leben, das beinhaltet ja nicht nur die strahlendlachenden Postkartengesichter und Broschürenfotos der Austauschorganisationen, nein, Leben beinhaltet die positiven wie auch die negativen Erlebnisse, die man in einem ganz „normalen" Jahr so haben kann. Dazu gehören neben all den wundervollen Erfahrungen, für die ein Austauschjahr zu Recht steht, dann auch verständnislose Lehrer, falsche Freunde, Krach mit den Eltern, Langeweile und schlechte Laune. Eben all das, was einem sonst auch zu Hause passiert.

Das Auswahlverfahren der Organisationen sollte diejenigen Schüler herausfiltern, denen dieses Ausmaß des Austauschabenteuers nicht klar ist (vgl. Abschnitt „Auswahlverfahren"). Die Befragung der Organisationen hat ergeben, dass in ihren Informationsmaterialien etwa die Hälfte der Organisationen die persönlichen Voraussetzungen des Schülers ansprechen. Das heißt, diese Organisationen versuchen schon mit ihren Broschüren, den oben angesprochenen Bewusstseinsprozess im Schüler in Gang zu setzen.

Dabei gehen sie unterschiedlich geschickt vor. Viele geben eine Liste von Fragen vor, die „unbedingt mit Ja beantwortet werden müssen". Andere listen einfach nur stichpunktartig „nötige Voraussetzungen" auf. Wieder andere entwerfen sogenannte „Selbstinterviews" und lassen sie sich angeblich sogar „patentieren".
Auch die verschiedene Literatur zum Thema geht auf „persönliche Voraussetzungen" ein. Der „Verbraucherschutzverein in Bildungs-

fragen" ABI beschränkt sich auf die erwähnte „unbedingt mit Ja zu beantwortende" Frageliste. Allerdings werden die Fragen nicht kommentiert, so dass sie zum Teil völlig sinnentleert im Raum stehen. Das genau ist nämlich die Gefahr bei den „Selbstinterviews" – ein 16-jähriger Schüler kann mit ihnen wenig anfangen. Entweder sind die Fragen so hypothetisch, dass die Antwort lauten muss „Woher soll ich denn das wissen?" oder die Formulierung ist derart allgemein, dass die Antwort in jedem Fall „ja" heißen wird.

Was zum Beispiel ist mit solchen Fragen anzufangen, wie: „Bin ich grundsätzlich von der geistigen Reife und körperlichen Gesundheit für dieses Programm geeignet?" (siehe auch Abschnitt „Diabetes, chronische Krankheiten und leichte Behinderungen") oder „Entspreche ich vom äußerlichen Erscheinungsbild den amerikanischen Vorstellungen?". Warum ist es wichtig, dass ein Schüler „tolerant, hilfsbereit und kontaktfreudig" ist? Was hat „Sportliebe und religiöses Interesse" mit Schüleraustausch zu tun? Und warum ist die Fähigkeit, „Anordnungen zu befolgen ohne zu widersprechen" eine persönliche Voraussetzung zur Eignung als Austauschschüler?

TIP

In diesem Kapitel sollen die Ansprüche an die persönliche Reife eines Schülers durchleuchtet werden, aufgestellt von Organisationen, Literatur und Ratgebern. Trägt man all diese Fragebögen, Selbstinterviews und Voraussetzungsanforderungen zusammen, ergeben sich verschiedene Kategorien. Diese sollen im Folgenden vorgestellt und erläutert werden. Dabei wird deutlich, dass Voraussetzung nicht gleich Voraussetzung ist. Man kann „lebensnotwendige" Ansprüche gut von solchen unterscheiden, die vielleicht angenehm sind, aber nicht unabdingbare Voraussetzung für das Gelingen eines Austauschjahres darstellen.

Die Einordnung der verschiedenen Eigenschaften in die jeweiligen Kategorien geschah sowohl aufgrund unserer eigenen Erfahrung im Schüleraustausch als auch aufgrund der schon mehrfach zitierten Literatur zum Thema. Allgemeingültige Weisheiten sind besonders schwer zu formulieren. Im Endeffekt kommt es nämlich darauf an, wie sich der einzelne Schüler in einer nicht voraussehbaren Situation mit anderen Individuen verhält.

Formale Voraussetzungen

- **Alter**

Die vom Department of State (Bureau of Educational and Cultural Affairs) für den Schüleraustausch festgelegten Regeln besagen, dass bei Beginn des Austausches ein Schüler nicht jünger als 15 und nicht älter als 18½ Jahre sein darf. Außerdem darf nur Austauschschüler werden, wer noch nicht mehr als elf Jahre Schulzeit in seinem Heimatland absolviert hat. Die deutschen Organisationen beschränken aus diesen Gründen für die USA das Teilnahmealter auf 15 - 18 Jahre. Für andere Länder gelten teilweise jüngere Altersstufen.

- **Schulpflicht**

In Deutschland besteht eine allgemeine Schulpflicht für 12 Jahre (auch inklusive Berufsschulzeit bei Nicht-Abiturienten). Aus diesem Grund braucht man eine Genehmigung, wenn man ein Jahr der deutschen Schule fernbleiben will. Eine solche Genehmigung wird auf Antrag (meist formloses Schreiben) bei der jeweiligen Schule bzw. Schulbehörde erteilt (siehe auch Abschnitt "Versetzungs-Richtlinien").

- **Jahrgangsstufe**

Aufgrund der Altersbeschränkungen kommen eigentlich nur die Jahrgangsstufen 9 bis 12 für den einjährigen Schüleraustausch in Betracht. Die Anerkennung der im Austauschland erbrachten Leistungen ist die Voraussetzung dafür, das im Ausland verbrachte Schuljahr nicht wiederholen zu müssen (nähere Auskünfte im Abschnitt "Versetzungs-Richtlinien").
Zu diesem Punkt müssen ein paar Anmerkungen gemacht werden. Landläufig nämlich besteht die Meinung, man „verliere" ein Jahr, wenn man die Schullaufbahn nicht nahtlos weiterverfolge. Dieses (Vor) Urteil wird heute dadurch verstärkt, dass so gut wie alle Bundesländer das Abitur nach zwölf Schuljahren eingeführt haben.

Diese Tatsache macht es schwieriger, dass die Leistungen eines im Ausland verbrachten Schuljahr anerkannt werden und das entsprechende Schuljahr in Deutschland übersprungen werden kann.

Achtung!

Eine Anerkennung von Auslandsschuljahren unter bestimmten Voraussetzungen während der Qualifikationsphase sollte seit 2011 in allen Bundesländern gewährleistet sein.

Unserer Meinung nach ist der Begriff „verlorenes Jahr" unangebracht in Verbindung mit Schüleraustausch. Denn man verliert wirklich nichts, im Gegenteil. Durch ein Austauschjahr gewinnt man ein solches Plus an Erfahrungen, dass selbst der um ein Jahr verschobene Schulabschluss dies nicht negativ beeinflussen kann. Darüber hinaus bedeutet ein im Ausland verbrachtes Schuljahr in der Regel ein dickes Plus im Lebenslauf, wenn es um die berufliche Karriere geht.

Außerdem wird von vielen nicht bedacht, dass ein rückkehrender Austauschschüler Zeit braucht, sich wieder in seiner alten Heimat zurechtzufinden (siehe Abschnitt „Nachbereitung"). Gleich wieder schulische Höchstleistungen in der für das Abitur zählenden 11. oder 12. Klasse zu verlangen, kann eine Überforderung sein. Insbesondere dann, wenn den Schüler viel essentiellere Fragen quälen, wie „Sind meine Freunde noch meine Freunde?", „Fühle ich mich in Deutschland überhaupt noch wohl?" und „Wo gehöre ich eigentlich hin?".

Jeder Schüler sollte sich selbst fragen, ob er aus eigenen Motiven ein Jahr überspringen möchte, oder ob er von außen durch Lehrer oder Eltern dazu überredet wird. Eigene Motive könnten sein: „Ich bin gut genug, ich schaff' das" oder „Ich möchte weiterkommen und nicht noch ein Jahr an die sowieso wenig herausfordernde Schule dranhängen". Bei allen anderen Motiven jedoch sollte man es sich überlegen, ob man durch ein Jahr mehr wirklich etwas verliert.

Die Versetzungs-Richtlinien der einzelnen Bundesländer sind im Anhang beschrieben.

● Kosten

Schüleraustausch ist beileibe nicht billig. Mit den bloßen Programmkosten ist es nicht getan (und selbst die können von EUR 4.600 bis EUR 30.000 oder mehr je nach Austauschziel und Programm betragen). Da kommt das monatliche Taschengeld (rund EUR 2.500 im Jahr), Extra-Ausgaben für Reisen („nun bin ich schon einmal da, dann kann ich auch nochmal schnell einen Abstecher machen nach...", schon wieder EUR 1.000 für alle Schulausflüge, Austauschschüler-Reisen, etc. zusammen) und Kosten für Kommunikation (Telefon, Fax, E-Mail) und Post (Paket) hinzu. Eventuell entscheiden sich die Eltern, ihr Kind auch noch selber abzuholen und diesen Besuch mit einer Rundreise zu verbinden. Und plötzlich hat das ganze Austauschjahr mindestens EUR 15.000 gekostet! Über diese zu erwartenden Ausgaben sollte man sich vorher im klaren sein – Schüleraustausch ist nicht billig.

● Gegenseitigkeit des Programmes

Zwar ist dem Schüleraustausch der eigentliche Austauschgedanke abhanden gekommen (vgl. Abschnitt „Was ist Schüleraustausch") trotzdem beruht das Programm immer (noch) auf Gegenseitigkeit. Allein schon die Tatsache, dass die Gastfamilien für die Aufnahme eines zusätzlichen Familienmitgliedes nicht bezahlt werden, zeigt, dass das Austauschjahr ein Programm sowohl für den Schüler als auch für seine Gastfamilie ist.
Dies sollten sich insbesondere auch Eltern vergegenwärtigen, die aufgrund der hohen Gebühren, die sie für das Austauschjahr ihres Kindes bezahlen, an die ganze Sache sehr egozentrisch herangehen: „Ich hab' dafür bezahlt, jetzt will ich auch Leistungen sehen". Darauf kann man erwidern, dass die Gastfamilie gewissermaßen mit ihrer kostenlosen Aufnahme des Schülers ebenfalls für ein „Programm bezahlt" und ein „Recht auf Leistungen" hat.
Eine Beispielrechnung: Entsprechend der Düsseldorfer Tabelle beläuft sich der finanzielle Mindestbedarf eines 17-jährigen Schülers auf EUR 426 im Monat. Das heißt, die finanzielle „Leistung" einer Gastfamilie beläuft sich also auf mindestens EUR 4.260 für die 10-monatige Dauer eines Schuljahres. Und die Eltern in Deutschland

gehen auch nicht ganz leer aus: Abgesehen davon, dass Kindergeld und Steuervorteile für das sich im Ausland befindliche Kind weiterlaufen, kann der Auslandsaufenthalt steuerlich geltend gemacht werden.

> **Steuervorteil bei auswärtiger Unterbringung:**
>
> Ausbildungsfreibetrag für ein Kalenderjahr (maximal) EUR 924 bei Kindern > 18 Jahren

Die Leistung der Gastfamilie in Geldwert ausdrücken zu wollen, ist natürlich ein schreckliches Vorhaben, das wir auch sofort beenden wollen (zumal die menschliche Zuneigung, die der Schüler im Gastland erfährt, gar nicht in Banknoten aufzuwiegen ist). Wichtig ist nur, dass die Gastfamilie ebenso wie die Schule nicht mit einem Animierprogramm im Ferienclub auf Mallorca verglichen werden kann. Schüleraustausch ist ein Programm auf Gegenseitigkeit. Und Erwartungen an ein Austauschjahr haben beide Seiten – der Schüler, aber auch sein soziales Umfeld im Gastland.

www.steuertipps.de/lexikon

Persönliche Voraussetzungen

● Sprachkurs oder Schüleraustausch?

Schüleraustausch ist kein Sprachkurs, kein Urlaub, kein Hotel, in das man sich einbucht, keine drei Wochen am Strand. Der Schüler muss sich fragen, ob er wirklich ein Jahr im Ausland bei fremden Menschen in einer fremden Kultur mit einer fremden Sprache verbringen will. Es ist absolut nichts dagegen einzuwenden, wenn jemand „mal ein anderes Land kennenlernen" möchte. Nur ist das dann kein Schüleraustausch, sondern eine Reise, ein Urlaubstrip. In Verbindung mit Sprachkursen gibt es hier viele tolle Angebote der verschiedensten Veranstalter.

Das Besondere am Schüleraustausch ist, dass es eine untergeordnete Rolle spielt, in welchem Land man die austauschspezifischen

Erfahrungen macht. Austauschspezifische Erfahrungen sind, sich in einer unbekannten Welt einen eigenen, kleinen Platz zu definieren, intensive Freundschaften zu finden und einen tiefen Einblick in die Kultur eines Landes zu bekommen. Und diese Erfahrungen kann man überall auf der Welt machen, in Australien ebenso wie in Kanada, in Japan so wie in Brasilien. Für diese Erfahrungen muss es gar nicht die USA sein, für „ich will mal New Yorker Yuppie-Luft schnuppern" aber schon.

Aus diesem Grund sollte man sich gründlich Gedanken machen, ob man touristische oder austauschspezifische Erfahrungen machen möchte.

● **Motivation**

Ebenso wie beim Thema „11. Klasse überspringen oder nicht" sollte sich der Schüler ganz grundsätzlich fragen, warum er eigentlich ins Ausland möchte. Was war der Anstoß zu dem Austauschwunsch? Ist er über die Jahre gewachsen oder ist er durch ein bestimmtes Ereignis von außen geweckt worden? Wenn ja, welches? Es ist ja nichts Schlimmes daran, wenn der Austauschwunsch durch den begeisterten Bericht eines ehemaligen Austauschschülers hervorgerufen wurde – nur, hat man sich verdeutlicht, dass es auch ganz anders verlaufen könnte?
Die Motivation zum Schüleraustausch sollte vom Schüler selbst ausgehen. Organisationen, die Bewerbungsgespräche mit Schülern und Eltern durchführen, haben mir immer wieder von Gesprächen berichtet, in denen schnell klar wurde, dass gar nicht das Kind sondern viel lieber der Vater oder die Mutter ins Ausland wollte.

Literaturtip für Eltern:
The Grown up's Guide to Running Away from Home
(Rosanne Knorr). 2008: Tenford Press, California.
ISBN 1-58008-873-2

Eltern meinen, ihren Kindern etwas Gutes zu tun, wenn sie den Austauschwunsch in ihnen forcieren und tun ihnen dennoch keinen Gefallen. Ein Schüler, der nicht selbständig auf die Idee kommt, ins Ausland zu wollen, wird sich durch die Vorbereitungsphase im Heimatland vielleicht mit Unterstützung seiner Eltern noch durchwinden können. Aber im Gastland ist er ganz allein auf sich gestellt – dann helfen keine Eltern mehr. Aus diesem Grund sollte die Motivation, ins Ausland zu wollen, vom Schüler selbst kommen.

• Diabetes, chronische Krankheiten, leichte Behinderungen

Die Organisationen wurden befragt, welche Möglichkeiten sie Jugendlichen mit Diabetes, chronischen Krankheiten oder leichten Behinderungen anbieten können. Aufnahmemöglichkeiten in das Programm wurden von keiner Organisation verneint, aber immer abhängig vom Einzelfall gemacht. Einige wenige Organisationen nannten sogar ganz konkrete Fälle von bereits erfolgten Platzierungen.

Im Eltern- und Schülerforum unter www.schueleraustausch.de/forum haben Eltern und Schüler Möglichkeiten zum Erfahrungsaustausch.

• Anpassungsbereitschaft

Zwar handelt es sich beim Schüleraustausch um ein Programm auf Gegenseitigkeit, bei dem beide Seiten aufeinander zugehen müssen. Letztendlich aber ist es ja der deutsche Schüler, der die amerikanische Kultur kennenlernen möchte. Die meisten Konflikte zwischen Schüler und Gastfamilie beruhen darauf, dass einfache Dinge des Alltags im Gastland anders gehandhabt werden als in Deutschland. Der Schüler aber ist oft nicht bereit, sich auf diese Andersartigkeit einzulassen.
Allzuoft wird sofort bewertet. Dabei sind diese Andersartigkeiten nicht falsch oder richtig, sondern eben nur anders. Es bringt nichts, sich über strenge Regeln wie Ausgeh- oder Alkoholverbot aufzuregen, weil das nichts ändern wird. Die Kultur des Austauschlandes wird sich nicht ändern, weil ein deutscher Austauschschüler mit ihren Eigenschaften nicht einverstanden ist. Aus diesem Grund muss der Schüler eine generelle Anpassungsbereitschaft für kulturelle Unterschiede an den Tag legen. Jeder Schüler sollte sich vor Bewerbung bei einer Organisation fragen, ob er bereit ist, prinzipielle Abläufe des täglichen Lebens für ein Jahr anders zu gestalten. Dabei hilft es, sich einfach mal einen Tag lang zu beobachten: Aufstehen, Frühstücken, Tagesplanung,

Mittagessen, Hausaufgaben, Freunde treffen, Fernsehen, Freizeitbeschäftigung, ins Bett gehen – was sind die Gewohnheiten, wer sagt wem, wann und wie er etwas zu machen hat? Welche Entscheidungsfreiheiten gibt es? Wie lange wird was diskutiert, wer hat das letzte Wort? Welche Gewohnheiten sind lieb und teuer, worauf kann nicht verzichtet werden? Man muss davon ausgehen, dass alle diese Dinge im Gastland anders sein könnten. Der Schüler sollte bereit sein, prinzipielle Änderungen an seinen Gewohnheiten für ein Jahr hinzunehmen.

TIP

Außerdem gibt es noch drei Einzelbereiche, in denen ein Schüler hohe Anpassungsbereitschaft aufzeigen sollte: Religion, sozialer Status und Volkszugehörigkeit.

● **Kirche und Religion**

In den USA beispielsweise hat die Kirche eine ganz andere Bedeutung als in Deutschland. Anstelle großer Landeskirchen gibt es eine unüberschaubare Fülle kleiner und kleinster kirchlicher Gruppierungen. Diese Kirchen sind oft von ihrer Gemeinde finanziell direkt abhängig und finanzieren sich ausschließlich durch die wöchentliche Kollekte. Dadurch haben sie eine viel stärkere Bindung an ihre Gemeinde und fungieren insbesondere in ländlicheren Gegenden als Treffpunkt, Zentrum des kulturellen Gemeindelebens und Martkplatz des Informationsaustausches.

Der oft wöchentliche, gelegentlich sogar tägliche Kirchenbesuch einer amerikanischen Familie ist auch für den besuchenden Gastschüler zunächst Pflicht. Schließlich will er sich ja in die Familie und die Kultur ihres Landes integrieren. Da darf er sich nicht vor solch einem wesentlichen Teil des Familienlebens verschließen. Die Anpassungsbereitschaft an das religiöse Leben des amerikanischen sozialen Umfelds ist also eine prinzipielle Voraussetzung für den austauschwilligen Schüler. Familien können mit Recht behaupten, dass ein Gastschüler sich nicht in ihr Familienleben integriere, wenn er den Kirchenbesuch mit ihnen verweigert.

STOP

Nun sollte man hieraus nicht schließen, dass jede amerikanische Familie streng religiös sei. Und selbst diejenigen, die es sind, räumen der Religion in ihrem Leben einen eher pragmatischeren Stellenwert ein, als man das vielleicht erwartet. Insbesondere in den ländlichen

Gegenden hat der sonntägliche Kirchgang oft eine wichtige kulturelle Funktion. Da ist dann der Gottesdienst nur ein Teil des langen Vormittags mit Gesprächen, Kaffee und Kuchen. Die Kirche ist hier der Platz, an dem man sich trifft, wichtige Neuigkeiten austauscht oder eben einfach nur mal „klönt".

> **Aktivitäten in der Kirchengemeinden**
>
> *„...North Carolina liegt innerhalb des sogenannten „Bibel Gürtels" (bible belt). Der christliche Glaube und damit ebenfalls die verschiedenen Kirchengemeinden haben einen sehr großen Stellenwert. Meine Gasteltern versuchten, einmal wöchentlich den Gottesdienst zu besuchen. Für viele Jugendliche (mich eingeschlossen) war die Teilnahme an kirchlichen Aktivitäten sehr attraktiv."*
>
> **Andrea, ehemalige Teilnehmerin**

● Amerikanische Mittelschichtfamilien

Einige Organisationen werben in ihren Informationsmaterialien, dass die Schüler in „amerikanischen Mittelschichtfamilien" plaziert werden. Was genau die amerikanische Mittelschicht ist, wird hingegen verschwiegen. Fest steht, dass in den USA wie auch in vielen anderen Austauschländern die Schere zwischen Arm und Reich weit auseinanderklafft. So ist es dort geradezu ein Problem, dass die Mittelschicht im eigentlichen Sinne als Rückgrat der Gesellschaft immer mehr ausgedünnt wird. Diejenigen Familien, die man dennoch dieser Schicht zuordnen kann, sind in der Regel finanziell schlechter gestellt, als dies in der deutschen Mittelschicht der Fall ist. Aus diesem Grund ist es auch üblich, dass beide Eltern zum Familienunterhalt beitragen.

Die Erfahrung zeigt, dass einen deutschen Austauschschüler häufig ein sozial schlechterer Status erwartet, als er dies aus seinem Heimatland her gewohnt ist. Auf kleineren Alltagsluxus wird er verzichten müssen – dazu zählt zum Beispiel auch das „Kahlfressen" des Kühlschranks aus Heißhunger oder Langeweile, welches die Gastfamilie bis zum nächsten Großeinkauf in finanzielle Probleme bringen könnte.

• Kultureller Schmelztiegel

Die USA ist (immer noch) ein Einwanderungsland. Die Vielfalt der ethnischen Herkunft ist in diesem Land beeindruckend. Um es kurz und knapp zu sagen: Ein Austauschschüler muss sich darüber im klaren sein, dass seine Gastfamilie unterschiedlicher Herkunft sein kann. Ob schwarz, asiatisch, orientalisch oder mexikanisch: das alles ist Amerika – das alles muss man als Austauschschüler selbstverständlich akzeptieren.

> **Zum Abschluss noch ein Hinweis...**
>
> der unserer Meinung nach selbstredend ist: Ein austauschinteressierter Schüler sollte sich gründlich informieren und recherchieren. Und zwar nicht nur über die Organisation, mit der er am besten ins Ausland kommt, sondern auch über das Land, seine Kultur, Geschichte und Geographie selbst. Wer das getan hat, dem waren die bisher aufgelisteten „Voraussetzungen" nichts Neues mehr.
>
> **(Ausführliche Lesetipps siehe Literaturverzeichnis)**

BUCH

Und das ist auch noch wichtig

Die unabdingbaren, die notwendigen Voraussetzungen für die erfolgreiche Durchführung des Schüleraustausches sind jetzt genannt worden. Sofort wird, insbesondere unter den Austauschorganisationen, der Sturm der Entrüstung beginnen: „Das war ja wohl noch nicht alles!" Und richtig, vergleicht man die bisher aufgelisteten Eigenschaften mit den schon mehrfach zitierten „Selbstinterviews" und „Fragebögen", scheint noch einiges zu fehlen.

Aber die nun folgenden Voraussetzungen bezeichnen wir nicht mehr als unbedingt lebensnotwendig, sondern allenfalls als das mögliche „Zünglein an der Waage (zum Erfolg)". Dies erklärt sich so: Zwar sind alle die folgenden Eigenschaften wichtig, aber unter bestimmten Umständen können sie vollkommen belanglos sein.

Warnung: Dies ist kein Freibrief für Schüler, nach Studieren der nachfolgenden Punkte zu sagen: „Alles klar, trifft für mich nicht zu, brauch' ich nicht zu beachten." Das Gegenteil ist der Fall. In den meisten Fällen steht und fällt der Erfolg des Jahres mit dem Vorhanden- bzw. Nichtvorhandensein der nachfolgenden Eigenschaften. Ich finde es aber wichtig, darauf hinzuweisen, dass ein Austauschjahr auch ohne diese Eigenschaften absolviert werden kann. Möchte man aber ein erfolgreiches Jahr erleben, dann sind die nachfolgenden Eigenschaften von weichenstellender Bedeutung.

● **Rauchen**

Ein Viertel der deutschen Bevölkerung über 15 Jahren raucht. In den USA ist der Anteil der Glimmstengelverehrer etwas niedriger. Tatsache ist aber, dass einige Kulturen noch viel strikter und rigoroser gegen Zigarettenkonsum in der Öffentlichkeit vorgehen, als dies in Deutschland der Fall ist.

So ist Rauchen in den USA in allen behördlichen Einrichtungen verboten, Restaurants müssen Nichtrauchertische anbieten (was dazu führt, dass die Raucher oft in kleine dunkle Ecken abgedrängt werden), und die meisten öffentlich zugänglichen Gebäude haben ein totales Rauchverbot verhängt. Rauchen wird sozial geächtet, und entsprechend schwer ist es, für Raucher Gastfamilien zu finden. Insbesondere weil der Zigarettenkonsum immer mehr als Einstiegsdroge zum Drogenkonsum bezeichnet wird, ist die Ablehnung vieler amerikanischer Organisationen groß, Raucher zu vermitteln.

TIP

Wer raucht und darauf auf keinen Fall für ein Jahr verzichten kann, muss dies bei seiner Bewerbung ehrlicherweise angeben. Denn findet eine Gastfamilie heraus, dass ein angeblicher Nichtraucher heimlich im Garten qualmt, ist dies nicht gerade ein guter Start ins gemeinsame Jahr (und zudem ein Grund, den Schüler vor die Tür zu setzen).

● **Aussehen**

Na klar, es gibt sie, die flippig-trendigen High Schools in den sonnigen Vororten der amerikanischen Großstädte, in denen alle Schüler rum-

laufen wie beim Casting für die nächste Hollywood-Teenie-Komödie. Tatsache aber ist, dass an diese Schulen prozentual die wenigsten Austauschschüler kommen.
Sehr viel größer hingegen ist die Wahrscheinlichkeit, dass ein Austauschschüler in einer recht konservativen Gegend im mittleren Westen platziert wird, in der die Schüler alle aussehen wie direkt der letzten Lassie-Flipper-heile-Welt-Fernsehserie entsprungen: züchtig, die Jungs mit kurzen Haaren und glatt rasiert, die Mädchen mit hochgeschlossenem Top und Dauerwelle. Und für alle gilt: Hosen ohne Flicken.

TIP

Die Erfahrung zeigt, dass die durchschnittliche Gastfamilie und die durchschnittliche Gastschule weitaus weniger tolerant gegenüber Modetrends wie z.b. Tatoos, Piercing oder Techno sind, als man das vielleicht aus Deutschland gewöhnt ist. Lange Haare, Dreitagebart und Ohrringe bei Jungs werden ebenso wenig akzeptiert wie Miniröcke, tiefausgeschnittene Shirts oder unrasierte Achselhöhlen und Beine bei Mädchen.
Natürlich kann man auch in solch einem unangebrachten Outfit plaziert werden. Insbesondere dann, wenn man sich für die Bewerbungsmappe schick gestylt hat. Aber wer auf Fotos ordentlich und adrett aussah und dann seine Gastfamilie am Flughafen im „Death is beautiful!"-T-Shirt begrüßt, der muss sich nicht wundern, wenn sein Jahr mit vielen Schwierigkeiten verbunden ist.

● **Das Schuljahr ist kein Urlaubsjahr**

Das High-School-Jahr ist, wie der Name schon sagt, ein Schuljahr und nicht ein Urlaubsjahr mit der Gastfamilie. Neben der Familie muss nämlich auch die jeweilige Schule dem Besuch des Gastschülers zustimmen (siehe Abschnitt „Langfristige Vorbereitung"). Entsprechend stellt die Schule auch Erwartungen an die Leistungen des Schülers.
Nun muss man sich trotz dieser Erwartungen keine Sorgen machen. Selbst an einer High School mit hohem akademischen Anspruch gibt es Kurse für leistungsschwache Schüler (dies ist die amerikanische High School ihrem Gesamtschul-Charakter schuldig). Wer will, kann das Schuljahr mit einem Minimum an Aufwand „überstehen".
Man kann sich aber in diesem Jahr auch richtig Arbeit machen.

TIP Insbesondere dann, wenn die Schule eine große Auswahl an sogenannten AP-Kursen hat (advanced placement, college courses). Diese Kurse dienen der direkten Vorbereitung auf den späteren Universitätsbesuch, oftmals können sie gewisse Kursanforderungen der amerikanischen Unis sogar ersetzen. Entsprechend viel Arbeit verlangen diese Kurse von ihren Schülern.

Für Austauschschüler ist insbesondere das aufzubringende Lesepensum anfangs ein Problem. 70 Seiten von einem Tag auf den anderen im American-history-Buch kann ganz schön viel sein, insbesondere dann, wenn einem all die Namen und Orte nichts sagen und jedes dritte Wort nachgeschlagen werden muß.

Dieser Situation des Austauschschülers sind sich die Lehrer an den High Schools in der Regel durchaus bewusst. Auch wissen sie, dass das Jahr für den Schüler oft akademisch nicht zählt (außer er will das Jahr in Deutschland überspringen). Trotzdem erwarten sie, dass sich der Schüler zumindest bemüht und Interesse zeigt. Ist dies nicht der Fall, kann die Schule berechtigterweise die Ernsthaftigkeit des Schülers bezweifeln, ein High School-Jahr absolvieren zu wollen. Und sieht erst einmal die Schule das Austauschprogramm in Frage gestellt, kann die Organisation oft nicht mehr viel schlichten. Ohne Schulplatz jedoch ist der Austausch umgehend beendet.

Kann das Leben angenehmer machen

Abschließend gibt es noch eine Handvoll Eigenschaften, die – soweit vorhanden – das Leben als Austauschschüler angenehmer machen können. Sind sie jedoch nicht vorhanden, muss sich niemand graue Haare wachsen lassen. Für den Erfolg einer Austauscherfahrung sind sie von zweitrangiger Bedeutung.

● Sport

In vielen Austauschländern wird Sport in der Schule groß geschrieben und der Teamgeist zählt sehr viel. Gleiches aber gilt auch für Deutschland, nur dass der Teamgeist hier mehr in privaten Vereinen zu finden ist. Trotzdem aber kann man in Deutschland viele Freunde haben und ein spannendes Leben führen, auch wenn man kein sportbegeisterter Mensch ist. So bieten auch die Schulen in vielen Gastländern neben den Sportteams zahlreiche andere Freizeitaktivitäten für Nicht-Sportler an: Musik, Theater, Hobby-Clubs, usw.

Problematisch wird es nur dann, wenn dieses Angebot aufgrund der Größe der Schule nicht allzu üppig ausfällt. Da kann es dann schon mal passieren, dass man sich für etwas begeistern muss, dem man sonst eigentlich gar nicht so recht etwas abgewinnen kann (z. B. Bonsai-Club...).

In solchen Fällen ist es empfehlenswert, auch als Nichtsportler sich in irgendeiner Sportaktivität zu engagieren – und wenn man nur als Maskottchen die ganze Saison auf der Bank sitzt. Wichtig ist der Teamgeist und das Gemeinschaftsgefühl. Und das umfasst alle Beteiligten.

TIP

Kurz gesagt: ein Austauschschüler muss sich begeistern können – auch für etwas, das ihm eigentlich nur ein müdes Gähnen entlocken kann. Die Herausforderung eines Austauschjahres liegt in der Fähigkeit, es mit allem Unbekannten zumindest erstmal zu versuchen.

● **Kirche**

Ein Interesse an kirchlichen Aktivitäten, wie Gottesdienst, Bibelstunde und Jugendarbeit kann von Vorteil sein. Dies gilt insbesondere dann, wenn das Freizeitangebot an der Schule nicht allzu umfangreich ist. Die Kirche der Gastfamilie kann in solch einem Fall eine echte Alternative sein (vergleiche auch Abschnitt „Persönliche Voraussetzungen: Kirche und Religion").

Wichtig: das Interesse an der Kirche ist selbstverständlich nicht mit der Bereitschaft zu verwechseln, diese zu besuchen. Ersteres nämlich ist von Vorteil, aber kein Muss, während letzteres eine wichtige persönliche Bereitschaft ist.

● **Sprachkenntnisse**

Natürlich machen gute Vorkenntnisse der jeweiligen Landessprache das Leben im Gastland leichter – insbesondere am Anfang. Viele Missverständnisse und Misstöne ergeben sich aus sprachlichen Problemen. Wenn man jemanden nicht ganz genau versteht, versucht

man, aus dem Tonfall des Gesagten auf dessen Inhalt zu schließen. Dies aber kann gefährlich sein, insbesondere da die Melodie anderer Sprachen von der des Deutschen so verschieden ist. So klingt es für Ausländer häufig leicht aggressiv, wenn sich Deutsche ganz normal unterhalten.
(Siehe auch Abschnitt „Das amerikanische Deutschlandbild: Kuckucks-Uhren und Mercedes-Stern").
Tatsache ist aber auch, dass man nirgendwo eine Sprache besser lernt, als in dem Land, in dem sie gesprochen wird. Auch wer keine brillanten Vorkenntnisse hat, wird sich bald dabei „ertappen", auf chinesisch, englisch oder spanisch zu denken oder zu träumen.

● **Gastgeschenke**

Gastgeschwister kannst Du je nach Alter mit Überraschungseiern, Sporttrikots (Adidas, Puma), Gummibärchen, etwas von Diddl oder Pokemon, Lego-Bausätzen oder Universitäts-T-Shirts begeistern. Auch Füllfederhalter (mit einem Vorrat Patronen), typisch deutsches Traditionshandwerk (Bierseidel, Kuckucksuhren), CDs mit deutschen Liedern, Autoschilder mit Namensaufdruck kommen gut an - genauso wie Kochbücher mit deutschen Rezepten (siehe auch Literaturliste weiter hinten). Bildbände, DVDs oder Videos über Deutschland und Deine nähere Umgebung sind gute Ideen.

Die Zollvorschriften für die Einführung von Waren im die jeweiligen Länder findest Du im Internet: www.auswaertiges-amt.de

> Eine DVD über Deutschland, die in der ganzen Welt in den Sprachen Deutsch, Englisch, Spanisch und Französisch abgespielt werden kann, das ideale Gastgeschenk! In 45 Minuten geht die "Video-Reise" quer durch Deutschland, von der Zugspitze bis zur Insel Sylt. Dem Zuschauer werden dabei nicht nur landschaftliche Höhepunkte und markante Architekturen gezeigt, sondern ihm wird auch ein Einblick in die Geschichte und Kultur Deutschlands gewährt. Mehr Infos, Preise und Bestellmöglichkeiten unter www.deutschlandvideos.de

Ist das wirklich sinnvoll?

Bei den Recherchen zu diesem Kapitel sind uns zwei immer wieder geforderte Eigenschaften eines Austauschschülers aufgefallen, die wir auf den ersten Blick als unbedingt notwendig eingestuft hatten. Auf den zweiten Blick jedoch mussten wir uns fragen, ob diese Eigenschaften wirklich sinnvoll sind oder ob sie – insbesondere in der unkommentierten Art und Weise, wie sie in der Regel formuliert werden – nicht vielleicht sogar hinderlich sein können.

● **Selbständigkeit**

Diese Eigenschaft wird insbesondere im Zusammenhang mit der Fähigkeit gefordert, Konflikte lösen zu können. Nach all dem, was wir nun aber schon über den doch sehr unselbständig gehaltenen Status eines Austauschschülers wissen, sollten wir diesen Begriff differenzierter betrachten. Der Schüler darf nichts ohne die Erlaubnis von Gastfamilie und/oder Organisation machen, er muss sich den strengen Regeln des Landes (z.B. Alkoholverbot) und der Familie (z.B. Ausgehverbot) unterordnen. In vielen Schulen muss er sich für die Toilette einen Laufzettel besorgen und sein Aussehen den Schulregeln anpassen. Mit Selbständigkeit hat das nicht viel zu tun.
Im Gegenteil: bei Konflikten wird der Austauschschüler gehalten, genaue Hierarchien einzuhalten, Freunde oder Lehrer nicht einzuweihen, sondern erstmal mit dem Area rep zu sprechen. Dessen Anweisungen ist, auch im Konfliktfall, unbedingt Folge zu leisten. Beim Area rep liegt die Entscheidung, ob ein Familienwechsel nötig ist. Hat das wirklich etwas mit Selbständigkeit zu tun?

● **Ohne Freunde und Familie auskommen**

Dieser Satz steht fast überall: „Kannst Du ein Jahr ohne Freunde und Familie auskommen?" Bewusst missverstehend wäre unsere Antwort darauf: Nein, kann ich nicht. Und ich möchte gerne den Menschen sehen, der das kann. Deshalb verbringt man ja ein Jahr als Mitglied einer Familie und an einer High School. Damit man eben nicht ein Jahr vollkommen ohne soziale Kontakte leben muss. Die Frage ist geradezu missverständlich. Ein typischer Eigenbrötler könnte sich davon angesprochen fühlen und denken: „Prima, niemand da, der mir was zu sagen hat – keine Verpflichtungen." Und das kann ja nun wirklich nicht gemeint sein. Diese beiden Beispiele stehen für einen allgemeinen Trend, den man in Literatur und Materialien zum Thema beobachten kann: Der Schüler wird zum Verzicht aufgefordert, nicht zum Teilen. Wie wäre es, wenn ein Schüler sagen würde: „Nein, ich glaube nicht, dass ich meine Konflikte in einem fremden Land selbständig lösen kann. Daher baue ich darauf, dass ich Menschen dort finden werde, die mir helfen können; Menschen, denen ich vertrauen kann." Oder: „Nein, ich kann auf Familie und Freunde nicht verzichten. Ich möchte aber trotzdem ins Ausland, deshalb werde ich dort alles tun, um mich bei meiner Gastfamilie zu Hause zu fühlen und schnell neue Freunde zu finden." Von diesem Schüler hätten wir einen viel positiveren Eindruck, als von jemandem, der selbstkasteiend sagt: „Ich finde mich ohne Familie und Freunde zurecht, verzichte auf meine Hobbys und kriege das alles alleine geregelt."

TIP

> **...um zu sein, muss ich teilhaben**
>
> Schüleraustausch hat viel mit dem englischsprachigen Begriff des „sharing" zu tun: „Teilen" im Sinne von „Teilhaben lassen" und „sich mitteilen". Wer dies als Maxime für sein Austauschjahr begreift, wird ein spannendes, und erfolgreiches Jahr erleben.

Zuerst kommt der Mensch und dann die Organisation. Nach der Lektüre dieses Kapitels sollte klar sein, dass die beste Organisation nichts auszurichten vermag, wenn die persönlichen Voraussetzungen bei Schülern und Eltern nicht stimmen. Wir können nicht beurteilen, wie schwer oder einfach es ist, die beschriebenen Eigenschaften in einem Menschen zu finden. Die Organisationen haben verschiedene Methoden entwickelt, Schüler und Eltern auf „Austauscheignung" zu überprüfen. Mit welchem Erfolg, ist schwer zu beurteilen (vgl. Abschnitt „Auswahlverfahren"). Daher sollte jeder austauschwillige Schüler die Inhalte dieses Kapitels intensiv überdenken, bevor er sich bei einer Organisation bewirbt.

III Das amerikanische Deutschlandbild: Kuckucks-Uhren und Mercedes-Stern

Von Prof. Dr. i.R. Wolfgang Gast (Professor für Medienwissenschaft und Medienpädagogik an der Universität Gießen)

Dass selbst die amerikanische Betreuerin Deutschland nicht auf Anhieb auf der Weltkarte findet und die Gastfamilie vor allen Dingen Porsche, BMW und Mercedes von Deutschland kennt, darf nicht verwundern, denn Fernsehen und Video spielen eine wichtige Rolle bei den Amerikanern, wenn sie sich ein Bild über eine „fremde Nation" machen.

Dies wird bestätigt durch verschiedene Emnid Studien, die belegen, dass ca. 54 % der befragten Amerikaner ihre Kenntnisse über Deutschland aus dem Fernsehen haben. Da direkte Kontakte mit Deutschland, deutscher Sprache und Kultur gering sind, werden die Medien immer wichtiger. Auch eine Untersuchung der Bundesregierung bescheinigt: Das Fernsehen spielt eine überragende Rolle im amerikanischen Alltag, wobei der Anteil von ausländischen Themen sehr gering ist.

Das bedeutet zugleich auch, dass „versteckte Deutschlandbilder" in allgemeinen TV-Unterhaltungs- und Informationsprogrammen eine besondere Bedeutung erhalten und Vorurteile unterstützen (z.B., dass die überwiegende Mehrheit der Deutschen jodelnd in Lederhosen herumläuft).

Fernseh-Darstellungen, die US-Amerikaner am meisten beeinflussen:

Werbung

Werbung wirkt im Unterbewusstsein, da die Bilder über die Deutschen keine informierenden Darstellungen sind. Das wird an einem Werbespot für deutsche Autos deutlich. Er zieht eine Reihe von Bildern nach sich, die durch folgende Mittel dargestellt werden:
- Typisch deutsche Bauwerke und Symbole
- Typisch deutscher Akzent und Tonfall
- Deutsche Wörter wie „Autobahn, Bundeskanzler etc.".

Die ständige Wiederholung solcher Bilder verfestigt eine bestimmte Vorstellung über die Deutschen im Kopf des Amerikaners, was Austauschschüler berücksichtigen sollten.

Historische und geschichtliche Sendungen

Sie sind relativ kalkulierbar, da es für die Amerikaner klar ist, dass hier Themen wie Krieg, Nazizeit etc. verarbeitet werden. Der Hitlergruß oder Kriegsszenen sind also keine Überraschung und wirken mit ihrer Darstellung der Deutschen direkt.

Unterhaltung (Familienserien, Krimis etc.)

Hier wird das Deutschland-Bild wieder unbewusst aufgebaut: Eine bestimmte Figur vertritt in einer Handlung typisch deutsche Eigenschaften wie Pünktlichkeit oder Disziplin, ohne dass es dem Zuschauer bewusst ist.

Schlussfolgerung: Problematisch wird es, wenn sich die Bilder immer wiederholen, sich gleichen und dadurch eine bestimmte Vorstellung von den Deutschen, ihrer Geschichte und ihren angeblich typischen Eigenschaften verfestigt wird. „So banal und trivial die Bilder für sich genommen auch sind, als Bild-Teppich mit immer wiederkehrender Textur, in immer erneuten Anstößen zu suggestiven Wahrnehmungsangeboten entwickeln sie insgesamt eine Stoßkraft, die sich aus der Regel begründet: „Das ganze Bild ist mehr als die Summe der Teile". So wundert es nicht, wie hartnäckig bestimmte Deutschland-Bilder in den Köpfen der Amerikaner verhaftet sind. Gesteuert werden diese Klischees auch noch von „Old Heidelberg Restaurants" in „deutsch" gestylten Dörfern mitten in Amerika. Fast jede Gastfamilie wird mit „ihrem" deutschen Gastschüler einen Ausflug dorthin machen.

Beispiele aus dem TV:

Slap Maxwell Story (Fernsehserie des Senders ABC): Der Typ des grobschlächtigen Deutschen wird durch Akzent und primitives Vokabular, Kleidung, Körpersprache sowie Kameraführung unterstrichen. Gegenpart ist der junge adrette Amerikaner, der sofort den Zuschauer auf seiner Seite hat. Handlung: Der smarte amerikanische Sportreporter wird von seinem Boss, dem Deutschen, gefeuert.

Benson (Fernsehserie des Senders ABC): Das dümmlich-vertrauensselige Gretchen repräsentiert die Deutsche gegenüber den pfiffigen Amerikanern. Sie ist dem amerikanischen Leben nicht gewachsen.

What´s so bad about feeling good? (Komisch-satirischer Film mit Fortsetzungen des Senders TBS): Hier wird der Deutsche mit Kniebund-Lederhosen, dickem Bauch, Vollbart, Seppelhut und pessimistischer Lebensanschauung gezeigt. Gegenbild ist der optimistische Amerikaner.

The Flintstones (TV-Comic-Serie): Hier wird der zynische deutsche Wissenschaftler aufs Korn genommen, der zwei amerikanische Astronauten auf ihre Weltraumtauglichkeit testet – und das mit Methoden, die aus der Steinzeit stammen könnten.

Werbespot Mercedes S Klasse: Der Deutsche ist in der Rolle des überlegenen Fahrers, aber Tenor ist: „So etwas können die Deutschen bauen – und Du (als Amerikaner) kannst dieses Auto kaufen."

Die hier beschriebenen Figuren haben ihren Ursprung in der Einschätzung der Deutschen während der Nazi-Zeit. So entwickelte sich der Typus des intelligenten, bösartigen SS-Mannes hin zum genialen, skrupellosen zynischen Wissenschaftler (siehe Flintstones und Mercedes S Klasse Werbung).
Der zweite Typus des ehemals höheren Wehrmachtsoffiziers (strikter Befehlsempfänger) wird heute als arroganter aber nicht wirklich intelligenter, in der „preußischen Militärtradition" verhafteter Deutscher (Disziplin und Pünktlichkeit) gesehen, als „typischer Kraut" (siehe Slap Maxwell Story).
Der dritte Typus schließlich, der ehemalige Gefreite und Unteroffizier, wurde zum Vertreter des volkstümlichen Deutschen, der heute gerne mit bayerischer Folklore-Motivik ausstaffiert ist und oft auf Plakaten abgebildet wird, die für deutsche Restaurants in den USA werben (siehe What´s so bad about feeling good?).

Dies sollte jeder Austauschschüler wissen, vor allem, wenn er auf die Frage, „Wieviele Nazis Mitschüler z.B. noch in Deutschland vermuten", die Antwort „Na ja, so etwa 35 Prozent" erhält. Oder eine Vermutung fällt wie „Gehört Bayern eigentlich auch zu Deutschland?" Auch diese Aussage darf nicht schockieren: „Erst helfen wir Euch nach dem Krieg, und jetzt macht Ihr uns Konkurrenz (bei der Auto-Produktion)". Aus solchen Antworten und Fragen lässt sich keineswegs tiefer Deutschenhass ableiten, sie sind ein Ergebnis der Bilder, die sich bei den Amerikanern über Jahrzehnte hinweg vor allem durch das Fernsehen aufgebaut haben. Es liegt deshalb am Gastschüler selbst, was er aus seiner „Botschafterfunktion" für Deutschland macht. Wichtig ist dabei immer ein sanftes Vorgehen. Denn die Amerikaner werden ihr Deutschlandbild nicht von heute auf morgen ändern, aber während des Austauschjahres besteht genug Zeit, zu informieren, zu reden und zu zeigen.

Die ausführlichen, wissenschaftlichen Stichproben beruhen auf Daten von Fernsehsendungen, die vor einigen Jahren erhoben wurden. Die eine oder andere Sendung mag nicht mehr existieren, die Tendenz ist aktueller denn je.
Mehr dazu in: Bredella, Gast, Quandt: Deutschlandbilder im amerikanischen Fernsehen – siehe Literaturverzeichnis.

IV Die acht Phasen des Austauschjahres

Von Joanna King

Die Gefühle eines Austauschschülers sind wie eine Achterbahn-Fahrt. Schnell steigende Begeisterung endet zunächst mit einem rapiden Abfall des Enthusiasmus, bevor der Rest des Austauschjahres – wie auf dem Rummelplatz – als eine Serie von „Ups and Downs" in berauschender Geschwindigkeit vergeht.

1. Ankunft

Der wohl aufregendste Schritt des Austauschjahres ist der Moment, wenn Du das Flugzeug verlässt und die Personen triffst, mit denen Du zehn Monate lang zusammenleben wirst. In den ersten Wochen werden sich Gefühle der völligen Begeisterung mit Zweifeln mischen – eine normale Reaktion auf all das Neue in Deiner Umwelt. Diese Zeit solltest Du nutzen, um Dein Selbstvertrauen zu stärken. Zum Beispiel ist es wichtig und nützlich, Deiner Gastfamilie in ihrer Sprache zu antworten, auch wenn Du nicht perfekt bist. Niemand erwartet das von Dir, aber Deine neuen Familienmitglieder werden Deine Bemühungen sehr schätzen. Besprehe gleich zu Beginn mit Deiner Gastfamilie einige wichtige Themen:

- Wie sollst Du sie anreden und wie sollen sie Dich nennen?
- Wer bewohnt welche Zimmer? Wo ist das Bad, die Küche und das Wohnzimmer?
- Wie ist der Tagesablauf? Wann solltest Du aufstehen und zu welchen Zeiten wirst Du abends zurück erwartet? Wann gibt es Abendessen?
- Wobei solltest Du im Haushalt helfen?

Zwei Sachen solltest Du Dir merken: Erstens: Es werden Zeiten kommen, wo Du Deine Wut nur so herausschreien möchtest – übersetzt auf Englisch. Aber – widerstehe der Versuchung, zu stark auf Deine

Muttersprache zu vertrauen, lasse Dich auf Deine neue Sprache ein. Zweitens: Du wirst körperliche Müdigkeit spüren, besonders wegen des Jet-Lags. Akzeptiere das als normale Reaktion auf Deine weite Reise. Alles ist außerdem neu für Dich: das Essen, das Schlafen, die Sprache, die vielen Namen. Dieses Stadium kann gleichzeitig motivierend und verunsichernd sein.

2. Einleben

In diesem Stadium – (ca. zwei Monate eines zehn-monatigen Austausches) verstehst Du die neuen Regeln Deines Lebens. Wenn Du unbewusst den Weg von der Schule zu Deinem neuen Zuhause zurücklegst, Deine Hand im Unterricht hebst, fühlst Du Zugehörigkeit und identifizierst Dich mit Deiner Umgebung. Trotzdem werden Dir einige Bedenken kommen. Du reagierst differenzierter und empfindlicher auf Deine Umwelt und stellst Vergleiche mit Deinem deutschen Zuhause an. Heimweh kann aufkommen. Setze Dir dann realistische Ziele. Wenn Du Dir vorgestellt hast, der beste Fußball-Spieler Deiner High School zu werden und Du erkennst, dass Deine amerikanischen Mitschüler genauso gut oder sogar besser sind, versuche, ein gutes Team-Mitglied zu werden, aber nicht mehr. Das Beispiel symbolisiert, dass Du Deine Erwartungen von Zeit zu Zeit anpassen solltest.

3. Spielregeln

Während Du zunächst von Tag zu Tag gelebt hast, wirst Du nun "Wurzeln schlagen". Ernstere und tiefere Diskussionen mit Deiner Gastfamilie und Deinen Freunden werden den bisherigen Gesprächen über Haushaltspflichten und alltäglichen Regeln weichen. Nutze diese Zeit, um Deiner Gastfamilie Deine Dankbarkeit für dieses einzigartige Erlebnis auszudrücken und lerne zu verstehen, dass die Teilnahme an ihrem Leben keine Einbahnstraße ist. Erzähle genauso offen von Dir und Deinen Lebensgewohnheiten zu Hause, wie sie es tun. Wenn Du Dich wie ein Familienmitglied behandelt fühlst, verhalte Dich auch so: Nehme Deine Pflichten wahr und bringe Dich in das Familienleben ein. Wenn dann in der Schule noch alles gut läuft, bist Du auf dem richtigen Weg.

4. Kulturschock

Kulturschock ist der Zustand von Angst und Verwirrung, der entsteht, wenn Du mit einer fremden Kultur konfrontiert wirst. Häufig tritt er dann ein, wenn die leichteren Fragen, z.b. über Lebensgewohnheiten, bereits geklärt sind, sich aber keine tieferen Beziehungen für Dich ergeben, sondern im Gegenteil noch mehr Fragen aufgeworfen werden. Anzeichen für den Kulturschock sind:
- Du kannst keine normale Unterhaltung führen, ohne das Gefühl zu haben, abgelehnt zu werden oder anders zu sein.
- Du hast starkes Verlangen, nach Hause zu fahren oder Deine Zeit mit anderen Austauschschülern zu verbringen.
- Du hast unerklärliche Stimmungsschwankungen.

Der Kulturschock ist ein Zustand, den Du nicht beeinflussen kannst. Du kannst Dir selbst helfen, indem Du soviel wie möglich mit Deiner Gastfamilie darüber sprichst und Dir bewusst machst, dass es eine Phase Deines Austauschjahres ist, die dazugehört.

Aktivitäten sind wichtig...

„ Kulturschock?! Häufig bemerkt ein Gastschüler während seines Aufenthalts relativ früh Wechsel in seinem persönlichen Wertesystem. In der Anstrengung, das Zugehörigkeitsgefühl zu einem bestimmten Kulturkreis zu behalten, kann es passieren, dass versucht wird, diesen Perspektivenwechsel (u.a. durch Bemerkungen über Vorzüge des Heimatlandes gegenüber dem Gastland) zu unterdrücken. Daraus können Heimweh und in extremen Fällen sogar Identitätskrisen resultieren. Zu diesem Zeitpunkt sollten viele Aktivitäten stattfinden, um Einsamkeit zu vermeiden. Der oben beschriebene Prozess beginnt oft nach einer gewissen Einlebensphase. Der Reiz am Neuen ist bereits verloschen und weicht einer Alltagsroutine. Aus der Überwindung dieses Kulturschocks geht ein entspannter Gastschüler hervor, der entsetzt das rapide Fortschreiten des Jahres bemerkt. "

Sven, ehemaliger Austauschschüler

5. Holiday blues

Der dritte, vierte und fünfte Monat Deines Austauschjahres ist schön und auch etwas traurig: Zwei wichtige amerikanische Feier- und Ferienzeiten (Thanksgiving und Weihnachten), fallen genau in die Zeit, in der Du extrem mit Dir selbst beschäftigt bist. Während Du mit Deiner Gastfamilie feierst, wirst Du unweigerlich an Zuhause erinnert, das kann Dich melancholisch stimmen. Was kannst Du gegen den „holiday blues" tun?

- **Versuche, in der Tradition Deiner Gastfamilie mitzufeiern.**
  Beschäftige Dich mit Vorbereitungen, das lenkt Dich von den Gedanken ab, wie es Zuhause immer war. Auch wenn es für Dich sicherlich nicht die liebgewonnenen Gewohnheiten Deiner Heimat ersetzt, lernst Du neue, globalere Perspektiven dieser Festtage kennen.
- **Sei auf den „holiday blues" vorbereitet, aber erwarte ihn nicht.**
  Heimweh und Einsamkeit sind die unvermeidlichen Gefühle, die zu dieser Zeit entstehen. Wenn Du weißt, dass sie kommen, kannst Du vernünftig damit umgehen. Übertrage diese Frustrationen nicht auf Deine Gastfamilie, aber rede mit ihr darüber, damit sie entsprechend mit Dir umgehen kann.

TIP

6. Verstehen

Von nun an bis kurz vor Deiner Abreise entwickelst Du in der Regel eine der folgenden drei Verhaltensweisen. 75 % der Austauschschüler lernen in dieser Zeit sehr viel über eine neue Kultur und Lebensweise oder beenden ihr Austauschjahr ohne große Probleme. Davon haben

- 25% weiterhin Schwierigkeiten mit dem Kulturschock und müssen daran arbeiten;
- 50% ein kontinuierliches positives Lernerlebnis über eine neue Kultur und Umgebung;
- 25% ein „Überflieger-Erlebnis", der Kulturschock gibt Auftrieb zu einem überdurchschnittlich positivem Austauscherlebnis.

Wenn Du zur zweiten Gruppe gehörst, wirst Du in der zweiten Hälfte Deines Austauschjahres die besten Ergebnisse haben: Du fühlst Dich wohl, Du sprichst fließend Englisch, Du „saugst" die neuen Erfahrungen auf, Du setzt Dich ernsthaft mit dem Land und den Menschen auseinander und entwickelst neues Selbstbewusstsein.

7. Vorbereitung auf die Rückkehr

Schneller, als Du Dir vorstellen kannst, rückt der Zeitpunkt Deiner Abreise näher und damit auch Traurigkeit bei Dir, Deiner Familie und Deinen Freunden. Aber das ist kein Grund, Trübsal zu blasen. Ganz im Gegenteil: Du hast jetzt die große Chance, die einzelnen Erlebnisse zu einem großen Ganzen zusammenzufügen, das eine wichtige Periode Deines Lebens abschließt. Werde Dir bewusst, welche Gefühle während dieser Zeit entstehen:
- Bedauern, neue Freunde zurücklassen zu müssen.
- Unsicherheit, wie es sein wird, wenn Du nach Hause zurückkehrst.
- Freude, Deine Familie und Deine alten Freunde wiederzusehen.

Diese Zeit kann sehr verwirrend für Dich sein. Um Deinem Leben eine neue Perspektive zu geben, hilft es, die wichtigsten Ergebnisse Deines Jahres schriftlich festzuhalten oder Deine Freunde und Deine Familie zu einem Abschiedsessen einzuladen.

8. Wiedereingliederung

Jetzt bist Du zweifach belastet: Du musst Dich gleichzeitig zu Hause einleben und Deinen Freunden sowie Deiner Familie einen Eindruck Deines Austauschjahres vermitteln. Dabei hilft das Reden über Deine Gefühle und Ängste sowie das Bewahren Deiner Erinnerungen. Du hast die einmalige Erfahrung gemacht, in zwei Kulturen zu leben, jetzt kannst Du davon profitieren. Nutze in jedem Fall alle Möglichkeiten, die Dir Deine Austauschorganisation zur Wiedereingliederung anbietet – sei es ein Treffen oder ein Wochenendseminar. Dabei triffst Du Jugendliche, die mit den gleichen Problemen kämpfen und merkst, dass Du damit nicht allein bist.

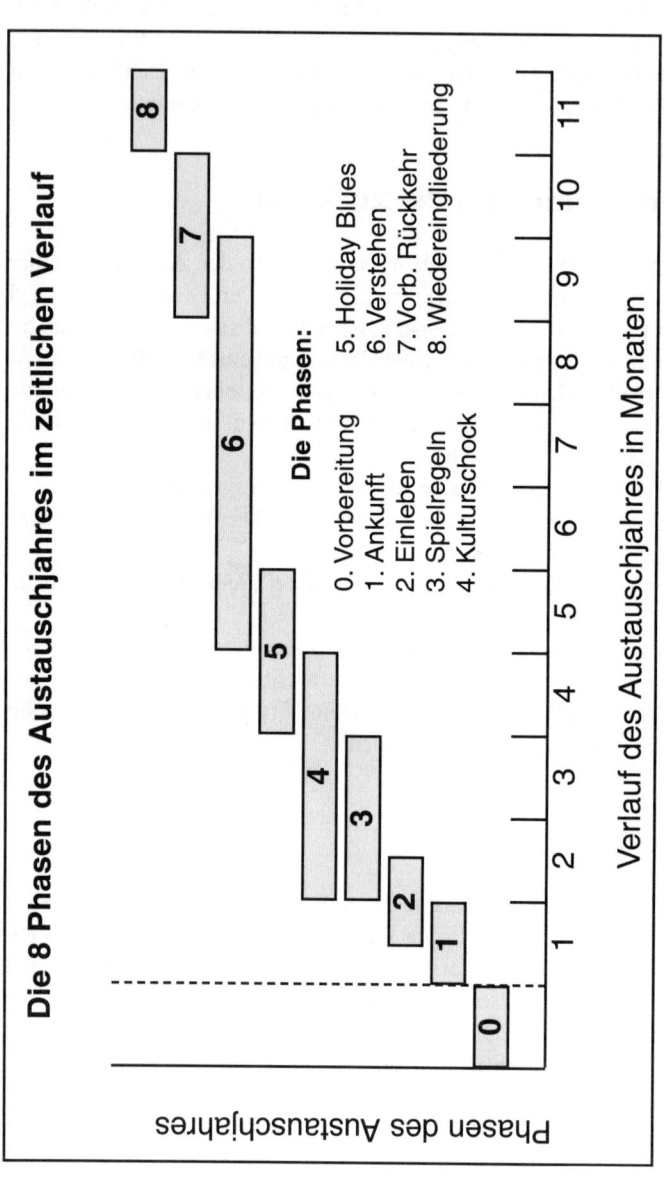

V   Wahl der Organisation und des Austauschlandes

Gibt es die „richtige" Organisation?

Wer auch nach dem vorangegangenen Kapitel immer noch in die weite Welt möchte, steht jetzt vor einem Problem: Ich bin bereit für den Austausch, aber welche Organisation ist bereit für mich? Tatsache ist, dass die Wahl der richtigen Austauschorganisation die Weichen für den positiven oder negativen Ausgang des Jahres stellen kann. Nicht umsonst wird um dieses Thema ein riesiger Aufstand gemacht: Publikationen, wie „Schuljahres-Aufenthalte in USA" (Aktion Bildungsinformation e.V.) und selbst Austauschschülerklassiker wie Max Rauners „Als Gastschüler in den USA" widmen der Wahl der richtigen Organisation einen großen Teil ihrer Aufmerksamkeit. Und schenkt man den vielen Veröffentlichungen zum Thema in Tageszeitungen und Zeitschriften Glauben, dann sind die Organisationen gar der eigentliche Schlüssel zum Erfolg. Frei nach dem Motto: „Mit der richtigen Organisation wird mein Austauschjahr ein Knüller!" verfahren dann auch die meisten Schüler und deren Eltern. Mittlerweile ist es fast schon zu einem Sport geworden, Organisationen mit Superlativen zu belegen, wie „beste Vorbereitung", „schnellste Platzierungen", „größte Erfahrung" oder „kleinste Familienwechselquote".
Nun, auch in diesem Kapitel soll es um die Wahl der richtigen Organisation gehen. Wer aber ein Patentrezept erwartet, wird bereits am Anfang enttäuscht. Die beste Organisation gibt es genausowenig wie den perfekten Sommer, das richtige Alter oder das schönste Ferienhaus. Ob der Sommer perfekt war oder nicht, beurteilt man immer erst im nachhinein, wenn man die verregneten Grillpartys schon wieder vergessen hat. Das richtige Alter ist von dem Zusatz „...für was?" abhängig. Und ob ein Ferienhaus schön ist oder nicht, liegt natürlich ganz beim Betrachter, seinen Wünschen, Erwartungen und Erlebnissen, die er mit diesem Haus verknüpft.
So ähnlich (und oftmals noch viel komplizierter) verhält es sich mit

dem Auslandsaufenthalt. Da kann die Organisation noch so gut sein und alle Tests mit Sternchen bestanden haben, erleben muss man das Jahr dann im Endeffekt doch selbst. Da kann die Organisation noch so gründlich vorbereitet haben, die Anforderungen in der Schule muss man selbst bewältigen und seinen Platz in der Gastfamilie muss man sich selbst gründlich und Stück für Stück erarbeiten.

„Prima", denkt sich jetzt mancher, „dann suche ich mir eben die Organisation heraus, die meinem Austauschwunsch am wenigsten entgegenstellt." Unsere Untersuchungen haben ergeben, dass es tatsächlich Organisationen gibt, die anscheinend jeden Schüler ungesehen akzeptieren, oftmals noch wenige Wochen vor Schulbeginn, wenn eine sinnvolle Vorbereitung eigentlich gar nicht mehr möglich ist. Wenn es nun aber stimmt, dass man für das Gelingen seines Austauschjahres in erster Linie selbst verantwortlich ist, was soll dann an solchen Organisationen schlecht sein?

Administrative und persönliche Ebenen

Um diese Frage zu beantworten, muss man die verschiedenen Phasen eines Austauschjahres deutlich voneinander unterscheiden. In jeder dieser Phasen gibt es zwei Ebenen, auf denen etwas geschehen kann: die administrative und die persönliche Ebene.

Das klingt komplizierter als es ist: Von dem ersten Gedanken „Ich möchte gerne ein Jahr ins Ausland fahren" bis lange Zeit nach der Wiederkehr von diesem Abenteuer erlebt der Schüler viele neue, aufregende, beängstigende aber auch spannende Dinge. Davon ist vieles dem Zufall überlassen: Wen treffe ich, wer erzählt mir etwas von dem Land, welche Interessen habe ich, welche neuen Interessen entwickle ich während des Austausches, wie verarbeite ich die Begegnung mit der neuen Kultur, finde ich dort Freunde oder nicht, wie verändert sich mein Umfeld nach der Wiederkehr, und so weiter. All dies ist nicht steuerbar, sondern hängt einfach von unserem ganz persönlichen Lebensweg ab. Deshalb nennen wir diesen sicherlich nicht unwesentlichen Teil der Austausch-Erfahrung die persönliche Ebene.

Daneben, und sicherlich auch nicht zu verachten, steht die administrative Ebene des Schüleraustausches. Bewerbungsunterlagen, Arzt- und Schulbescheinigungen, Gastfamilien- und Schul-Suche, Vorbereitung, Flugorganisation, Notfallbetreuung, Nachbereitung usw.

– dies sind alles Dinge, die von der Austauschorganisation geleistet werden können bzw. geleistet werden müssen (siehe auch Abschnitt „Die Arbeit der Organisation – chronologisch in sechs Schritten"). Auf all diese Dinge hat der Schüler persönlich nur wenig oder gar keinen Einfluss. Genau aus diesem Grund nimmt man sich ja auch eine Schüleraustausch-Organisation und organisiert den Austausch nicht etwa selbst. Man braucht eine Organisation, um die vielen administrativen, bürokratischen und rechtlichen Hürden von jemand Erfahrenem nehmen zu lassen.

Auf den ersten Blick haben die beiden Ebenen nicht viel miteinander zu tun. Erst bei näherem Hinsehen wird klar, dass es natürlich sehr viele Berührungspunkte zwischen ihnen gibt. Nämlich dort, wo eine administrative Entscheidung die Voraussetzungen für die persönliche Ebene günstig bzw. ungünstig beeinflussen kann.

Ein Beispiel liegt auf der Hand: Ein sehr musikbegeisterter Schüler wird in einer Kleinstadt plaziert. An der örtlichen Schule gibt es außer dem Schulchor keine musikalischen Angebote, von den kulturellen Aktivitäten in der Ortschaft ganz zu schweigen. Dieser Schüler ist nun aber Musiker durch und durch, hat sein Lebensziel auf „Musik" programmiert und das Instrumentalstudium schon so gut wie in der Tasche.

Viele Organisationen raten einem solchen Schüler nun, offen zu sein, Mut zum Neuen zu haben und sich mal ein Jahr lang auf etwas anderes einzulassen. Kann man das von jemandem verlangen, der die Bühnenluft zum Atmen und den Übungsschweiß zum Leben braucht? Dies ist ein kniffliger Fall. Schüleraustausch soll ja den Horizont erweitern. Wer ein Jahr ins Ausland will, weiß, dass ihn nicht ähnliche Verhältnisse wie zu Hause erwarten, sondern dass er sich auf neue Dinge einstellen und auf Gewohntes verzichten muss. Doch kann man einem 16jährigen Schüler wirklich solchen geistigen Spagat zumuten?

Aufgaben der Partnerorganisation im Gastland

Kann man natürlich nicht. Irgendwo gibt es für alles Grenzen. Die Organisationen wissen das auch – deshalb gibt es sie ja, deshalb werden derart umfangreiche Bewerbungsunterlagen verlangt, und deshalb greift beispielsweise in den USA das Department of State auch mit einem umfangreichen Regelwerk in den Schüleraustausch-Markt ein.

Wir denken, alle Beteiligten sind sich einig, dass ein Schüler in einem Umfeld glücklicher wird, in dem er seine Interessen ausleben kann als in einem Umfeld, in dem für ihn alles neu und unbekannt ist. Aus diesem Grund ist es das wichtigste Ziel der Partnerorganisationen im Gastland, aufgrund der Bewerbungsunterlagen des Schülers ein möglichst gutes „match" zu finden, dem Schüler eine möglichst seinen Interessen und Wesenszügen angepasste Umgebung zu bieten.

Klar ist aber auch, dass man eben nicht immer alle Bedürfnisse befriedigen kann. Arrangieren muss man sich im Austauschjahr ebenso, wie man das auch in seinem deutschen Alltag tagtäglich wieder tun muss. Eine Garantie für eine erfolgreiche Platzierung (erfolgreich im Sinne des „Zusammenpassens" von Schüler und Gastfamilie) kann niemand geben. Gescheiterte Ehen sind sicher ein passendes Beispiel: Wenn es auseinandergeht, ist es hinterher oft schwer, den verantwortlichen Scheidungsgrund auszumachen.

Ähnlich verhält es sich auch mit unlösbaren Konflikten zwischen Austauschschüler und Gastfamilie. Ob es nun an bestimmten Verhaltensweisen der beteiligten Personen oder an falschen Erwartungen an den jeweils anderen liegt, lässt sich im nachhinein nicht mehr feststellen. Vielleicht wurde in den Bewerbungsunterlagen des Schülers irgend etwas irreführend formuliert, das unhaltbare Ansprüche geweckt hatte. Vielleicht sind sich Schüler und Familie in einer Zeit begegnet, in der sie füreinander nicht bestimmt waren. Vielleicht stimmt aber auch einfach die „Chemie" nicht zwischen ihnen.

Was immer auch der Grund für einen Familienwechsel-Wunsch sei, hierin liegt die zweitwichtigste Funktion der Partnerorganisation begründet. Sie muss eine situationsgerechte, unbürokratische und einfühlsame Notfallarbeit leisten, die nicht mehr Scherben hinterlässt als unbedingt notwendig. Ja, es ist wichtig, dass der Schüler möglichst bald in eine angenehmere Situation kommt. Dies ist auch deshalb besonders wichtig, weil es sich um minderjährige Kinder in einer ihnen unbekannten Umgebung handelt.

Trotzdem darf aber nicht vergessen werden, dass auch auf der anderen Seite des Konflikts Menschen stehen, die mit ebenso vielen Erwartungen und Wünschen an den Austausch herangegangen sind wie der Schüler.

Durch rabiates Vorgehen kann eine Austauschorganisation in solch einem Fall möglicherweise eine gesamte Gemeinde für immer „verlieren". Wir haben von vielen Schulen gehört, die Schüler von bestimmten Organisationen kategorisch abgelehnt haben aufgrund negativer Erfahrungen mit deren Schülern und/oder der Organisation im Konfliktfall. Ja, einige Schulen lehnen sogar Schüler aus bestimmten Ländern entschieden ab – einfach, weil ihre Vorgänger sich nicht gerade wie edle Botschafter ihrer Kultur benommen haben.

Aufgaben der deutschen Organisation

Eine Gastfamilie zu finden und im Notfall einen Familienwechsel zu unterstützen sind also die Aufgaben der Partnerorganisation im Gastland. Wofür aber ist dann die deutsche Organisation verantwortlich und zuständig? Immerhin bezahlt man dieser Organisation viele tausend Euro – und dann soll sie mit dem augenscheinlichen Hauptteil des Jahres nichts mehr zu tun haben?
Ganz so ist es nicht. Zum einen ist es verständlich, dass auch die Partnerorganisation nicht nur für Luft und schöne Worte arbeitet. Ein großer Teil des Geldes geht direkt an den Partner im Gastland, der sich die Arbeit vor Ort bezahlen lässt (siehe Abschnitt „Wo bleibt das Geld?"). Von einem weiteren Teil des Geldes werden, je nach Leistungsangebot, Versicherungen und Flüge bezahlt. Was dann noch übrig ist, sollte von der Organisation für zwei Dinge verwendet werden: zum einen für die Verwaltungsarbeit drumherum (Bewerbungsunterlagen prüfen, Flüge koordinieren, Platzierungen bekanntgeben etc.) und zum anderen für die Betreuungsarbeit. Hierbei handelt es sich um alle Aktivitäten einer Organisation, die das Austauscherlebnis ihrer Schüler begleiten: die Vorbereitung, die Betreuung (insbesondere der Eltern!) während des Jahres und die Hilfe bei der Wiedereingliederung nach der Wiederkehr des Schülers (Nachbereitung).

TIP

Die Vorbereitung – dieser Arbeitsbereich einer Schüleraustausch-Organisation wurde und wird zum Teil leider immer noch viel zu wenig beachtet. Hierbei handelt es sich nicht um das trockene Abreißen hinlänglich bekannter Floskeln, sondern – im Idealfall – um handfeste „Überlebenstipps". Der Schüler soll und muss sensibilisiert werden für sein bevorstehendes Abenteuer und auf mögliche Gefahrenfelder hingewiesen werden.

Man kann gar nicht genug betonen, wie wichtig eine gute Vorbereitungsarbeit ist. Nicht nur die Güte einer Platzierung, sondern auch die Vorbereitung auf das Auslandsabenteuer als Ganzes kann weichenstellend für ein erfolgreiches Austauschjahr sein. Ein Schüler, der für mögliche Fallgruben in der Beziehung zu gleichaltrigen Gastgeschwistern sensibilisiert ist (z. B. Eifersucht), wird jenen offensiver und problemlösungsorientierter begegnen können. Ein Schüler, dem das Selbstverständnis ausländischer Lehrer ausführlich erläutert wurde („Ich habe recht, denn ich bin der Lehrer!"), wird Konfliktsituationen zu vermeiden wissen – Situationen, die ihm auf schnellstem Wege das Rückflugticket einhandeln könnten. Ein Schüler, dem Werkzeuge zur Bewältigung von Kulturschock und Heimweh an die Hand gegeben wurden, wird sich mit gezielten Vorgehensweisen zu helfen wissen. Mehr dazu im Abschnitt „Die acht Phasen des Austauschjahres".

Eine gute Vorbereitungsarbeit ist Gold wert – und meiner Meinung nach neben den administrativen Tätigkeiten auch das eigentliche Herzstück der Arbeit deutscher Austauschorganisationen. Es lohnt sich, das Vorbereitungsangebot der Organisationen genauestens zu prüfen. Schnell wird man feststellen, dass die Angebote von nur einem Schüler-Eltern Treffen bis hin zu mehreren Schülertreffen, Schüler-Eltern Treffen, mehrtägigen Schülerseminaren und umfangreichen Materialien reichen.

> In diesem Zusammenhang sei auf den Tabellenteil des Buches verwiesen. Dort wird die Vorbereitungsarbeit der Organisationen übersichtlich und schnell vergleichbar dargestellt.

Wie finde ich Informationen?

Wenden wir uns zunächst den Möglichkeiten zu, überhaupt Informationen über Schüleraustausch-Organisationen zu erhalten. Erschreckenderweise muss festgestellt werden, dass es entsprechende Angebote zwar viele, wirklich umfassende Kompetenz allerdings viel zuwenig gibt. Dies hat, wie die Lektüre dieses Buches gezeigt hat und noch zeigen wird, seinen guten Grund: Schüleraustausch ist eine komplizierte Angelegenheit. Das Umfeld, in dem für Schüleraustausch geworben werden kann, setzt dagegen oft Einschränkungen voraus, die zur Verzerrung bzw. auch Falschinformation führen können.

● **Literatur**

Zunächst sind da die bekannten Bücher über den Schüleraustausch, geschrieben von ehemaligen Austauschschülern. Der Klassiker unter diesen Büchern ist sicherlich Max Rauners „Als Gastschüler in den USA". Rauner schreibt sehr spannend und detailreich über sein Amerikajahr und nimmt auch bei der Kritik an seiner Organisation kein Blatt vor den Mund. Ausgiebig weist er auf drohende Problemgebiete hin und vergisst nicht, positive wie negative persönliche Erfahrungen zu relativieren. In "Mein Japanjahr" berichtet Dana Willfroth hautnah über ihr Schuljahr an einer buddhistischen Mädchenschule in Tokyo.

Ähnliches gilt für die zahlreichen Erfahrungsberichte oder Tagebücher (digital oder in Buchform), die in der Regel einen fesselnden Erlebnisbericht abliefern. Diese Publikationen dienen in erster Linie einem Zweck: ausführlich, spannend und individuell von ganz persönlichen Erlebnissen zu berichten. Das tun sie mit Bravour und machen dadurch deutlich, dass jede Erfahrung anders ist. Auf Vergleichbarkeit oder neutrale Aufklärung über ein Auslandsjahr mit all seinen Höhen und Tiefen zielen die Ansprüche dieser Veröffentlichungen nicht ab.

Abgesehen von diesen und anderen Publikationen bleiben dem austauschwilligen Schüler zwecks näherer Informationen jetzt nur noch Artikel in Tageszeitungen und Zeitschriften zum Thema und die Amerikahäuser. Artikel in Zeitungen und Zeitschriften können schon aufgrund von Platzgründen und Zeitdruck oft nur an der Oberfläche bleiben. Problematisch allerdings finden wir es, wenn der Informationsgehalt eines entsprechend allgemein gehaltenen Artikels dann dahingehend „aufgepeppt" werden soll, dass man eine wahllos und willkürlich zusammengestellte Adressenliste von Organisationen hinzufügt.

> Eine ausführliche Beschreibung der aktuellen deutschen und amerikanischen Literatur zum Thema USA-Schüleraustausch finden Sie im Literaturverzeichnis.

• Internet

Von offiziellen Stellen existieren einige gute Seiten mit einer Fülle von Informationen. Literaturtipps, Erfahrungsberichte, Termine, Schüler- und Elternforen, Chat und Linktipps und vieles mehr sind zu finden unter www.schueleraustausch.de.

> Ausgewählte Internet-Sites finden Sie im WWW-Verzeichnis.

• Informationsangebot der US-Botschaft

Durch das EducationUSA Programm des US-Außenministeriums bietet ein Netzwerk von zertifizierten EducationUSA Advisers Auskunft zu Bildungsmöglichkeiten in den USA. In neun Städten gibt es EducationUSA Zentren, in denen man sich vor Ort informieren kann (siehe auch Verzeichnis "Infozentren").

Der Informations- und Beratungsdienst ist per E-Mail über ein Kontaktformular erreichbar.

Informationen hierzu sind im Internet zu finden:
www.us-botschaft.de/germany-ger/austausch/index.html
www.educationusa.de

Die Arbeit der Organisation – chronologisch in sechs Schritten

Wir wissen jetzt, wie die Arbeit der Organisation von dem persönlichen Erfahrungsteil des einzelnen Schülers getrennt werden kann und muss. Des weiteren wurde gezeigt, für welchen Teil der Arbeit die deutsche Organisation verantwortlich ist und für welchen Teil die amerikanische. Im folgenden soll die Arbeit beider beteiligten Organisationen jetzt wieder zusammengeführt werden. Entsprechend des Ablaufes eines Austauschjahres werden sechs „Arbeitsphasen" vorgestellt, in denen die Organisationen tätig werden (sollten). Das breite Spektrum an Ausgestaltungsmöglichkeiten einzelner Phasen ergab sich durch die Auswertung der Fragebogenaktion. Das heißt, alles, was Sie hier lesen, wird in der geschilderten Form von der einen oder anderen Organisation auch tatsächlich so gemacht. Das heißt nicht, dass alle Organisationen auf die eine oder andere Weise aktiv werden – auch wenn dies nach Lektüre dieses Kapitels vielleicht sinnvoll erscheinen sollte.

Schritt 1: Auswahlverfahren

Bewerbung

Die Arbeit einer Austauschorganisation beginnt schon mit dem Auswahlverfahren. Sinn und Zweck eines solchen Verfahrens soll ja sein, den austauschwilligen Schüler und seine Eltern kennenzulernen, um mit diesen über die bevorstehende Erfahrung zu diskutieren. Die Organisation hat für diesen Zweck pädagogisch geschulte Mitarbeiter, die in der Lage sind, den Reifegrad eines Schülers nach einem persönlichen Gespräch beurteilen zu können.
Reifegrad des Schülers, das ist ja klar. Was aber haben die Eltern damit zu tun? Sehr viel. Während der Zeit unserer eigenen Erfahrungen im Schüleraustausch haben wir immer wieder Interessenten getroffen, bei denen man sofort merkte, dass sie nicht die eigentlich Austauschwilligen sind. In diesen Fällen hatten die Eltern für ihre

Kinder ein Bewerbungsgespräch arrangiert. Dies war selbstverständlich nicht aus bösem Willen geschehen, sondern in der festen Überzeugung, dem Kind etwas Gutes zu tun.
Wie schon weiter vorne deutlich wurde, kann ein Austauschjahr nur dann funktionieren, wenn es der eigene Wunsch des Austauschschülers ist. Eltern, die „die Erfahrung nicht vorenthalten wollen", tun ihrem Kind oft unwissentlich Zwang an. Wie soll ein Schüler im Ausland bestehen, wenn er schon in der vertrauten Umgebung seine Wünsche den Eltern gegenüber nicht deutlich formulieren kann? Diese Konstellation zu bemerken und entsprechende Bewerber herauszufiltern, dafür ist ein Bewerbungsverfahren in erster Linie da.

Aber noch ein wichtiger zweiter Punkt sollte vom Bewerbungsverfahren erfasst werden: die unrealistischen Erwartungen von den realistischen zu trennen. Schon im Bewerbungsverfahren sollte dem Schüler (und auch den Eltern!) deutlich gemacht werden, wie wenig Erwartungen an das Auslandsjahr gestellt werden dürfen.

> Wie werden nun diese zugegebenermaßen hohen Ansprüche an ein Bewerbungsverfahren in die Wirklichkeit umgesetzt? Das Verfahren der Kontaktaufnahme bis zum offiziellen Bewerbungsvorgang erstreckt sich über drei Teile, die hier kurz erläutert werden sollen:

● **Informationsmaterial**

Ganz am Anfang steht das Informationsmaterial und die Werbung einer Organisation. Hierbei handelt es sich normalerweise um den ersten Kontakt zwischen Schüler und Organisation. Daher sollten auch diese Materialien schon die wichtigsten Ziele des Bewerbungsverfahrens beinhalten.
Die Ergebnisse der Untersuchung zeichnen jedoch ein ganz anderes Bild. Es scheint, als ob werbewirksame Lifestyle-Bilder den Anbietern wichtiger sind als vorbereitende Informationen.
Mehr als die Hälfte aller Organisationen diskutieren z. B. in ihren Broschüren die persönlichen Voraussetzungen, die ein Schüler für ein Austauschjahr mitbringen sollte. Sehr viel weniger, nämlich gerade mal ein Viertel der Organisationen (!) diskutieren gar die während

eines Auslandsaufenthaltes zu erwartenden Probleme. Schenkt man den Broschüren Glauben, dann ist das Austauschjahr geradezu dafür bestimmt, das bunteste, aufregendste, spannendste, erfolgreichste und glücklichste Jahr des ganzen Lebens zu werden. Nun ist es ja nicht so, dass das nicht stimmen kann, jedoch sollte man bedenken, dass es nicht notwendigerweise so kommen muss. Die meisten Organisationen haben uns immer wieder bestätigt, dass wenig Erwartungen zu haben eine der wichtigsten Voraussetzungen für einen erfolgreichen Schüleraustausch ist. Wir fragen uns, warum diese Maxime dann nicht schon konsequent bei der ersten Kontaktaufnahme mit den Kunden angewandt wird?

Es gibt noch eine weitere gute Möglichkeit, Erwartungen oder falschen Vorstellungen bei austauschwilligen Schülern entgegenzuwirken. Dem Informationsmaterial kann eine Telefonliste mit Namen ehemaliger Schüler dieser Organisation beiliegen. Viele Organisationen werben nicht ohne begründeten Stolz damit, dass sie ehemalige Schüler zur Vorbereitung zukünftiger Schüler einsetzen. Das ist gut und sinnvoll. Ehemalige Schüler können den Zukünftigen am besten die Vielfältigkeit der Erfahrungen vermitteln. Warum wird diese wichtige Informationsquelle – wenn überhaupt! – in so vielen Fällen den Schülern erst nach dem Vertragsabschluss zugänglich gemacht? Nur ein Viertel der Organisationen legt eine solche Liste den Informationsmaterialien bei.

Erfahrungen ehemaliger Teilnehmer...

Fragen Sie schon bei der Anforderung der Informationsmaterialien nach der Telefonliste ehemaliger Teilnehmer!

- **Persönlicher Kontakt**

Im zweiten Schritt kommt der persönliche Kontakt zwischen Schüler und Organisation zustande. Hierbei handelt es sich oft um Informationsveranstaltungen, die von den Organisationen (oder anderen Institutionen wie Schulen) zu Beginn der Saison in vielen deutschen Städten durchgeführt werden. Unter Umständen handelt es sich hierbei um eine gute Möglichkeit, die Verantwortlichen persönlich kennenzulernen und sich einen Eindruck über die Kompetenz der Organisation zu verschaffen.

- **Schriftliche Bewerbung**

Im dritten und wichtigsten Schritt geht es um die Bewerbung bei der Organisation selbst. Hier gibt es sechs verschiedene Praktiken, die einzeln oder kombiniert angewandt werden:

1. der Bewerbung tut das Ausfüllen eines kurzen Formulars Genüge. In diesen Fällen werden alle Schüler ohne persönliches Auswahlverfahren akzeptiert.
2. Nach einer kurzen schriftlichen Bewerbung werden die Schüler in Gruppen zu Bewerbungsgesprächen eingeladen. Bei diesen Gesprächen wird die Eignung des Schülers durch Mitarbeiter der Organisation geprüft. Nach dem Gespräch wird über eine Programmteilnahme entschieden.
3. Schüler und Eltern werden zusammen in Gruppen zu Bewerbungsgesprächen eingeladen.
4. Der Schüler wird zu einem Einzelinterview eingeladen.*
5. Als Ersatz für ein persönliches Gespräch kann ein Telefon-Interview stattfinden.
6. Der Schüler und seine Eltern werden zu einem Einzelinterview eingeladen. *

> *Achtung: Dies kann nur 20 Minuten, mehrere Stunden oder sogar ein Wochenende dauern.
>
> Manchmal ist es auch eingebettet in zwei oder drei unterschiedliche Gesprächsrunden, die nacheinander durchlaufen werden.
>
> Fragen Sie vorher nach, denn schon hier wird deutlich, wieviel Zeit sich eine Organisation für Sie nimmt.

Bewerbungsverfahren – Meinungen

Bis zu Beginn unserer Untersuchung waren wir davon überzeugt, dass die letzte Alternative die einzig richtige sei. Um einen Schüler so gut wie möglich kennenzulernen, so dachten wir, war das persönliche Gespräch mit seinen Eltern die einzig sinnvolle Alternative. Während unserer Recherchen jedoch wurden uns auch andere Standpunkte vertrauter, so dass wir uns heute nicht mehr ohne weiteres ein Urteil über das richtige Bewerbungsverfahren erlauben möchten.
So führen einige wenige Organisationen ein ausführliches mehrtägiges Bewerbungsseminar durch. Hier werden die Bewerber durch Ehemalige und Mitarbeiter auf Herz und Nieren geprüft. Insbesondere in Rollenspielen wird versucht, das Verhalten von Schülern in ungewohnten Situationen herauszuarbeiten. Andere Anbieter verbringen zwar kein ganzes Wochenende, aber immerhin zumindest ein längeres Bewerbungsgespräch mit dieser Art von Verfahren („Stell Dir vor, Du bist ..."). Manche werten solche Veranstaltungen als „Psycho-Spiele" ab. Die meistgeäußerte Kritik lautet, dass nur wirklich geschulte Psychologen aus solchen Rollenspielen etwas über das Verhalten einer bestimmten Person in einer hypothetischen Situation schließen können. Selbst für im Schüleraustausch erfahrene Kräfte sei eine solche hobbypsychologische Betätigung eine Überforderung und für Ehemalige geradezu eine Zumutung.

Bewerbungsverfahren

In der letzten Stufe des Bewerbungsverfahrens werden von den Organisationen folgende Methoden verwandt:

kein Verfahren, jeder wird genommen	2%
Gruppeninterview (nur Schüler)	18%
Gruppeninterview (Schüler und Eltern)	13%
Einzelinterview (nur Schüler)	66%
ersatzweise telefonisches Interview	31%
Einzelinterview (Schüler und Eltern)	75%

STOP

Rund ein Drittel der Organisationen führen nicht immer ein „face-to-face" Bewerbungsgespräch durch, sondern verlassen sich auf die schriftlichen Unterlagen der Schüler, telefonieren im günstigsten Fall noch einmal mit ihnen. (Was der Organisation nebenbei Kosten spart, da ein mehrstündiges persönliches Gespräch zeitaufwendig und damit teuer ist.) Wir meinen, dass es im Interesse des Schülers und seiner Eltern liegen sollte, zu einem persönlichen Bewerbungsgespräch in die Räume der Organisation oder ihrer Mitarbeiter eingeladen zu werden. Denn nicht nur die Organisation sollte ein Anrecht darauf haben, sich ihre Bewerber auszusuchen, sondern auch der Schüler und seine Eltern. Schließlich möchte man wissen, mit wem man es zu tun hat und dabei ist der persönliche Eindruck wichtig. Abraten möchten wir von Gesprächen, die unter Zeitdruck in Bahnhofsrestaurants, Hotel-Lobbies o.ä. stattfinden. Hier kann man davon ausgehen, dass es sich um reine Interviewfunktionen freier Mitarbeiter handelt, die nach Erfolg (also pro abgeschlossenen Vertrag) bezahlt werden und möglicherweise kein großes Interesse daran haben, Schülern von einem Aufenthalt abzuraten, wenn sie (noch) nicht geeignet sind.

TIP

Zusätzlich kommt es auch darauf an, wer die Auswertung der Bewerbung vornimmt, sei sie nun schriftlich oder persönlich. Der Vorteil der schriftlichen Bewerbung liegt sicherlich in der Vergleichbarkeit der Beurteilung. Das Schriftstück ist kein flüchtiger Eindruck, sondern liegt auch zur wiederholten Prüfung durch verschiedene Personen immer in der gleichen Form vor – und Papier ist geduldig. Genau das ist aber die Gefahr einer schriftlichen Bewerbung: Wer garantiert der Organisation, dass ein Schüler die Bewerbungsunterlagen inklusive mehrseitiger Selbstdarstellung in einer Fremdsprache ohne fremde Hilfe ausgefüllt hat?
Hier liegt ein besonderer Vorteil der persönlichen Bewerbung auf der Hand: Man bekommt einen direkten, nicht medial vermittelten Eindruck vom Bewerber. Und schließlich ist es ja genau dieses persönliche „Face-to-face"-Auftreten, das für den Schüler im Umgang mit seiner amerikanischen Welt zählen wird und nicht etwa die Frage, wie geschickt er sich in einem Brief darstellen kann.
Trotzdem muss noch einmal darauf hingewiesen werden, dass auch das beste persönliche Interview nur soviel taugt, wie der Interviewer selbst. So ist ein 15minütiges Telefonat zwar ein „persönliches Interview". Ob es aber eine sonderlich effektive Art ist, mehr über den interviewten Schüler zu erfahren, ist zumindest zweifelhaft.

Zeit zum Kennenlernen...

Man sollte sich daher nicht so sehr an der Art des Bewerbungsverfahrens hochziehen, sondern vielmehr überprüfen, wieviel Zeit die Organisation auf jeden Bewerber verwendet. So kosten zum Beispiel mehrstündige Gespräche oder ganze Bewerberwochenenden die Organisationen mehr Geld als die telefonischen Interviews. Je mehr Zeit in einen Schüler investiert wird, desto größer ist die Chance, diesen wirklich umfassend kennenzulernen.

Der positive Effekt hiervon liegt auf der Hand – wenn er auch nicht gerade Begeisterungsstürme bei austauschwilligen Jugendlichen hervorruft: Je gewissenhafter eine deutsche Organisation ihre Schüler auswählt, desto geringer ist das Risiko, dass diese von der Partnerorganisation im Gastland noch abgelehnt werden können.

Diesen Punkt sollte man nicht vergessen: Die ausländischen Organisationen sind geradezu verpflichtet, Bewerber aufgrund der ihnen vorliegenden schriftlichen Bewerbungsunterlagen nochmals selber zu prüfen. Ein Schüler, der von einer deutschen Organisation sorgfältig ausgewählt wurde, muss diese „Prüfung" nicht mehr fürchten. Das Ausfüllen der umfangreichen fremdsprachigen Bewerbungsunterlagen ist dann in erster Linie nur noch Formsache.

Vorsicht sollte deshalb geboten sein bei Organisationen, die diese aufwendig zu erstellenden Unterlagen dem Bewerber gleich vorlegen, ohne ein eigenes Bewerbungsverfahren vorzuschalten. Man kann in diesem Fall davon ausgehen, dass die deutsche Organisation die Auswahl eines Bewerbers ihrem Partner im Gastland überlässt.

TIP

Schritt 2: Langfristige Vorbereitung

Arbeit der Partnerorganisation im Gastland

Die Bewerbungsphase ist abgeschlossen, der Schüler ist angenommen, und die umfangreichen Bewerbungsunterlagen sind auf dem Weg ins Gastland. Da die meisten Organisationen ihren Bewerbungsschluss bei Sommerabreise um den 31. März legen, dauert es jetzt noch ein halbes Jahr bis zum Abflug. Diese Zeit ist gut und auch notwendig aus zwei Gründen. Zum einen braucht die Partnerorganisation Zeit, eine geeignete Gastfamilie zu finden. Zum anderen braucht der Schüler - und auch seine Eltern - Zeit, sich mit dem bevorstehenden Abenteuer intensiv auseinanderzusetzen.

Aber beginnen wir mit der Gastfamiliensuche, die – wie schon deutlich geworden ist – in ihrer Wichtigkeit nicht unterschätzt werden darf. Zwar hat sich die deutsche Organisation (hoffentlich) ein umfassendes Bild von dem Schüler gemacht, so dass sie ihrem Partner auch ein paar persönliche Eindrücke über den jeweiligen Bewerber übermitteln kann. Trotzdem liegt der Organisation im Gastland in den meisten Fällen eben nur die schriftliche Bewerbung des Schülers vor. Aufgrund dieser Bewerbung muss sie nun eine für den Schüler geeignete Gastfamilie finden.

Wie geht sie dabei vor? In der Regel sind die Partnerorganisationen streng hierarchisch strukturiert. Neben einem Hauptbüro gibt es verschiedene Gebietskoordinatoren, denen dann wieder einzelne Area representatives (Area reps) zuarbeiten. Im Hauptbüro werden die Unterlagen eines Schülers geprüft. Dann erfolgt eine Weitergabe an einen Gebietskoordinator. Bei dieser Vorauswahl spielen oft schon Interessen und Vorlieben des Schülers eine Rolle.

Der Gebietskoordinator wiederum verteilt die ihm zugewiesenen Bewerbungen an seine Area reps. Diese versuchen dann auf verschiedenen Wegen, für den Schüler eine geeignete Gastfamilie zu finden. Dabei stellen sich dem Area rep mehrere kleinere Probleme in den Weg. Insgesamt strömen beispielsweise in die USA jährlich circa 28.000 Austauschschüler aus allen Ländern dieser Welt - davon mehr als 9.000 Deutsche. Dass ein Gastschüler für eine bestimmte Schule oder Gemeinde eine absolut neue Erfahrung sei, kann man daher nicht unbedingt sagen. Das Gegenteil ist oft der Fall. Immer mehr Schulen müssen dem Strom von Austauschschülern Einhalt gebieten. Sie setzen Höchstwerte pro Schuljahr fest oder quoten wie Australien oder Neuseeland.

Council on Standards for International Educational Travel in den USA (CSIET)

Die Aktivitäten der Schulen beschränken sich nicht nur auf Quotenregelungen. Auf Drängen insbesondere von High School-Direktoren und örtlichen Initiativen hin wurde 1984 in den USA das Council on Standards for International Educational Travel (CSIET) gegründet. Diese gemeinnützige Organisation hat es sich zur Aufgabe gemacht, Standards für internationale Austausch- und Lehrprogramme zu entwickeln, zu überprüfen und zu verbessern. Mitglieder im CSIET sind ein Großteil der in den USA ansässigen Austauschorganisationen sowie viele High School-Distrikte und örtliche Initiativen.

Einmal jährlich veröffentlicht CSIET eine advisory list, in der solche Organisationen aufgelistet werden, deren Programm mit den CSIET-Standards übereinstimmen. Organisationen, die in der advisory list genannt werden wollen, müssen sich jährlich wieder mit ihrem Programm bewerben. Ein unabhängiges Komitee überprüft die Bewerbungen und stellt die advisory list zusammen. Wichtig ist, dass die Mitgliedschaft im CSIET von der Auflistung in der advisory list unabhängig ist. An vielen Schulen kommt ein Area rep schneller weiter, wenn seine Organisation auf der CSIET advisory list steht.

Die Liste kann unter www.csiet.org abgerufen werden.
Im Buch ist sie im Verzeichnis "CSIET Advisory List" abgedruckt.

Die Wichtigkeit der Zustimmung der Schule darf nicht unterschätzt werden: ein amerikanischer Schüler darf nur in dem Distrikt zur Schule gehen, in dem auch seine Gastfamilie lebt. Man denke sich folgendes Szenario: ein Area rep findet eine hervorragend geeignete Gastfamilie für einen Austauschschüler. Die Schule in dem Distrikt jedoch hat ihre Austauschschülerquote schon „voll" und sie kann keine weiteren Gastschüler akzeptieren. In so einem Fall muss der Area rep die hervorragende Gastfamilie leider aufs kommende Jahr vertrösten.

Auswahl der Gastfamilie

Wie wird eine Gastfamilie ausgewählt? Der – auch in der Fragebogenaktion von den Organisationen immer wieder bestätigte und häufig vorgeschriebene – Idealfall sieht wie folgt aus: Interessierte Familien melden sich entweder selbst beim örtlichen Verantwortlichen der Organisation (Area rep), oder der Kontakt kommt über Empfehlungen zustande. Der Area rep stattet der Familie einen Besuch ab, lässt sich das Haus zeigen und versucht, einen Eindruck vom Familienleben zu bekommen. Er lässt zum Abschied ein paar Schülerbewerbungen zur Ansicht da, von denen er glaubt, dass sie zu dieser Familie passen würden.

Jetzt wartet der Area rep, bis sich die Familie wieder bei ihm meldet und ihr Interesse bekräftigt, Gastfamilie zu sein. Der Area rep lässt sich zwei Referenzen für die jeweilige Familie ausstellen (z. B. von Nachbarn, Arbeitskollegen, Lehrern). Wenn sich die Familie für einen Schüler entschieden hat, muss nur noch die zuständige Schule zustimmen, dann ist die Platzierung perfekt.

Man darf aus dieser trockenen Schilderung nicht schließen, dass aufnahmewillige Gastfamilien dem Area rep wie gebratene Tauben in den Mund fliegen, das Gegenteil ist der Fall. Die Mitarbeiterin einer amerikanischen Organisation hat uns gesagt, dass auf eine erfolgreiche Plazierung circa 20 erfolglose Versuche kommen, Gastfamilien zu gewinnen. Selbst wenn diese Zahl hoch erscheint, steht doch fest, dass die Gastfamiliensuche mühselig ist und viel Kraft und Zeit in Anspruch nimmt.

Zumal die Praxis dem Area rep die Arbeit dann noch oft unnötig erschwert: Da werden Platzierungen aus familiären Gründen (Versetzung, Kündigung, Krankheit oder Tod, etc.) plötzlich wieder annulliert, Schüleranmeldungen werden von den deutschen Organisationen noch so spät akzeptiert, dass bei den Schulen eigentlich schon nichts mehr geht, bestimmte Area reps stellen fest, dass sie sich leider etwas übernommen haben oder fallen selbst aus familiären Gründen aus, oder Schulen machen aus Geldmangel dicht.

All diese Dinge fallen unter das Stichwort „höhere Gewalt". Um die Platzierungen trotzdem noch termingerecht „durchzupeitschen", wird gelegentlich dann auch zu etwas fragwürdigeren Vermittlungsmethoden gegriffen: Potentielle Gastfamilien werden zur Annahme eines Schülers gedrängt, Anzeigen im Stile von „Armer kleiner Deutscher sucht liebevolle Gastfamilie..." werden in der lokalen Presse geschaltet, oder es wird Gastfamilien zugesagt, dass sie den Schüler ja nur für ein paar Monate behalten müssten.

Für die Eltern unter den Lesern klingt dies alles natürlich schrecklich. Man ist schon fast gewillt, den Anwalt anzurufen, um sich über rechtliche Schritte gegen solche Vorgehensweisen zu informieren. Aus diesem Grund möchten wir noch einmal ganz deutlich betonen, dass es sich in solchen Fällen um Ausnahmesituationen handelt. Bedenken Sie bitte bei Ihrem Urteil über die Arbeit der Organisationen im Gastland alle in diesem Kapitel geschilderten Aspekte – und Sie werden uns zustimmen, dass man nun mal an das Austauschgeschäft nicht mit den gleichen Ansprüchen herangehen kann wie z. B. an einen Reiseveranstalter.

Betreuung amerikanischer Gastfamilien durch US-Organisationen in % (Mehrfachnennungen möglich)

Vorbereitungsveranstaltung .... 75 %
regelmäßige Telefonate .... 100 %
regelmäßige Treffen .... 71 %
regelmäßige Besuche .... 93 %

Wir müssen in diesem Zusammenhang entschieden den in der Öffentlichkeit geäußerten Auffassungen entgegentreten, dass es sich beim Schüleraustausch heute um ein kommerzielles und einseitiges Reisegeschäft handelt. Insbesondere stört uns hier das Wort „einseitig". Es wird vorschnell von der Tatsache hergeleitet, dass eben kein wirklicher „Austausch" von Schülern stattfände, sondern Deutschland in erster Linie Geberland und beispielsweise die USA in erster Linie Nehmerland wäre.

Diese Tatsache ist zwar korrekt, aus den USA kommen wirklich nur sehr wenige Austauschschüler nach Deutschland, und die wenigsten davon kommen auf Gegenbesuch-Basis. Aber deshalb von einem ein-

seitigen Geschäft zu sprechen, halten wir für eine Ohrfeige an all die tausende von Gastfamilien, die jedes Jahr wieder völlig umsonst einen Gastschüler aufnehmen, um Kultur und Familienleben mit ihm zu teilen. Dass es in solch einem Geschäft dann auch mal „krachend aufeinander" geht, ist unvermeidbar.
Unvermeidbar sind die Konflikte zwischen Menschen, aber die Folgen eines solchen Konflikts, die lassen sich vielleicht beeinflussen. Hier kommt jetzt wieder die deutsche Organisation ins Spiel, die wir ja für den Exkurs „Gastfamilien- und Schulensuche" einen Moment außer acht gelassen hatten. Während sich also der Partner im Gastland mit den beschriebenen Dingen plagt, sollte die deutsche Organisation auch nicht untätig sein.

Arbeit der deutschen Organisation

Wir befinden uns immer noch in dem circa halbjährigen Zeitraum zwischen Annahme und Abflug des Schülers. Für den Schüler steht fest, dass er in die weite Welt gehen wird. Die Zeit ist also reif, sich intensiv mit diesem Land, seiner Kultur und seiner Geschichte zu befassen. Die Organisation sollte hier Hilfestellung geben. Durch regelmäßige Publikationen, Bücherlisten und periodische Treffen mit ehemaligen Schülern und Mitarbeitern der Organisation kann der Schüler immer wieder in die „richtige" Richtung geschubst werden. Er kann das bevorstehende Ereignis in seinem Herzen bewegen und sich des Umfangs der Zäsur durch dieses Abenteuer bewusst werden.

Wir nennen diese Zeit gerne die „langfristige Vorbereitungsphase", doch leider wird sie von den allermeisten Organisationen vernachlässigt. Regelmäßige Publikationen (Newsletter) haben nur eine Handvoll der Veranstalter. Schülerhandbücher verteilen die allermeisten, jedoch sind sie in der Regel recht knapp gehalten. Der Anspruch hinter den meisten Handbüchern ist sehr engagiert, trotzdem bleibt es fraglich, wieviel von diesem Anspruch durch Lesen allein beim Schüler wirklich umgesetzt wird.

TIP

Bleiben die meiner Meinung nach weitaus effektiveren Treffen mit ehemaligen Austauschschülern. Diese Art von Vorbereitung bieten immerhin rund 37% der Organisationen an, nur 9%, veranstalten sogar mehrere Schülertreffen. Interessant ist auch die Idee des „Kontaktschülers". Hier bekommt ein Zukünftiger einen Ehemaligen in seiner

Nähe zugewiesen, mit dem er sich dann nach Belieben austauschen kann. Aus unserer eigenen Erfahrung können wir bestätigen, dass der persönliche Kontakt zu solchen, die es „durchgemacht" haben, für den zukünftigen Schüler am wertvollsten ist. Allerdings nur dann, wenn er durch ein entsprechendes pädagogisch strukturiertes Beiprogramm der Organisation unterstützt wird.

Sich mit Ehemaligen zu unterhalten, birgt nämlich eine besondere Gefahr: Man erfährt eben nur einen Blickpunkt. Dieser kann durch bestimmte Ereignisse stark verzerrt sein. Da die Vergleichsmöglichkeiten fehlen, stellt diese Perspektive für den Zukünftigen schnell die zu erwartende Wirklichkeit dar.

Wir erinnern uns an eine Vorbereitungsveranstaltung, auf der über die Hälfte der anwesenden Ehemaligen einen Gastfamilienwechsel mitgemacht haben (der „normale" Schnitt liegt nach Auswertung der Fragebögen bei 20 - 25 %). Da den Zukünftigen die Vergleichsmöglichkeiten zur Grundgesamtheit fehlten, war „Familienwechsel" das Thema der folgenden Gesprächsrunden. Schnell machte sich die Überzeugung breit, dass es sich hierbei um ein allen Schülern drohendes Übel handelte. In dieser Situation war es Aufgabe der pädagogischen Mitarbeiter der Organisation, gegenzusteuern, um den Blickpunkt der Schüler wieder auszubalancieren.

Aus diesem Grund ist es so ungeheuer wichtig, dass auch die langfristige Vorbereitung, der „Reife- und Bewusstseinsmachungsprozess" im Schüler von der Organisation mitgesteuert wird. Insbesondere in der langfristigen Vorbereitung ist eine solche Hilfestellung notwendig, um dem Jugendlichen Angst zu nehmen und Sicherheit zu geben. Schüler, bei denen dies nicht geschieht, verdrängen die Konsequenzen des bevorstehenden Abenteuers bis zuletzt. Werden sie dann in der Phase der abschließenden Vorbereitung plötzlich mit den bevorstehenden Situationen konfrontiert, reagieren sie panisch und ziehen sich an verzerrten Perspektiven hoch.

Alles braucht seine Zeit: die Gastfamiliensuche, die Schulplatzierung und auch die persönliche, individuelle Vorbereitung des Schülers. Es ist schon richtig, dass der Bewerbungsschluss bei den meisten Organisationen im Frühjahr liegt. Wer Teilnehmer noch im Sommer annimmt, kompliziert oder verhindert wichtige Prozesse für die erfolgreiche Durchführung des Jahres.

Schritt 3: Abschließende Vorbereitung

Arbeit der Partnerorganisation im Gastland

Wann steht die Gastfamilie fest?

Wie schon an anderer Stelle gesagt, gibt es eine „heiße Phase" direkt vor dem Abflug. Schauen wir zunächst wieder in das Gastland zur Partnerorganisation, bevor wir uns den Aktivitäten auf deutscher Seite zuwenden.

In den USA beispielsweise gibt es drei Monate Sommerferien. Ein Einschnitt im Leben vieler amerikanischer Familien, der die Arbeit der Area reps nicht gerade erleichtert. Wer entscheidet schon gerne vor den Ferien, was in drei Monaten geschehen wird? Während die deutschen Schüler also schon täglich fast hysterisch zum Briefkasten rennen, werden die Area reps von den potentiellen Gastfamilien gerne auf Labor Day vertröstet (der amerikanische Tag der Arbeit; hiernach fängt normalerweise die Schule wieder an).

Platzierungen vor Juni/Juli sind eher eine Seltenheit. Der Großteil der Schüler wird erst plaziert, wenn die amerikanischen Sommerferien sich dem Ende zuneigen, die Familien absehen können, dass sie wohl auch im nächsten Schuljahr noch in der gleichen Gegend wohnen werden (der Durchschnittsamerikaner zieht in seinem Leben 20 Mal um!) und dem Brötchenverdiener der Familie der eigene Arbeitsplatz wenigstens halbwegs sicher erscheint. Aber nicht nur diese Unwägbarkeiten führen zu späten Platzierungen. Oftmals entscheiden Amerikaner über die Aufnahme eines Gastschülers auch recht spontan, aus dem Bauch heraus. Das heißt nicht, dass sie weniger zu ihrer Entscheidung stehen, als das eine deutsche Familie tun würde. Während unsereins sich vielleicht die Aufnahme eines Gastschülers monatelang mit allen Fürs und Widers gründlich überlegt, geht der Amerikaner eine solche Entscheidung kurzfristiger an (siehe auch Abschnitt "Inbound-Programme").

Ist die Familie dann gefunden und hat auch die Schule zugesagt, kann das Formblatt DS-2019 ausgefüllt und an den deutschen Schüler mit der Gastfamilienadresse gesandt werden. Hierbei handelt es sich um

Visumantragsformulare, auf die im Abschnitt „Im Preis enthalten" noch näher eingegangen wird.

Wie gesagt, in der Regel finden die Platzierungen im Juli/August statt, und einige Schüler müssen aus den verschiedensten Gründen sogar noch länger warten, bis die endgültige Gastfamilienadresse feststeht. Teilweise bis Ende August/Anfang September, in ganz wenigen Einzelfällen auch noch länger. Und leider kommt es auch immer wieder vor, dass für einige Teilnehmer keine Gastfamilien gefunden werden. In diesem Fall ist natürlich eine kulante Rücktrittsregelung von der Organisation wichtig.

Je besser der Eindruck, um so besser die Platzierungschance

Deswegen große Mühe und Sorgfalt auf die Unterlagen verwenden, die die Gastfamilien erhalten. Fotos: keine Ohrringe (bei Jungen), gepflegter Haarschnitt, Zigaretten oder Bierflaschen auf Party-Bildern vermeiden. Möglichst breit gefächerte Hobbys und Interessen angeben, keine starken Erwartungen oder hohe Ansprüche aufschreiben und möglichst keine Wunschstaaten im Aufsatz oder Brief an die Gastfamilie erwähnen.

Arbeit der deutschen Organisation

Die Partnerorganisation ist also am Rotieren, und auch in Deutschland beginnt für die Schüler die heiße Phase. Nicht nur, weil sie sehnsüchtig auf die Gastfamilienadresse warten, sondern auch, weil hier jetzt noch einmal in dichter Folge Vorbereitungsveranstaltungen stattfinden.

Es gibt zwei Arten von Veranstaltungsangeboten im Sommer vor der Abreise: das Schüler-Eltern-Treffen und/oder das mehrtägige Schülerseminar. Ein Schüler-Eltern-Treffen veranstalten fast alle Organisationen, ein mehrtägiges Schülerseminar in Deutschland bieten 40% der Organisationen an. Nur ein knappes Drittel der Anbieter führen ein mehrtägiges Schülerseminar im Gastland durch, auf das wir später ausführlich eingehen werden.

- **Schüler-Eltern Treffen**

Dabei handelt es sich normalerweise um einen Abend oder Nachmittag mit vielen Informationen, die auf die anwesenden Schüler und Eltern niederprasseln. Den Eltern sollte klar sein, dass dies oftmals ihre letzte (und häufig einzige) Chance ist, die hauptamtlichen Mitarbeiter der Organisation ausführlich zu administrativen und inhaltlichen Themen des Jahres zu befragen.

- **Schüler-Seminar in Deutschland**

Ein Schüler-Seminar definiert sich nicht nur durch die Mehrtägigkeit (bei einer nachmittäglichen Veranstaltung reden wir noch nicht von einem Seminar, sondern von einem Treffen), sondern auch durch ein pädagogisch begleitetes Programm. Landes- und Gesellschaftskunde, problemzentrierte Rollenspiele und die Erarbeitung weiterer, austauschrelevanter Themen sollten das Herzstück eines solchen Seminars bilden. Daneben muss natürlich die Möglichkeit gegeben sein, mit den anwesenden ehemaligen Schülern ausgiebig und ohne Zeitbeschränkungen über die verschiedensten Dinge zu „quatschen", sich auszutauschen und sozusagen in die richtige „Austauschstimmung" zu kommen.

Einige wenige Organisationen bieten nun noch spezielle intensive Sprachvorbereitungskurse an, nicht nur für sprachlich schwächere Schüler. Dass insbesondere durch Misskommunikation brenzlige Situationen entstehen können, kann sich jeder denken. Daher ist solch ein Angebot prinzipiell zu begrüßen, durch das die Schüler die Feinheiten der Sprache im Zusammenhang mit den kulturellen Besonderheiten lernen. Wichtig ist hierbei aber, dass es sich wirklich um ein speziell auf die Bedürfnisse von Austauschschülern abgestimmtes Angebot handelt. Einige Organisationen hingegen sind hauptsächlich nicht Austauschprogrammanbieter, sondern Sprachreiseveranstalter. Hiervon empfehlen manche einen herkömmlichen Sprachkurs zur Vorbereitung auf das Austauschjahr. Fairerweise muss man dazu sagen, dass es sich bei solchen Angeboten nicht um Angebote im Rahmen des Austauschprogramms im eigentlichen Sinne handelt.

● Schüler-Seminar im Gastland

Abschließend noch ein paar Sätze zum Angebot „Schüler-Seminar im Gastland". Wie schon erwähnt, wird dies von nur knapp einem Drittel der Organisationen angeboten (d.h. es ist im Preis enthalten; zusätzlich zu bezahlende, nicht obligatorische Seminarangebote wurden bei der Auswertung nicht berücksichtigt). Prinzipiell ist ein solches Angebot natürlich eine tolle Sache, denn wo kann man mehr über die Kultur, Sprache und Geschichte eines Landes lernen als im entsprechenden Land selbst?

Problematisch ist jedoch, dass ein wesentlicher Teil der Vorbereitung im Gastland selbst nicht mehr geleistet werden kann: die Problemerkennung und -bewältigung aus der Sicht des Schülers. Wir möchten dies nicht falsch verstanden wissen, aber unserer Meinung nach kann nur derjenige richtiges Verständnis aufbringen und Ratschläge erteilen für die besondere Situation eines Gastschülers in einer fremden Kultur, der die Kultur des Gastschülers selbst gut kennt. Warum Alkoholverbot, Ausgehsperrzeiten oder Toilettenlaufzettel für einen deutschen Schüler zunächst fremd sind, kann der Mitarbeiter einer Organisation im Gastland nicht ohne weiteres verstehen. Und dem Schüler gar Tipps an die Hand geben, wie er mit diesen ungewöhnlichen Auflagen am besten umgehen kann, das kann wohl nur jemand, der es selbst durchgemacht hat.

Deshalb finden wir ein mehrtägiges Seminar im Gastland anstelle eines Seminars im Heimatland problematisch. Es findet nicht frühzeitig genug statt, um dem Schüler noch die Möglichkeit einzuräumen, sich über die Seminarinhalte klarzuwerden und sich entsprechend gedanklich vorzubereiten. Für den Schüler wichtige Themen werden vermutlich nicht angesprochen, wenn es sich bei den Seminarleitern um Vertreter eben jener Kultur handelt, von der einem noch so vieles unverständlich und fragwürdig erscheint.

Davon abgesehen finden viele dieser Seminare mitten in den Metropolen statt. Die Anbieter vergessen nicht, auf die „tolle Möglichkeit" hinzuweisen, im Rahmen des Seminars das pulsierende Großstadtleben kennenzulernen. Nun sind auch wir Fans von Broadway, der Skyline von Tokyo oder Shopping bei Harrods. Aber der Intensität des Gedankengangs während eines Vorbereitungsseminares sind diese Sightseeing-Erlebnisse sicherlich abträglich.

> **Vorbereitungsangebote der Organisationen in %**
>
> **Gastland** Schüler-Seminar .... 28 %
> **BRD** Schüler-Seminar .... 39 %
> Schüler-Eltern-Treffen .... 73 %
> Schüler-Treffen .... 41 %

Schritt 4: Das Austauschjahr – „Normalfall"

Arbeit der Partnerorganisation im Gastland

Nun ist der Schüler also seiner neuen Heimat angekommen, und sein Abenteuer kann beginnen. In drei Viertel der Fälle beginnt nun das, was wir als „Normalfall" bezeichnen würden: Der Schüler hat ein erlebnisreiches, nicht selten spannendes, aber undramatisches, herrliches, erfolgreiches Austauschjahr. Er kommt zurück und gehört zu denjenigen tausenden von Deutschen, die durch die Verbreitung ihrer persönlichen Erlebnisse im Freundes- und Bekanntenkreis das Austauschfieber seit Jahrzehnten am Leben erhalten.

Aber auch bei dem übrigen Viertel, das wir nicht zum „Normalfall" rechnen würden, verläuft das Jahr nicht notwendigerweise katastrophal. Jedoch gehören diese Schüler zu denjenigen, die (mindestens) einen Familienwechsel während ihres Austauschjahres mitmachen müssen. Aus der Ferne oder im Nachhinein betrachtet, ist auch dies kein dramatisches Erlebnis. Aus der Sicht des betroffenen Schülers jedoch hat ein solches Ereignis möglicherweise Weltuntergangscharakter. Daher sollen diese (und andere) unangenehme Erlebnisse während des Jahres unter dem Abschnitt „Notfall" gesondert behandelt werden.

Wie aber läuft das Jahr, von organisatorischer Seite her betrachtet, im

Normalfall ab? Von dem Moment, da der Schüler ausländischen Boden betritt, wird er vorrangig von der Partnerorganisation betreut. Juristisch betrachtet hat also die deutsche Organisation die Betreuung des Schülers an ihre Partner entsprechend der vertraglichen Vereinbarungen übergeben. Im Notfall ist die Partnerorganisation im Gastland weisungsbefugt.

US-behördliche Regelungen

Es gibt verschiedene Arten von Regelungen, die auf den Schüleraustausch Anwendung finden. Zum einen sind da von den amerikanischen Organisationen aufgestellte Regeln. Ein Beispiel dafür ist das "consent of treatment". Es muss von den leiblichen Eltern vor der Abreise ihres Kindes unterschrieben werden. Mit diesem Dokument übertragen sie die Entscheidung über erforderliche medizinische Notfallbehandlungen auf die Gasteltern. Hierbei handelt es sich nicht um eine US-behördlich vorgeschriebene Richtlinie.

Zum andern gibt es, wie schon mehrfach zitiert, sogenannte „US-behördliche" Regelungen. Auch in den Informationsunterlagen der Organisationen findet man den Verweis auf diese Regelungen immer wieder. Um welche Behörden handelt es sich denn nun genau? Im Prinzip gibt es nur eine US-amerikanische Behörde, die auf den Schüleraustausch im allgemeinen Einfluss hat: das Department of State. Hierbei handelt es sich um eine Behörde des amerikanischen Außenministeriums, die auch für den Schüleraustausch ein bindendes Regelwerk erstellt hat. Organisationen, die in den USA Schüleraustausch betreiben möchten, brauchen von der Behörde eine entsprechende Genehmigung. Außerdem werden sie regelmäßig überwacht. Das verbindliche Regelwerk des Department of State schreibt vor, in welchem Umfang Betreuung und Vorbereitung des Schülers zu gewährleisten sind und gibt sowohl schul- als auch versicherungstechnische Richtlinien vor. Also, die ominösen „US-behördlichen Regelungen" gibt es wirklich, jedoch sollte man nicht allzu leichtgläubig alles akzeptieren, was einem auf dieser Grundlage verkauft wird. Ein Beispiel: Es ist wahr, dass das Department of State vom einreisenden Austauschschüler den Nachweis über eine bestehende Krankenversicherung verlangt. Unwahr ist hingegen, dass der Schüler außerdem unfall- und haftpflichtversichert sein muss.

Nicht aus den Behörden-Richtlinien ersichtlich ist die Auflage, dass, wenn der Schüler sich über seine Eltern in Deutschland privat versichern möchte, die deutsche Versicherung über eine gebührenfreie Telefonnummer in den USA verfügen muss (sog. 1-800-number). Bei einer solchen Vorschrift handelt es sich meiner Meinung nach um einen simplen Verkaufstrick für das von der Organisation angebotene Versicherungspaket. Welcher deutsche Versicherer hat schon ein ständig besetztes, gebührenfrei erreichbares Büro in den USA?

Einschränkend muss man sagen, dass es natürlich auch noch andere Behörden geben kann, die Auflagen für den Schüleraustausch machen. Wie im bundesstaatlich organisierten Deutschland auch, gibt es in den USA neben den Bundesbehörden auch noch Landes- und Kommunalbehörden, die ein Wörtchen mitzureden haben. Und es gibt auch das weitgehend selbständig arbeitende „school board" eines jeden Schuldistrikts, welches eigene Auflagen geltend machen kann.

Ein Beispiel: Jede High School hat ihre eigene „school nurse" (Krankenschwester). Diese wird die Gesundheitsunterlagen des Schülers vor seiner Ankunft prüfen. Stellt sie fest, dass bestimmte vorgeschriebene Impfungen fehlen, oder der Schüler bestimmte Krankheiten noch nicht gehabt hat, wird sie eine Impfung zur Voraussetzung für die Teilnahme am Unterricht anordnen. Dabei kann es sich dann auch um exotische Impfungen wie z.B. gegen Tuberkulose (TBC) handeln, die ein deutscher Arzt niemals durchführen würde. Als Gastschüler hat man da keine Chance: Die school nurse ist die letzte Instanz in diesen Dingen, und ihren Anordnungen ist Folge zu leisten.

Dieses Beispiel illustriert, was man auch aus Deutschland kennt: Die Wege der Bürokratie sind oftmals schwer durchschaubar. In diesem Zusammenhang möchten wir auch um Verständnis für die Austauschorganisationen werben. Da hat man Ihnen versprochen, dass man sich um alle administrativen Anforderungen kümmern werde, dass jetzt tatsächlich alle erforderlichen Unterlagen zusammen wären und dass jetzt garantiert nichts mehr schiefgehen könne – und dann kommt ein Brief vom Direktor der High School, der den Nachweis über bestimmte vom Schüler schon erbrachte schulische Leistungen noch einmal erklärt haben möchte.

In diesem Fall nützt es nichts, auf die Organisation zu schimpfen, sie hätte nicht sorgfältig gearbeitet. Sie hat es wahrscheinlich selbst nicht kommen sehen. Man darf eben nie vergessen, dass man ein Programm mit Menschen durchführt.

Department of State, Bureau of Educational and Cultural Affairs

Es gibt also eine Reihe von Behörden, die auf den Schüleraustausch Einfluss nehmen. Insbesondere die Regelungen auf kommunaler Ebene können so unterschiedlich sein, dass sie in diesem Buch nicht weiter erläutert werden sollen. Maßgeblich sind in erster Linie die behördlichen Regeln, an die sich die Organisationen in jedem Fall zu halten haben.

Wie schon gesagt, stellt die Behörde Richtlinien dafür auf, was sie unter der Arbeit einer Austauschorganisation versteht. Im Folgenden sollen diese Richtlinien auszugsweise vorgestellt und die Arbeit der amerikanischen Organisation im Normalfall daran deutlich gemacht werden.

Eine Austauschorganisation definiert sich demnach durch mindestens fünf Programmteilnehmer pro Jahr. Ein Blick in die CSIET advisory list zeigt, dass einige der amerikanischen Organisationen dieser Definition nur mit Mühe entsprechen. Die Erlaubnis, Schüleraustausch zu betreiben, wird für jeweils fünf Jahre erteilt. Mit dieser Erlaubnis zu werben ist jedoch verboten. Insbesondere für High School-Programme gilt, dass ein Austauschschüler nicht kürzer als ein Schulhalbjahr und nicht länger als ein Schuljahr in den USA bleiben darf.

Interessant zu wissen ist, dass die Behörde prinzipiell nur solchen Organisationen die Erlaubnis erteilt, Schüleraustausch zu betreiben, die gemeinnützigen Status haben (not-for-profit oder non-profit). Wenn deutsche Organisationen sich also mit dem gemeinnützigen Status ihres amerikanischen Partners brüsten, spielen sie eigentlich nur eine Selbstverständlichkeit hoch.

TIP

Die Arbeit beginnt schon mit der Auswahl der Austauschschüler. Hierbei sollen sich die amerikanischen Organisationen nicht allein auf ihre Partner im Ausland (z. B. Deutschland) verlassen, sondern ein eigenes System zur Auswahl geeigneter Programmteilnehmer entwickeln.

Außerdem sind die amerikanischen Organisationen gehalten, eigene Informationsmaterialien für die Programmteilnehmer zu entwickeln, sowie eigene Einführungsveranstaltungen durchzuführen, sobald jene in den USA eingetroffen sind. Nach Ankunft der Schüler ist die amerikanische Organisation dafür verantwortlich, den Austauschschüler zu „überwachen", d.h. die Austauscherfahrung zu begleiten und die Einlösung der Programmgrundsätze zu gewährleisten. Da diese

Tätigkeit nicht zentral von einem Hauptbüro ausgeführt werden kann, sollen sogenannte Area representatives (örtliche Verantwortliche) eingesetzt werden. Diese Area reps dürfen nicht weiter als 150 Meilen (242 Kilometer) von einem durch sie platzierten Schüler entfernt wohnen. Es ist nicht erlaubt, dass ein Area rep gleichzeitig als Gastfamilie fungiert. Die Area reps sind gehalten, in regelmäßigem Kontakt mit ihren Schülern, deren Gastfamilie und Schule zu stehen.

Mehr Informationen unter: http://exchanges.state.gov

Arbeit der deutschen Organisation

Elternabende

Zum Abschluss wieder der Blick auf die deutsche Seite. Auch hier gibt es eine Betreuung im Normalfall, zumindest bei einigen Organisationen. So bieten etwa ein Viertel der befragten Organisationen während des Jahres Elternabende an, einige wenige sogar mehrere. Eltern haben hier die Möglichkeit, über ihre bzw. die Erfahrungen ihres Kindes zu berichten. Die Berichte der anderen anwesenden Eltern können helfen, zu relativieren und die eigenen Erlebnisse mit mehr Abstand zu betrachten.

Insbesondere kurz vor der Wiederkehr des Kindes ist ein solcher Elternabend von Bedeutung, da die Wiedereingliederung in Deutschland nach einem Jahr USA sehr schwer fallen kann (siehe auch Abschnitt „Nachbereitung"). Die Eltern können hier für die zu erwartenden Herausforderungen im Umgang mit ihren Kindern sensibilisiert werden.

Austauschen können sich Eltern auch im Internet in unserem speziellen Elternforum: www.schueleraustausch.de/forum

Schritt 5: Betreuung im Notfall

Arbeit der Partnerorganisation im Gastland

Gastfamilienwechsel

Eine der Fragen in der Untersuchung lautete: „Wenn einer Ihrer Programmteilnehmer die Gastfamilie wechseln möchte, welche Schritte werden hierzu von Ihnen bzw. von Ihrer Partnerorganisation in welcher Reihenfolge getätigt?" Aus den Antworten auf diese Frage lässt sich schließen, dass es die korrekte Vorgehensweise für einen solchen „Notfall" nicht gibt. Vielmehr kommt es auf die jeweilige Situation und das Einfühlungsvermögen der Beteiligten an, wie man am geschicktesten verfahren kann.

Trotzdem möchten wir im Folgenden versuchen, einen "durchschnittlichen Notfall" zu skizzieren – aus mehreren Gründen: einmal soll die Angst genommen werden vor etwas, das im ersten Moment zumindest für den betroffenen Schüler wie ein „Versagen auf ganzer Linie" aussieht. Zum anderen soll deutlich werden, dass es sich beim Familienwechsel um eine recht normale und oftmals auch für alle Beteiligten sinnvolle Angelegenheit handelt.

Manche Organisationen haben angegeben, dass bei ihnen Familienwechsel gar nicht oder nur in sehr geringem Maße vorkommen würden. Zu solchen Zahlen kann man natürlich nur gratulieren, liegt doch die Quote sonst bei ca. 25% (und das sicherlich auch mit gutem Grund...).

Oftmals schwelt der Konflikt zwischen Schüler und Gastfamilie längere Zeit vor sich hin, bis er sich dann an Kleinigkeiten plötzlich entlädt. Natürlich sind dann diese Kleinigkeiten („Er räumt nie sein Zimmer auf!" – „Ihr Hund stinkt!") nicht die eigentliche Ursache für den Streit, trotzdem werden sie aber als Begründung für einen Familienwechselwunsch angegeben.

Der Schüler wird zunächst versuchen, seinen Ärger und seine Traurigkeit direkt weiterzuvermitteln. Brenzlig ist es, wenn er dies bei Freunden in der Schule oder der Nachbarschaft tut. Plötzlich weiß es die ganze Schule, und für die Gastfamilie sieht es so aus, als wenn der Schüler hinter ihrem Rücken schlecht über sie redet. Da ist ein Brief nach Hause oder ein entsprechender Anruf sicherlich geeigneter, wenn auch dieser von den Eltern mit Vorsicht genossen werden sollte. So könnte es sein, dass ein im Affekt geschriebener Brief weitaus dramatischer klingt, als sich die Situation eine Woche später darstellt.

Der sinnvollste Weg (und auch der von den Organisationen am häufigsten beschriebene) ist der Gang zum Area rep als erstem Ansprechpartner. Dieser arrangiert dann ein (hoffentlich klärendes) Gespräch mit Schüler und Gastfamilie und legt beiden eine Probezeit nahe, in der sie es nochmal miteinander versuchen sollen. Sollte es hiernach trotzdem zwischen Schüler und Familie nicht funktionieren, wird „binnen 24 Stunden" (so die Angabe vieler Organisationen) ein Familientausch in die Wege geleitet. Die amerikanische Organisation informiert die deutsche Organisation, die wiederum die Eltern in Kenntnis setzt.

Soweit zur Theorie, nun zur Praxis. Da ist der Area rep die beste Freundin der Gastmutter. Oder der einzige, beste Freund, dem – und nur dem! – man seine Probleme anvertraut hat, musste es unbedingt dem Vertrauenslehrer weiter erzählen, der dann natürlich direkt bei der Organisation angerufen hat. Oder der blöde Brief von voriger Woche nach dem längst vergessenen Streit hat die Eltern in Deutschland in Angst und Schrecken versetzt, und ihr besorgter Anruf bei der deutschen Organisation ist gleich bis zum Area rep durchgesickert. Oder die Gasteltern reagieren auf das eine – wirklich das einzige! – Glas Bier mit knallharten religiösen Prinzipien und wollen den Schüler sofort loswerden. Oder, oder, oder ...

Die Liste der manchmal aus Dummheit, manchmal aus Ungeschick und manchmal völlig ohne eigenes Verschulden denkbaren Situationen ließe sich beliebig fortsetzen. Da hilft kein Argumentieren und auch kein Lamentieren: Manchmal sind die Fronten derart verhärtet, dass ein Familienwechsel innerhalb der nächsten 24 Stunden stattfinden muss. Dies kann insbesondere beim Verstoß gegen Regeln der Fall sein (Schulregeln, Bestimmungen der Organisation oder Prinzipien der Gastfamilie). Hier geht es dann nicht mehr um Recht oder Unrecht, sondern nur noch um die Frage, wie schnell und schmerzlos die amerikanische Organisation Abhilfe schaffen kann.

Dies ist insbesondere wichtig, da die beteiligten Organisationen mit zweierlei Maß messen. Während nach deutschem Verständnis der

Schüler ein durchaus zurechnungsfähiger „Jugendlicher" ist, gilt er im Gastland häufig als „kid". Diese unterschiedliche Handhabung äußert sich z. B. in der Bewertung der Glaubwürdigkeit des Jugendlichen. So sind die deutschen Organisationen durchaus gewillt, den Schilderungen des Schülers über eine Problemsituation Beachtung zu schenken. Anders sieht es aber oft bei den Partnerorganisationen im Gastland aus: Sie vernachlässigen die Meinungen des „Kindes" zugunsten der Aussagen der beteiligten Erwachsenen.

Alle die vorher angesprochenen Regeln finden natürlich auch hier wieder Anwendung: die Erreichbarkeit der Organisation, die Nähe des Area reps, usw. Wichtig ist zu wissen, dass in einem solchen Fall die Partnerorganisation die absolute Entscheidungsbefugnis hat. Insbesondere bei Verstößen des Schülers gegen die Regeln des Programms kann er ohne großartige Ankündigung sofort wieder nach Hause geschickt werden.
Hier wird die scheinbare Widersprüchlichkeit des Schüleraustausches wieder deutlich: Man redet von „Menschen-zu-Menschen" Programmen und davon, dass man an eine Schüleraustausch-Organisation nicht mit den gleichen Ansprüchen herangehen kann, wie an ein Reisebüro. Und doch gibt es klare und deutliche Regeln, bei denen jeglicher Verstoß sofort schwerwiegende Konsequenzen hat.

Daher ist unserer Meinung nach im Notfall insbesondere eins von Bedeutung: dass der Schüler einen Ansprechpartner hat, an den er sich vertrauensvoll wenden kann und der ihm zuredet. Seien alle administrativen Vorgänge und „24-hours-emergency-1-800-numbers" mal hinten angestellt: Die echte Kompetenz einer Organisation zeigt sich darin, wie die für sie arbeitenden Menschen mit den individuellen Notfällen umgehen. Und da sollte man über ein verspätetes Fax oder eine sich hinziehende Platzierung dann auch nicht grollen, wenn die weitaus wichtigere, die menschliche Komponente stimmt. Dies gilt übrigens insbesondere auch für solche Situationen, in denen es nicht um einen Familienwechsel geht, sondern um einen medizinischen Notfall oder Ähnliches.

Konflikte vermeiden: Richtiger Umgang mit dem Telefon

Viele Organisationen stellen die Regel auf, dass ein Anruf pro Monat nach Deutschland genügt. Diese Regel ist sinnvoll, hilft sie doch, schneller in die neue Umgebung einzutauchen, ohne immer wieder von Ereignissen zu Hause rausgerissen zu werden. Gespräche aus den USA nach Deutschland können bis zu 3 US$ pro Minute kosten und dafür kann natürlich nicht die Gastfamilie aufkommen. Es empfiehlt sich, eine Calling Card mitzunehmen, um bei den Gasteltern auf eigene Rechnung telefonieren zu können. Das erspart umständliches Auseinanderrechnen der Telefonrechnung und vielleicht so manchen Streit.

Arbeit der deutschen Organisation

An dem ganzen Familienwechselprozess ist die deutsche Organisation zunächst mal nur indirekt beteiligt. Die Entscheidungsgewalt liegt bei den Mitarbeitern vor Ort, da kann sich das deutsche Büro nicht einmischen.

Trotzdem aber hat auch die deutsche Organisation eine „Notfall-Arbeit" zu leisten. Schließlich werden die Eltern in Deutschland ja doch immer irgendwie von der Situation durch ihre Kinder in Kenntnis gesetzt – oftmals auch früher als dies gewünscht ist. Das lässt sich auch gar nicht vermeiden, denn den Kontakt zu den eigenen Eltern kann man niemandem verbieten.

Die Aufgabe der deutschen Organisation ist es jetzt, für die Eltern erster Ansprechpartner zu sein. Oftmals führt auch die Sprachbarriere zu Missverständnissen, so dass Eltern schnell panisch reagieren in Sorge um ihre Kinder. Hier ist die deutsche Organisation gefordert, nicht nur zum Verständnis der Eltern für die Situation beizutragen, sondern auch die Eltern ganz gezielt zur Mitarbeit anzuregen. Sie sind es nämlich, die oftmals die größten Einflussmöglichkeiten auf ihr Kind haben; sie sind es auch, die den Schüler am besten kennen. Die Mitarbeit der leiblichen Eltern kann in Problemsituationen von entscheidender Bedeutung sein.

Schritt 6: Nachbereitung

Zunächst die nackten Tatsachen: Rund die Hälfte der Organisationen bieten Treffen für die ehemaligen Schüler an, nur ein Viertel aller Organisationen veranstalten ein mehrtägiges Seminar für ihre "Returnees". Zunächst scheint dieses Ergebnis nachvollziehbar, endet doch die vertragliche Verpflichtung der Organisation dem Schüler gegenüber mit seiner Rückkehr aus dem Gastland. Bei näherer Betrachtung jedoch wird klar, dass die Wiedereingliederung in Deutschland nach einem Jahr im Ausland oftmals als schwerer empfunden wird, als das Auslandsjahr selbst. Die Organisationen haben demnach keine vertragliche, aber eine moralische Verpflichtung, den Schülern und Eltern auch noch in dieser Phase des Austausch-Abenteuers beizustehen.

Die Wiedereingliederungs-Problematik ist noch ein relativ neues Gebiet der sozialwissenschaftlichen Austauschforschung. So ist das Thema erstmalig Mitte der 80er Jahre problematisiert worden.

Literaturtipp:
Zeutschel, Ulrich, Hrsg. (2004), "Jugendaustausch - und dann...? Erkenntnisse und Folgerungen aus Wirkungsstudien und Nachbetreuungsangeboten im internationalen Jugendaustausch"

Vor diesem Hintergrund ist auch zu verstehen, dass sich die Notwendigkeit der Aufnahme entsprechender Inhalte in die Programmangebote einiger Veranstalter leider noch nicht durchgesetzt hat. Zudem handelt es sich hierbei wieder um kostenintensive Betreuungsangebote, die viele Organisationen nicht mehr zu leisten bereit sind.

An diese Stelle gehört keine ausführliche Abhandlung der Wiedereingliederungs-Problematik. Nur soviel sei gesagt: ein Jahr im Ausland, das ist eine Flut von Ereignissen, Erlebnissen und Eindrücken, die verarbeitet sein wollen. In Deutschland hingegen scheint dem zurückkehrenden Weltenbummler alles beim Alten geblieben zu sein.

Er fühlt sich mit seinen Berichten unverstanden und hat doch selbst kein Verständnis für die leisen Veränderungen, die auch seine Umgebung während seiner Abwesenheit erfahren hat.

Um es ganz einfach zu sagen: der Schüler hat sich durch das

Austauschjahr verändert. Vielleicht in die gleiche Richtung, in die seine Entwicklung ihn auch ohne diese Erfahrung getragen hätte, vielleicht in eine ganz andere. Fest steht jedenfalls, dass die Veränderungen für seine deutsche Umgebung nicht nachvollziehbar passiert sind. Freunde und Familie begegnen dem Heimkehrer also mit den gleichen Ansprüchen und Erwartungen, wie sie ihn vor einem Jahr haben gehen lassen. Diese Diskrepanz zwischen Erwartung und Realität auf beiden Seiten, das ist die Wiedereingliederungs-Problematik. Und hier kann die Austauschorganisation helfen, die Situation für den Schüler leichter zu machen.

TIP

Treffen mit anderen ehemaligen Schülern helfen hier enorm. Allein schon die Möglichkeit ist wichtig, mit anderen Betroffenen über die eigenen Probleme reden zu können. Vorsicht allerdings ist geboten, wenn dieses „Nachbereitungstreffen" mit der Vorbereitung für Zukünftige verbunden ist. Ein echter Gedankenaustausch zwischen den Ehemaligen ist hier schwierig, weil die Information der Zukünftigen im Vordergrund steht. Daher ist es sinnvoll, wenn den Ehemaligen ein eigener Termin zur Verfügung steht.

Noch besser ist natürlich ein mehrtägiges Seminar, auf dem pädagogisch konzipierte Programmpunkte zur Aufarbeitung des Erlebten angeboten werden. Hier gelten die gleichen Anmerkungen, wie schon für das Vorbereitungsseminar.

www.schueleraustausch.de

Forum : Chat : Termine

Wo bleibt das Geld?

Die Arbeit der Organisationen ist ausführlich vorgestellt worden. Hier jetzt ein Rechenbeispiel, wofür das Geld ausgegeben wird bzw. werden sollte. Es wird beispielsweise ein Programmpreis von ca. EUR 8.500 angenommen. Hierbei handelt es sich um den durchschnittlichen erwartbaren Gesamtpreis für ein Schuljahr in den USA, errechnet aus den Angaben der befragten Organisationen.

Diese Aufstellung scheint zu beweisen, dass die vielzitierte Aussage „Wo bei den Austauschorganisationen das Geld bleibt, weiß niemand!" auf den ersten Blick richtig ist. EUR 930 pro Schüler für administrative Kosten und Stipendienvergabe klingt zunächst viel. Bei näherer Betrachtung wurde aber klar, dass dem nicht notwendigerweise so sein muss.

Bedenken muss man, dass bei Organisationen, die tatsächlich die aufgelistete Betreuungsarbeit vollständig leisten (und das sind wenige), hohe Personalkosten nicht nur für die Durchführung, sondern auch für die Planung dieser Angebote anfallen. Auch darf man diejenigen Elemente der Betreuungsarbeit nicht vergessen, die in einer solchen Tabelle nur schwer zu erfassen sind: die Sorgfalt, mit der eine Organisation ihr Bewerbungsverfahren betreibt (siehe Abschnitt „Bewerbungsverfahren – Meinungen") oder die individuellen Leistungen der Organisation im Notfall.

Bei Programmen, wo für Schule und Gastfamilie bezahlt wird, ist der Gesamtpreis entsprechend höher und um diese beiden Positionen zu ergänzen.

Zu hoher Programmpreis?

Um so unerklärlicher wird der Programmpreis deshalb bei Organisationen, die die gelistete Betreuungsarbeit nicht leisten und damit auch die mit diesen aufwendigen Veranstaltungen verbundenen administrativen Kosten nicht aufbringen müssen.

Die Aufwände verteilen sich wie folgt:
Angenommener Programmpreis durchschnittlich EUR 8.500 abzüglich folgender Kosten:

Leistung	EUR ca. Preis	
Bewerbungsgespräch	70	Ausführliches persönliches Bewerbungsgespräch (mindestens drei Stunden mit Schüler und Eltern)
Flug vom deutschen Heimatort nächstgelegenen Flughafen zum Zielort in den USA	1.400	durchschnittlicher Preis Kann bei ungewöhnlichen Reisezielen stark nach oben variieren
Kranken-, Unfall- und Haftpflichtversicherung	500	Durchschnittssumme der Kosten für die von den Organisationen angebotenen Versicherungspakete
Preis der amerikanischen Partnerorganisation für die Platzierung und Betreuung des Schülers	4.500	differenziert stark duch die Schwankungen des US$
vorbereitendes Treffen mit Teilnehmern und Eltern	200	Pauschale Raummiete, Materialerstellung, Einladungsschreiben, etc.
mehrtägiges Vorbereitungs-Seminar	300	Pauschale für Übernachtungskosten, Verpflegung, Raummiete, Materialerstellung, Einladungsschreiben, Zubringerdienste etc.
Elternabend	200	Pauschale wie bei „vorbereitendes Treffen mit Teilnehmern und Eltern"
2-3 tägiges Nachbereitungs-Seminar	300	Pauschale wie bei „mehrtägiges Vorbereitungs-Seminar"
Handbuch, Informationsmaterial	100	Pauschale für Erstellung, Druck und Versand
Summe, die der deutschen Organisation verbleibt	930	für laufende administrative Tätigkeiten, Stipendienvergabe, Personalkosten generell und bei o.g. Aktivitäten

Stipendien

Folgende der befragten Organisationen vergeben Stipendien. (Advised, DFSR, iE, Kultur life, NWSE, Step In in variabler Höhe auf Anfrage).

Organisation	Umfang der Stipendien
AFS	Teilstipendien (Gesamtvolumen EUR 250.000)
AIFS	2 Voll-, 1 Teilstipendium (Gesamtvolumen EUR 22.000)
ASSIST	62 Teil- und 9 Vollstipendien Privatschulen (Gesamtvolumen EUR 1.877.225)
AYUSA	50 Teilstipendien (Gesamtvolumen EUR 50.000)
DFSR	1 Vollstipendium (Gesamtvolumen EUR 8.800)
EF	ca. 10 Teil- und 1 Vollstipendien (Gesamtvolumen EUR 31.000)
EUROVACANCES	Teilstipendien (Gesamtvolumen EUR 20.000)
Experiment	24 Voll- und Teilstipendien (Gesamtvolumen EUR 80.000)
GIVE	2 Teilstipendien (Gesamtvolumen EUR 500 - 1.000)
GLS	1 Voll-, 3 Teilstipendien (Gesamtvolumen EUR 13.000)
ICX	10 Teilstipendien (Gesamtvolumen EUR 10.000)
into	4 Vollstipendien (Gesamtvolumen EUR 32.000)
ISKA	10 Teilstipendien (Gesamtvolumen EUR 10.000)
iST	1 Voll-, 9 Teilstipendien und nach Bedarf (Gesamtvolumen EUR 22.740)
juststudies	3 Teilstipendien (Gesamtvolumen EUR 2.250)
Kaplan	1 Voll-, 2 Teilstipendien (Gesamtvolumen EUR 11.405)
MAP	3 Voll-, 1 Teilstipendium (Gesamtvolumen EUR 27.300)
OneWorld	5 Teilstipendien (Gesamtvolumen EUR 10.000)
Open Door	1 Voll-, 4 Teilstipendiem (Gesamtvolumen. EUR 12.190)
Partnership	15 Teilstipendien (Gesamtvolumen EUR 50.000)
Step In	1 Teil-, 5 Vollstipendien (Gesamtvolumen EUR 26.980)
STS	3 Teilstipendien (Gesamtvolumen EUR 6.000)
TASTE	3 Teilstipendien (Gesamtvolumen EUR 3.900)
team!	Voll- und Teilstipendien (Gesamtvolumen EUR 13.000)
Travelplus	2 Voll-, 6 Teilstipendien (Gesamtvolumen EUR 28.330)
Treff	32 Teilstipendien (Gesamtvolumen EUR 24.400)
WWQ	10 Teilstipendien (Gesamtvolumen EUR 11.160)
YFU	Teil- und Vollstipendien (Gesamtvolumen ca. EUR 500.000)

Parlamentarisches Patenschaftsprogramm (PPP)

Gemeinsam begründet haben 1983 der Kongress der Vereinigten Staaten von Amerika und der Deutsche Bundestag dieses Programm zur Förderung des Jugendaustausches. Pro Wahlkreis wird ein Vollstipendium vergeben. Die Abwicklung erfolgt durch AFS, Experiment, GIVE e.V., Partnership und YFU. Die Bewerbungsfrist ist jeweils Anfang September des Vorjahres. Bewerbungsunterlagen gibt es direkt bei den genannten Organisationen oder bei:

Deutscher Bundestag
Referat Internationale Austauschprogramme (W 14)
Platz der Republik 1
D-11011 Berlin
Internet: www.bundestag.de/ppp

Firmen- und Stiftungsstipendien (Abwicklung über AFS und YFU)

Jeder Manager weiß: Perfektes Englisch, Auslandserfahrung und Kenntnis einer fremden Kultur sind unerlässlich. Einige Firmen und Stiftungen zogen die Konsequenz und ermöglichen es Kindern ihrer Mitarbeiter aber auch konzernfremden Jugendlichen, ein Schuljahr im Ausland zu verbringen. Diese Maßnahme ist leider noch viel zu wenig bekannt.

Gemeinsam mit Stiftungen, Firmen sowie Einzelspendern haben AFS und YFU verschiedene Stipendienprogramme aufgelegt. Ziel ist vor allem die Förderung sozial schwächer gestellter Teilnehmer sowie der Ausbau des Schüleraustauschs mit bestimmten Regionen. Die meisten Stipendien sind Teilstipendien, deren Höhe sich nach sozialen Kriterien richtet. Die Schüler unterliegen dem gleichen Auswahl-Verfahren wie alle AFS- und YFU-Bewerber.

Internet:
www.afs.de
www.yfu.de

Weitere Stipendien

Deutsche Stiftung Völkerverständigung
Die Stiftung koordiniert auf jährlich stattfindenden Schüleraustausch-Messen eine Teil- und Vollstipendienvergabe deutscher Austauschorganisationen an ehrenamtlich aktive Schüler aus Bremen, Hamburg, Mecklenburg-Vorpommern, Niedersachsen oder Schleswig-Holstein.
Internet: www.deutsche-stiftung-voelkerverstaendigung.de

Deutscher Fachverband High School (DFH)
Der DFH vergibt in jeder Saison 11 Vollstipendien für ein Gastschuljahr in den USA im Wert von jeweils ca. EUR 8.000. Bewerben können sich Schüler zwischen 15 und 18 Jahren, die aufgrund ihrer schulischen und persönlichen Voraussetzung für einen solchen Aufenthalt besonders geeignet sind, ihn sich aber aus finanziellen Gründen nicht leisten können. Die Bewerbungen können vom Mitte Mai bis Mitte Oktober eines jeden Jahres (Programmbeginn im August des darauf folgenden Jahres) nur im Internet eingereicht werden.
Internet: www.dfh.org

Dialogzentrum Magdeburg
Das Dialogzentrum vergibt Stipendien an Schüler aus Sachsen Anhalt für einen 10-monatigen USA-Aufenthalt. Die Stipendien werden zu 80% durch das Dialogzentrum gefördert, die übrigen 20% müssen vom Stipendiaten selbst aufgebracht werden.
Internet: www.dialogzentrum-md.de

Lions-Club
Internet: www.lionsclubs.org

Rotary-Club
Rotary fördert ein Austauschjahr in mehr als 40 Gastländern und entsendet jährlich 8.000 bis 10.000 Jugendliche weltweit. Eine Mitgliedschaft bei Rotary ist nicht nötig. Neben den Flug- und Versicherungskosten entstehen keine wesentlichen weiteren Gebühren. In der Regel verpflichten sich die Eltern der Teilnehmer, selbst für ein Jahr einen Schüler bei sich aufzunehmen. Rotary ist Mitglied im "Arbeitskreis gemeinnütziger Austauschorganisationen" (AJA).
Internet: www.rotary.de/jugenddienst

Kreuzberger Kinderstiftung (Berlin)
Jugendliche, die eine Berliner Sekundarschule, Brandenburger Oberschule, Regionalschule in Mecklenburg-Vorpommern, Mittelschule in Sachsen, Sekundarschule in Sachsen-Anhalt oder Regelschule in Thüringen besuchen, können sich für ein Stipendium bewerben. Durchgeführt wird das Auslandschuljahr von AFS.
Internet: www.kreuzberger-kinderstiftung.de

Stadt Hamburg
Die Hamburger Schulbehörde fördert einen Schulbesuch im Ausland für Hamburger Schüler an staatlichen Schulen (abhängig vom familiären Einkommensverhältnis). Bis 15. März sind Bewerbungen möglich. Informationen dazu gibt die jeweilige Schule. Die entsprechenden Richtlinien und das Antragsformular stehen zum Download bereit.
Internet: www.auslandsprogramme.hamburg.de

Schüler-BAföG

Unter bestimmten Voraussetzungen gibt es die Möglichkeit, Schüler-BAföG für den Auslandsaufenthalt zu beantragen. Interessenten sollten sich rechtzeitig erkundigen, ob sie Auslands-BAföG beantragen können. Je nach Gastland und Schule, die besucht wird, sind die Bedingungen unterschiedlich. Ein Antrag dauert in der Regel mehrere Monate. Diejenigen, die Anspruch auf das Auslands-BAföG haben, erhalten zusätzlich einen Reisekostenzuschuss von EUR 500 (Europa) und EUR 1.000 (Übersee).
Internet: http://das-neue-bafoeg.de/de/229.php

Bildungskredit

Durch das Bildungskreditprogramm wird ein zeitlich befristeter zinsgünstiger Kredit zur Unterstützung von Studierenden sowie Schülern in fortgeschrittenen Ausbildungsphasen angeboten, der neben oder zusätzlich zu Leistungen nach dem Bundesausbildungsförderungsgesetz (BAföG) als weitere Möglichkeit der Ausbildungsfinanzierung zur Verfügung steht.
Internet: www.das-neue-bafoeg.de/de/110.php

Wahl des Austauschlandes

Mehr als die Hälfte aller deutschen Austauschschüler fahren in die USA. In den vergangenen Jahren ist das Interesse an anderen Austauschländern stark gestiegen. Besonders englischsprachige Alternativen wie Kanada, Australien, Neuseeland aber auch Südafrika liegen hoch im Kurs. Mehr als 60 Austauschländer gibt es, die Qual der Wahl ist also groß. Also warum nicht ein Schuljahr in Indonesien oder in Chile verbringen? Ganz gleich, welches Austauschziel gewählt wird, eine bereichernde interkulturelle Erfahrung ist garantiert. Der Respekt vor einer ganz fremden Sprache sollte niemanden davon abhalten, das exotische Land seiner Träume zu wählen. Die Austauschorganisationen bieten in diesen Fällen intensive Vorbereitungskurse an und nach ein paar anstrengenden Monaten ist die Hürde genommen und die Schüler sprechen die Sprache fließend. Die Austauschorganisationen AFS und YFU bieten die größte Ländervielfalt aller deutschen Anbieter. In der Folge geben wir einen Überblick über die beliebtesten Austauschziele.

Argentinien

Das (vermeintliche) Land des Silbers (argentum = latein. Silber) mit seinen 39 Mio. Einwohnern gilt als das europäischste unter den südamerikanischen Austauschländern: Es verbindet europäische Traditionen mit dem besonderen Lebensgefühl der Region und bietet so das Beste von beiden Welten. Liebhaber des ewigen Eises träumen von einer Reise an den Lago Argentino und weiter nach Patagonien, ans Ende der Welt. Oder wie wäre es mit Iguaçu, den berühmten Wasserfällen an der brasilianischen Grenze? Bezahlt wird in Argentinien in Pesos und Centavos. Die Argentinier sind lebendig, heißblütig und leidenschaftlich, genau wie der Tango, der hier erfunden wurde.1995 wurde das Schulsystem in vielen Provinzen reformiert: die ersten neun Jahre der Schulzeit werden seitdem als EGB (Educación General Básica) bezeichnet, die in mehrere Richtungen aufgeteilte weiterführende Schule stattdessen als Polimodal. Es gibt eine Vielzahl von verschiedenen Schulabschlüssen (naturwissenschaftlich, sozialwissenschaftlich, technisch und wirtschaftlich orientiert).

Australien

Kängurus, Koalabären und Weihnachten im Sommer? Das kann nur Australien sein – das Land, in dem irgendwie alles auf dem Kopf steht. Die Australier sind herzlich, lebenslustig und naturbegeistert. Picknick im Outback und Barbecue am Strand gehören zum Alltag. Sie lieben es zu surfen und zu schnorcheln – und das ist kein Wunder, denn die meisten von ihnen haben es nicht weiter als 20 Kilometer zum Ozean und einem der mehr als 7.000 Strände. Australien ist übrigens das sechstgrößte Land der Welt und hat dabei gleichzeitig die geringste Bevölkerungsdichte – nämlich nur 2,5 Einwohner pro Quadratkilometer. Deshalb werden in "Oz", wie die Einheimischen ihr Land gern selbst nennen, Nachbarschaftshilfe und Gastfreundschaft groß geschrieben. Das Schuljahr geht normalerweise von Ende Januar bis Mitte Dezember und ist in vier einzelne „Terms" aufgeteilt. Die Schule geht von 8:45 bis 15:00 Uhr. Pflichtfächer umfassen häufig Englisch, Mathematik, Geschichte, Erdkunde, Kunst, Physik und Chemie. Wahlfächer können z.B. Musik, Theater, Chor und Fotografie sein.

Brasilien

Brasilien ist der flächen- und bevölkerungsmäßig fünftgrößte Staat der Erde. Er nimmt 47 % des Kontinents ein und hat mit jedem südamerikanischen Land außer Chile und Ecuador eine gemeinsame Grenze. Brasilien geht auf den portugiesischen Namen Pau-brasil des Brasilholz-Baumes zurück. „Braz" steht im Portugiesischen für „glühende Kohlen" und bezieht sich auf die Farbe des Holzes, welches geschnitten rot leuchtet und in Europa zum Färben von Stoffen benutzt wurde. Diese vom Aussterben bedrohte Baumart war zur Zeit der frühen Kolonisation ein wichtiges Ausfuhrprodukt der Region. Zwei Dinge hat eigentlich jeder über Brasilien gehört. Erstens, der unglaubliche Regenwald und zweitens, der Karneval. In Brasilien gibt es sowohl staatliche wie auch private Schulen. Als Schüler hat man entweder morgens oder nachmittags Schule und bekommt normalerweise unter anderem Unterricht in portugiesischer und brasilianischer Literatur, Chemie, Physik, Biologie, Mathematik, Erdkunde, brasilianischer und internationaler Geschichte sowie Sport.

China

China – das Land der Mythen, Traditionen und Geheimnisse im fernen Osten. Buddhistische Tempel, die Verbotene Stadt, Taoismus und fernöstliche Weisheit. Dieses Image wird dem Riesen im Osten schon lang nicht mehr gerecht: 6 Milliarden Menschen leben zurzeit auf unserem Planeten, allein 1,3 Milliarden davon in China. Die Kombination aus Wirtschaftswachstum, boomenden Städten und alten Traditionen macht das Reich der Mitte zu einem der interessantesten der Welt. Die Nationalsprache ist Putonghua (Mandarin), eine der fünf Arbeitssprachen der Vereinten Nationen. Ein weiterer Höhepunkt sind die zahlreichen kulinarischen Köstlichkeiten. Das Schuljahr dauert in der Regel von Anfang September bis Ende Juli. Die Schule geht gewöhnlich von etwa 8:00 bis 16:00 Uhr. Nach Schulschluss gibt es freiwillige Sport-, Musik- oder Lerngruppen. Der Schultag umfasst normalerweise sieben Stunden Unterricht im Klassenverband mit vorgegebenen Stundenplan und einer Mittagspause von 12:00 bis 13:30 Uhr. Chinesische Schulklassen sind mit 30-50 Schülern recht groß.

Costa Rica

Obwohl der mittelamerikanische Staat flächenmäßig kleiner als Bayern ist, bietet er mit 3 Klimazonen eine Naturvielfalt, von der wir in Deutschland nur träumen können. Ein Viertel Costa Ricas steht unter Naturschutz, denn hier sind sechs Prozent aller Pflanzenarten der Erde zu Hause. Costa Rica ist eines der wenigen Länder der Welt, das keine Armee hat. Im Gegensatz zu vielen anderen Ländern Mittelamerikas hat Costa Rica eine relativ stabile politische Geschichte. Seinen Namen (Reiche Küste) trägt Costa Rica aber nicht umsonst: Neben der umwerfenden Naturvielfalt findet man eine Tierwelt, die ihresgleichen sucht. Das Schuljahr fängt Mitte Februar an und geht bis Oktober oder November. Unterrichtet wird montags bis freitags von etwa 7:00 bis 16:00 Uhr. Die meisten Schulen erwarten das Tragen von Schuluniformen und haben bestimmte Regeln. Zum Beispiel sollten Mädchen sich nicht zu stark schminken, zu viel Schmuck oder zu kurze Röcke tragen; Jungen sollten eher kürzere Haare haben und auf Ohrringe etc. verzichten.

Ecuador

Ecuador ist eine Republik im Nordwesten Südamerikas und hat 14 Millionen Einwohner. Das Land ist nach der Äquatorlinie benannt, die durch das Staatsgebiet verläuft. Die Bevölkerung von Ecuador entspricht einem buntscheckigen ethno-kulturellen Flickenteppich. Von den Stämmen der Amazonas-Indianer, über die farbenfrohen Trachten tragenden Hochland-Indios, dunkelhäutigen Mestizen bis hin zu den Afroamerikanern und hellen europäischen Typen sind alle Ethnien vertreten. Ecuador zählt zudem zu den Staaten mit der weltweit artenreichsten Flora und Fauna. Die Schulen sind akademisch orientiert und bieten kaum Aktivitäten außerhalb des Lehrplans an. Der Unterricht besteht vor allem aus dem Vortrag des Lehrers, dem Abschreiben von Texten und dem Vorlesen. Der Schulunterricht geht von 8:00 bis 14:00 Uhr Es gibt sowohl reine Jungen- oder Mädchen-Schulen als auch gemischte. Der Schuljahresbeginn an der Küste unterscheidet sich von dem im Hochland. An der Küste beginnt das Schuljahr im Mai und endet Mitte Januar, im Hochland im Oktober und endet im Juli.

Frankreich

Frankreich hat in Europa eine Fläche von 543.965 km². Das Landschaftsbild prägen überwiegend Ebenen oder sanfte Hügel im Norden und Westen. Der Rest ist gebirgig, Hauptgebirge sind die Pyrenäen im Südwesten, das Zentralmassiv und die Alpen im Südosten. Der höchste Berg Frankreichs und höchster Berg der Alpen ist der Montblanc (4.808 Meter). Die mit Abstand wichtigste und größte Stadt in Frankreich ist die Hauptstadt Paris mit rund zwölf Millionen Einwohnern in der Agglomeration (Region Île-de-France). Die Großräume um Marseille, Lille und Lyon haben ebenfalls mehr als eine Million Einwohner. Der Schultag an einer privaten oder öffentlichen Schule geht in der Regel von 8:00 bis 17:00 Uhr: Sieben Schulstunden täglich, mit 5–15 Minuten Pausen zwischen den Stunden und zwei Stunden Mittagspause. Mittwoch und Samstag sind normalerweise halbe Tage. Das Schuljahr ist in zwei Semester eingeteilt und geht etwa von Ende August bis Ende Juni. Zudem gibt es Herbst-,

Großbritannien

Die Insel Großbritannien liegt im Atlantischen Ozean an der nordwestlichen Küste des europäischen Kontinents. Mit einer Fläche von 229.850 km² ist die Hauptinsel die achtgrößte Insel der Welt. England und Wales bildeten im Altertum die römische Provinz Britannia. Ein alter Name für die Insel Großbritannien ist „Albion". Dies bedeutet „weiß" und könnte sich auf die weißen Kreideklippen von Dover beziehen, die man normalerweise als erstes sieht, wenn man mit dem Schiff über den Ärmelkanal nach Großbritannien fährt. Das britische Schulsystem ist sehr vielfältig: Schüler können nach der Grundschule sowohl eine Comprehensive School (Gesamtschule), eine Grammar School (vergleichbar mit dem deutschen Gymnasium) als auch eine Public School (die zwar „public" heißt, aber absolut privat organisiert ist) besuchen. Mit der 10. Klasse absolvieren britische Schüler die GCEA-Prüfungen, die in etwa mit unserer Mittleren Reife zu vergleichen sind. Wer studieren will, besucht danach die Sixth Form, die in Lower (11. Klasse) und Upper Sixth (12. Klasse) unterschieden wird.

Irland

Irland grenzt im Norden an das Vereinigte Königreich (Provinz Nordirland) und ist im Osten von der Irischen See und im Westen und Süden vom Atlantik umgeben. Der Großteil der Bevölkerung bekennt sich zum römisch-katholischen Glauben. Irland ist bekannt als die grüne Insel - nirgends findet man Grün in tausend verschiedenen Farbtönen. Hier und da gut erhaltene oder halb zerfallene Burgen, Klöster und Kirchen irgendwo mitten auf einer Wiese. Das neue Irland dagegen ist jung und dynamisch. In Dublin sind drei Viertel der Einwohner unter 45 Jahre alt. Darüber hinaus ist Irland für viele IT-Firmen der Europasitz, wie für Oracle, Dell oder Microsoft. Auch die Biotechnologie ist auf dem Vormarsch. In Irland gibt es drei verschiedene Arten von Schulen: Staatliche Schulen, Private Day Schools und Residential Boarding Schools. Das irische Schuljahr ist in drei Terms unterteilt. Die meisten Schulen haben Unterricht von 9:00 bis 15:00 Uhr und je nach Schule werden an einigen Nachmittagen Auswahlprogramme wie Sport oder Clubs angeboten.

Italien

Weltberühmtes Essen, exquisite Weine, elegante Mode. Italien ist Lebensart. Ein ganzes Jahr hier leben zu dürfen, die Sprache zu lernen und die vielen kleinen, verrückten und charmanten Eigenschaften der Italiener als jemand von ihnen zu erleben, ist etwas ganz besonderes. Tradition spielt in Italien eine große Rolle und so werfen nicht nur Touristen in Rom jedes Jahr Tausende von Euro in den berühmten Trevi-Brunnen Zum Ostermontag gehört für Italiener ein großes Familienpicknick, „pasquetta" genannt. Italienische Schulen unterteilt man in Grundschule, Mittelschule und Gymnasium. Das italienische System hat verschiedene Arten von Gymnasien (liceo): Das klassische, das naturwissenschaftliche, das sprachliche und das Kunst-Liceo, die Kunstschule, das Technische Institut und die Berufsschulen. Das Schuljahr beginnt Mitte September und endet Mitte Juni. Es gibt zwei Wochen Ferien zu Weihnachten, eine Woche zu Ostern sowie verschiedene Feiertage. Die Schulwoche läuft in der Regel von Montag bis Samstag von 8:00 bis 14:00 Uhr.

Japan

In kaum einem anderen Land stoßen Gegensätze so extrem aufeinander: Alte Götter und modernste Technologie, das Land ist industrialisiert und innovativ, gleichzeitig spielen aber die Familie und jahrhundertealte Traditionen eine große Rolle. Karaoke und Sumo-Wrestling kommen einem vielleicht bekannt vor, aber da gibt es auch noch Kendo (japanisches Schwertfechten) oder Noh-Theater, die beeindruckenden japanischen Schlösser und alten Tempel. Das japanische Schulsystem gliedert sich in drei Blöcke: Die ersten sechs Jahre Grundschule und die anschließenden drei Jahre Mittelschule sind Pflicht. Rund 94% der Schüler besuchen danach die Oberschule, die etwa drei Jahre dauert. Es gibt in Japan sowohl öffentliche als auch private Oberschulen. Das Schuljahr in Japan beginnt am 1. April. Es gliedert sich in drei Terms – April bis Juli, September bis Dezember und Januar bis März. Für viele deutsche Schüler sicher ungewohnt ist das Tragen einer Schuluniform, die an zahlreichen japanischen Schulen Pflicht ist.

Kanada

Kanada ist nordamerikanisch und doch europäisch und liberal sowie unglaublich vielseitig. Die Kanadier sind Naturliebhaber: Auf einen Quadratkilometer kommen in Kanada nur 2,8 Einwohner. In Neufundland treiben Eisberge vor der Küste entlang und Robben haben Hochkonjunktur. Knapp 8.000 km weiter westlich gehört Vancouver zu den angesagtesten Metropolen der Welt. Die Rocky Mountains sind ein Paradies für Wintersportler, in den Wäldern lassen sich Bären und Elche beobachten. Wie in Deutschland gibt es im föderalistischen Kanada kein einheitliches nationales Bildungssystem. In einigen Provinzen unterscheiden sich Schuleintrittsalter und Dauer der Grundschulzeit. Die Sekundarstufe umfasst in Form einer Gesamtschule die dreijährige Junior Highschool (Sekundarbereich I) und die zwei- bis vierjährige Senior Highschool (Sekundarbereich II). Das kanadische Schulsystem ist für das hohe Leistungsniveau bekannt. Die Highschool bietet neben attraktiven Fächern Teamwork und Projektarbeit sowie ein vielfältiges Freizeitangebot.

Mexiko

Das zweitgrößte Land Lateinamerikas gilt wegen seiner reichen kulturellen Geschichte, der einzigartigen Landschaft und vor allem seiner Menschen als einer der faszinierendsten Orte der Welt. Die ethnische Vielfalt drückt sich in allen gesellschaftlichen Bereichen aus, in den verschiedenen kulturellen und religiösen Traditionen, in Essgewohnheiten und Festen. Außerdem ist Mexiko die Wiege der bedeutendsten Kulturen Amerikas. Die faszinierenden Baudenkmäler der Mayas, Olmeken, Tolteken, Mixteken und Azteken sind in tausendjähriger Form erhalten geblieben. Auch in seiner landschaftlichen Schönheit ist Mexiko ein Land der Superlative: schneebedeckte Vulkankegel, mächtige Gebirgszüge, Kakteenwälder und Urwälder machen den landschaftlichen Reiz aus. In Mexiko gibt es sowohl öffentliche als auch private Schulen. In einigen Privatschulen und in allen öffentlichen Schulen wird Schuluniform getragen. Das Schuljahr dauert von September bis Juni, der tägliche Unterricht geht von 7:30 oder 8:00 Uhr bis 12:00 oder 14:00 Uhr.

Neuseeland

Natur pur: Majestätische Berge, erloschene Vulkane, das ewig blaue Meer, der endlose Horizont, tropische Strände, nebelbehangene Fjorde und die entspannte Lebensart der „Kiwis" locken ans andere Ende der Welt. Dabei schafft es der kleine Inselstaat, Südsee-Feeling mit europäischen Traditionen und anspruchsvollem Unterricht zu verbinden. Neuseeland besteht aus der Nord- und der Südinsel sowie zahlreichen kleineren Inseln. Die nächstgelegenen Staaten und Gebiete sind Australien im Westen (die Westküste der beiden Hauptinseln Neuseelands ist ca. 2.000 km von der Südostküste Australiens entfernt), Neukaledonien, Tonga, Fidschi im Norden und Antarktika im Süden. Neuseeland hat sowohl staatliche wie auch private Schulen. Das Schuljahr beginnt Ende Januar und dauert bis Mitte Dezember. In der Regel geht die Schule montags bis freitags von 8:30 bis 15:30 Uhr. Im April, Juli und September gibt es je zwei Wochen Ferien. Das Fächerangebot ist vielfältig und wird durch zahlreiche außerschulische Aktivitäten ergänzt.

Schweden

Schweden hat weit mehr zu bieten als Design, Elche, Ikea und Midsommar. Die Natur in Schweden ist beeindruckend. Mitten in Stockholm liegt ein Nationalpark und in Nordschweden geht im Sommer die Sonne nie unter. Auch in Sachen Gleichberechtigung ist das Land sehr weit fortgeschritten: Fast die Hälfte der Parlamentsabgeordneten sind Frauen. Außerdem haben die Schweden viele wichtige Dinge erfunden: das Dynamit, das Sicherheitszündholz, den Herzschrittmacher und die Gradeinteilung des Thermometers. In Stockholm wird jährlich der Nobelpreis verliehen. Schulpflicht besteht im Alter von 7 bis 16 Jahren. Das Schuljahr beginnt Mitte August und endet Anfang Juni. In der Regel gibt es eine Woche Ferien im November, zwei Wochen über Weihnachten, eine Woche im Februar oder März und eine Woche zu Ostern. Unterrichtet wird meist von 8:00 bis 16:00 Uhr. Die Schule sorgt für Unterrichtsmaterialien, Mittagessen und Fahrtkosten. Manchmal wird auch ein Schwedisch-Sprachkurs angeboten.

Spanien

Spanien verbindet traumhafte Strände mit sagenumwobenen Burgen, Klöstern und Kirchen, atemberaubenden Landschaften zwischen Algarve und Picos de Europa, köstlichem Essen und quirligen Metropolen, in denen das Leben abends auf den Straßen stattfindet. Ob historische Plätze, Flamenco oder Stierkampf - Spanien lebt von seiner großen Vielfältigkeit. Auch auf Bildung wird sehr viel Wert gelegt, darum haben spanische Schulen einen hohen Standard. Und - Spanien ist das wohl feierwütigste Land Europas: Statistisch gesehen steigt in Spanien alle 20 Minuten ein Volksfest. Die meisten Schüler besuchen die Oberstufen öffentlicher Schulen und können zwischen drei Studienfeldern wählen: Natur-, Geisteswissenschaften und Technik. Naturwissenschaften umfassen Mathematik, Physik, Biologie und Chemie. Die geisteswissenschaftlichen Fächer schließen Spanisch, Literatur, Geschichte, Fremdsprache, Philosophie und Latein ein. Technik umfasst Industrie- und Ingenieurklassen. Das Schuljahr in Spanien geht von September bis Juni und ist in Trimester unterteilt.

Südafrika

Elefanten im Krüger Nationalpark, Pinguine an der traumhaften Atlantikküste, Weinbau um Stellenbosch, der Tafelberg und die Blütenpracht auf der berühmten Garden Route – Südafrika ist ein Land von atemberaubender Schönheit. Die Erfolgsgeschichte Nelson Mandelas und seiner Landsleute ist einmalig auf dem afrikanischen Kontinent. Angehörige der verschiedensten ethnischen Gruppen, Kulturen und Glaubensrichtungen haben es geschafft, friedlich in einer gefestigten Demokratie zusammenzuleben. In Südafrika werden elf offizielle Sprachen gesprochen. Die Schulen in Südafrika sind nach britischem Vorbild aufgebaut und genießen einen ausgezeichneten Ruf. Es wird erwartet, dass Schüler sich an die Schulregeln halten. Dazu gehört auch das korrekte Tragen der Schuluniform. Ebenso wird vorausgesetzt, dass Schüler Respekt gegenüber der Lehrern zeigen. Viele Schulen bieten neben dem Unterricht noch Aktivitäten wie Sport oder Schauspiel, Chor und Orchester an. Diese Kurse bieten gute Möglichkeiten für Austauschschüler, Freunde zu finden.

Weiterführende Informationen im Internet

www.schueleraustausch.de/forum
Zu allen Austauschzielen weltweit gibt es einzelne Internetforen, wo Sie Informationen finden und sich mit Gleichgesinnten austauschen können.

www.auswaertiges-amt.de
Auf der Internetseite des Auswärtigen Amtes sind übersichtlich alle wichtigen Informationen zu alen Ländern aufgeführt: Von Politik, Wirtschaft und Kultur bis hin zu Einreisebestimmungen und Gesundheitshinweisen.

www.konsularinfo.diplo.de
Diese Seite ist speziell für all diejenigen Deutschen konzipiert, die im Ausland lernen, leben oder arbeiten und bildet eine wichtige Verbindungsstelle nach Deutschland.

www.weltalmanach.de
Die Online-Version des Fischer Weltalmanach, der alljährlich erscheint, bietet neben Kurzübersichten über die einzelnen Länder aktuelle internationale Nachrichten-Artikel.

http://spiegel.de/thema
Das Spiegel-Archiv enthält ständig aktualisierte Zahlen, Daten, Artikel und Analysen zu sämtlichen Ländern der Welt.

www.crm.de
Das Centrum für Reisemedizin stellt aktuelles reisemedizinisches Wissen zur Verfügung und informiert über Reiseländer, Krankheiten und Beratungsstellen.

VI Achtung, unseriöse Praktiken!

Schüleraustausch in der öffentlichen Meinung

Als wir die Arbeit zu diesem Buch mit der Fragebogenaktion offiziell begannen, schlug uns anfangs viel Misstrauen entgegen. Misstrauen von Organisationen, die Angst hatten, dass ihr Markt durch eine inkompetente Recherche wieder einmal in Gefahr geraten könnte. Beispiele für solch eine inkompetente Beschreibung des Marktes hat es in den letzten Jahren genug gegeben. Insbesondere viele Journalisten von Tageszeitungen und Zeitschriften aber auch von Fernsehsendern haben sich immer wieder von irgendwelchen Horrorstorys über dramatisch verlaufende Auslandsaufenthalte deutscher Schüler zu groß aufgemachten Skandalartikeln hinreißen lassen. Nur so sind angsteinflößende Überschriften wie „Probleme beim USA-Aufenthalt: Jeder vierte Deutsche in Schwierigkeiten", „Krachend aufeinander (...) – ein lukrativer Markt für unseriöse Vermittler" und „US-Reisen für Schüler enden oft im Fiasko" zu verstehen.

Wenn man diesen Artikeln Glauben schenkt, kommt man schnell auf folgende drei Thesen:

- Schüleraustausch ist ein mit großen Unbekannten verbundenes Wagnis.
- Schüleraustausch ist potentiell gefährlich für die seelische Verfassung der Schüler.
- Schüleraustausch ist viel zu teuer, wenn man die Leistungen der Organisationen am Nutzen des Austauschjahres für den Schüler misst.

Rechtliche Situation

Unterstützt werden diese Thesen auch von den Publikationen der in Stuttgart ansässigen Aktion Bildungsinformation e.V. (ABI). ABI hat es sich zur Aufgabe gemacht, als unabhängiger Marktbeobachter bildungswillige Bürger vor unlauteren Praktiken zu schützen. Damit ist ABI in der Funktion einer Verbraucherschutzorganisation tätig. Diese Tätigkeit führt ABI mit unbeirrbarer Härte aus. So mahnt der Verein regelmäßig die verschiedenen Organisationen am Markt aufgrund mangelhafter vertraglicher Übereinkünfte oder unseriöser Praktiken ab. Das Hauptinteresse von ABI gilt den vertraglichen Vereinbarungen zwischen Organisation und Schüler bzw. dessen Eltern. Prinzipiell ist dies zu begrüßen. Die vertraglichen Regelungen, auf deren Grundlage lange Zeit Schüleraustausch betrieben wurde, waren nämlich mehr als mangelhaft.

Dies hat sich durch die Neufassung des Reiserechts seit dem 01.09.2001 erheblich gebessert (siehe Kapitel „Reiserecht im Schüleraustausch"). Verändert hat sich allerdings der Anspruch von Eltern und Schülern, die ein Austauschjahr zunehmend als buchbare Reise betrachten und daraus im Schüleraustausch nicht garantierbare Forderungen ableiten: Unterbringung in bestimmten Regionen, Einzelzimmer, festgelegtes Niveau von Gastfamilie und Schule. Leicht gestiegen ist deshalb die Zahl der Rechtsstreitigkeiten und die Androhung, einen Anwalt einzuschalten, wie unsere Umfrage unter allen deutschen Austauschorganisationen bestätigte. Unterstützt wird dieser Trend durch Neuerscheinungen im Buchhandel, die sich speziell mit den Rechten und Pflichten in Sachen Schüleraustausch auseinandersetzen. Gleich zwei Ratgeber hat der Jurist Stefan Klein herausgebracht, die sich mit diesem Thema befassen. Das "Rechtshandbuch Schüleraustausch" bietet juristische Informationen rund um die Vertragspraxis von Gastschulaufenthalten. Im Band „Schüleraustausch" erklärt Stefan Klein dem juristischen Laien anhand von Fällen, Beispielen und Musterbriefen, welche Ansprüche bestehen, wenn man mit dem Verlauf des Austauschjahres nicht zufrieden ist (siehe Literaturverzeichnis im Anhang). Diese Ratgeber sind sicherlich hilfreich, wenn es darum geht, Informationen zu sammeln. Sie sollten allerdings nicht als Mittel gebraucht werden, im Schüleraustausch unrealistische Forderungen zu stellen und auf deren Einhaltung zu bestehen.

Wie in diesem Buch schon an verschiedener Stelle zur Sprache gekommen ist, handelt es sich beim Schüleraustausch um eine Menschen-zu-Menschen-Arbeit. Man muss deshalb bei der Kritik an einer misslungenen Austauscherfahrung zwei Gebiete vorsichtig unterscheiden. Zum einen gibt es selbstverständlich klare Fehler bei der Vorbereitung und Betreuung durch die Organisation. Hierbei handelt es sich klar und deutlich um nicht oder ungenügend erbrachte Leistungen, die auch einklagbar sein sollten. Eine Organisation, die im Notfall längere Zeit nicht erreichbar ist, kommt ihrer Fürsorgepflicht nicht nach. Einer Organisation, die einen Schüler nicht auf etwaige Probleme im Gastland vorbereitet hat, kann man schlechte Arbeit vorwerfen. Einer Organisation, die im Falle echter unlösbarer Differenzen zwischen Schüler und Gastfamilie nicht gewillt ist, für den Schüler eine neue Gastfamilie zu finden, muss man Inkompetenz anlasten.

Nicht alles ist einklagbar...

Noch einmal klar und deutlich: Es gibt bestimmte von den Organisationen zu erbringende Leistungen (siehe weiter hinten in diesem Kapitel), die man (juristisch oder moralisch) einklagen kann. Daneben aber gibt es das große Gebiet der zwischenmenschlichen Beziehungen. Und die sind nicht einklagbar.

Wenn es zwischen Schüler und Gastfamilie gutgeht, dann ist das zumindest in erster Linie keine Leistung der Organisationen, sondern, wie der Amerikaner sagt, „a good match". Und wenn es schiefgeht, dann ist es nicht die Schuld der Organisationen, sondern eben ein „schlechtes Paar".

Natürlich gibt es Konflikte, die z.B. durch eine Platzierung mit gleichen Interessen von Schülern und Gastfamilie von vornherein entschärft werden können. Auch kann ein Schüler entsprechend geschult werden, damit er heraufziehende Problemsituationen eher erkennt und entsprechend handeln kann. Aber im Endeffekt stellt sich eben erst in der Praxis heraus, ob Menschen zueinander passen oder nicht.

Es ist nicht Aufgabe dieses Buches, zu beurteilen, wer im Recht ist und wer im Unrecht. Tatsache jedoch ist, dass es zu jeder Geschichte mindestens zwei Seiten gibt, insbesondere dann, wenn sich emotionale Bindungen mit Verständigungsschwierigkeiten und kulturellen Unterschieden paaren.

Verbände und Beratungsstellen

ABI (Aktion Bildungsinformation)
Lange Straße 51
D-70174 Stuttgart
Tel.: (07 11) 22 02 16 30
Fax: (07 11) 22 02 16 40
E-Mail: info@abi-ev.de
Internet: www.abi-ev.de

Zitat aus den ABI-Aufgaben: „Die ABI als neutrale und unabhängige Auskunftsstelle informiert über Fernunterricht, Direktunterricht, Sprachreisen sowie berufliche und schulische Weiterbildungsmöglichkeiten. Die ABI klärt den Verbraucher über seine Rechte gegenüber den Anbietern auf."

AJA (Arbeitskreis gemeinnütziger Jugendaustauschorganisationen)
Gormannstraße 14
D-10119 Berlin
Tel.: (0 30) 33 30 98 75
Fax: (0 30) 33 30 98 76
E-Mail: info@aja-org.de
Internet: www.aja-org.de

Zitat aus den AJA-Qualitätskriterien: „Internationaler Austausch durch AJA-Organisationen bedeutet das Angebot des Austausches mit möglichst vielen Ländern dieser Welt. In diesem Rahmen sind für die AJA-Organisationen die Programme für deutsche Schüler im Ausland ebenso wichtig wie die Aufnahme ausländischer Schüler in deutschen Gastfamilien".

➔ **Mitglieder:** AFS, Experiment, Open Door, Partnership, Rotary, YFU

DFH (Deutscher Fachverband High School)
Marburger Straße 15
D-60487 Frankfurt
Tel.: (0 69) 97 78 46 08
Fax: (0 69) 70 46 35
E-Mail: info@dfh.org
Internet: www.dfh.org

Zitat aus der DFH-Broschüre: „Der DFH versteht sich als unabhängiges Beratungs- und Informationsgremium zu Fragen internationaler High School-Programme. (...) Die Einhaltung der durch die DFH-Richtlinien definierten Standards durch die Mitglieder wird kontinuierlich durch einen unabhängigen Fachbeirat überprüft."

➔ **Mitglieder:** AIFS, DFSR, GIVE, GLS, into, intrax (ehemals Ayusa), iST, Kaplan, STEP IN, team!, Travelworks

Intermundo
Gerberngasse 39
CH-3000 Bern 13
Tel.: (0 31) 3 26 29 20
Fax: (0 31) 3 26 29 23
E-Mail: info@intermundo.ch
Internet: www.intermundo.ch

Zitat aus der Intermundo-Broschüre: „INTERMUNDO ist der Schweizerische Dachverband nicht gewinnorientierter Jugendaustauschorganisationen. Er wurde 1987 gegründet und bezweckt, durch Förderung von Jugend-austausch eine Verbesserung der interkulturellen Verständigung zu erreichen."

➔ **Mitglieder:** AFS, Agroimpuls, gvsi, ICYE, IFYE, PRO FILIA, Rotary, SCI, Stiftung Jugendaustausch, WorkCamp Switzerland, YFU

CSIET (Council on Standards for International Educational Travel)
212 South Henry Street
USA-Alexandria, VA 22314
Tel.: (7 03) 7 39 90 50
Fax: (7 03) 7 39 90 35
E-Mail: mailbox@csiet.org
Internet: www.csiet.org

Auszug aus den CSIET-Aufgaben: „CSIET ist eine private gemeinnützige Organisation, die es sich zur Aufgabe gemacht hat, Standards für internationale Austausch- und Lehrprogramme zu entwickeln, zu überprüfen und zu verbessern. Jährlich veröffentlicht CSIET eine Liste der Organisationen, deren Programm mit den CSIET-Standards übereinstimmen."

Worauf muss ich achten?

Wir haben uns mit den persönlichen Voraussetzungen befasst, die zum erfolgreichen Schüleraustausch notwendig sind. Danach folgten Tipps zur Wahl einer geeigneten Organisation. Beide Kapitel hatten eins gemeinsam: messbar oder kategorisierbar waren die meisten Dinge nicht. Ob jemand geeignet ist oder nicht, ist nicht immer mit abschließender Bestimmtheit zu sagen.

Bei allen aufgeführten Schwierigkeiten möchten wir aber zur Beruhigung sagen, dass es sich beim Schüleraustausch nicht um eine moderne Variante von russischem Roulette handelt. Die Untersuchung hat ergeben, dass es durchaus gewisse Praktiken von Organistionen gibt, die als Indikatoren für unseriöse Arbeitsweise stehen können. Unsere Schlussfolgerung daraus: Wer meint, in einem bestimmten Bereich dem Kunden die Unwahrheit bzw. nur die halbe Wahrheit erzählen zu müssen, dem sollte man auch auf anderen Gebieten mit Vorsicht begegnen. Im Folgenden betrachten wir fünf besonders sensible Bereiche, die einer Erläuterung bedürfen.

Reiserecht im Schüleraustausch

Der Schüleraustausch war juristisch gesehen jahrelang eine Grauzone. Etwa die Hälfte der Anbieter nutzen bereits das Bewerbungsformular zum späteren Vertragsabschluss. Die allgemeinen Geschäftsbedingungen waren häufig irgendwo in der Werbebroschüre abgedruckt. Vereinzelt blieben den Schülern nur ein bis zwei Tage Zeit, ihre Koffer zu packen, wenn die Gastfamilienadresse feststand - eine Situation, die gerade für die Eltern unerträglich war. Das Bundesjustizministerium nutzte den Gesetzestext im Reiserecht (§ 6511 BGB), um Austauschschüler vor windigen Organisationen zu schützen. Ihre Vertreter haben in Zusammenarbeit mit Austauschorganisationen und Fachverbänden eine neue Fassung erarbeitet, die seit 01.09.2001 gilt. Die wichtigsten Änderungen:

- Eindeutige Vertragsregelung: Nach erfolgreicher Bewerbung wird ein Vertrag ausgehändigt, der erst nach Unterschrift der Eltern rechtskräftig ist.
- Die Anschrift von Familie und Betreuer im Gastland muss zwei Wochen vor Reisebeginn vorliegen und ein geregelter Schulbesuch gewährleistet sein. Diese Regelung sagt allerdings nichts über den Reisetermin aus. Es ist weiterhin möglich, dass Schüler nach Schuljahresbeginn im Gastland eintreffen oder bei einer Übergangsfamilie untergebracht werden.
- Vorbereitungsarbeit: Sie muss so gestaltet sein, dass die Schüler über die Eigenheiten des Gastlandes informiert sind und wissen, wie sie damit zurechtkommen können.
- Zusammenleben von Schülern und Gastfamilie: Die Gastfamilie muss in der Lage sein, den integrationswilligen Schüler angemessen zu betreuen.

Nicht alles ist regelbar...

Letztendlich lässt sich der Erfolg des Austauschschuljahres nicht durch Gesetze regeln und durch Gütesiegel messen. Es kommt darauf an, was der Einzelne daraus macht und wie die Erfahrungen verarbeitet werden. Der vollständige Gesetzestext ist im Internet unter www.schueleraustausch.de zu finden.

Vertragsabschluss

Folgende Dinge sollten beim Vertragsabschluss berücksichtigt werden:
- Wer ist mein Vertragspartner? Ist die Organisation, mit der ich verhandle, eventuell nur ein Vermittler für eine andere Organisation, die wiederum den Schüler an eine amerikanische Partnerorganisation weitervermittelt? Ist ein (gemeinnütziger) Verein nur vorgeschoben, während die Abwicklung des Programms einer GmbH „anvertraut" wird? Wer von beiden haftet bei welchen Mängeln?
- Wo ist mein Vertragspartner ansässig? Ist der Gerichtsstandort im Falle von Streitigkeiten für mich leicht erreichbar?
- Schließe ich einen Vertrag nach deutschem Recht mit einem deutschen Vertragspartner ab?
- Werden die Vertragsklauseln (Fälligkeit der Beträge, Rücktrittsregelungen, Haftungsausschlüsse, etc.) genau formuliert?
- Preisklarheit: Ist der erwartbare Gesamtpreis (inklusive möglicher Zusatzkosten) für mich ersichtlich?
- Wird dem Teilnehmer nach Vertragsabschluss ein Sicherungsschein nach § 651k BGB überreicht?

Rechtlicher Status der Organisation

Keine Angst, jetzt kommt keine trockene juristische Vorlesung, aber ein paar Worte über den sehr bunt geschnürten Strauß an möglichen Rechtsformen sollte man dennoch verlieren. Insbesondere, weil die verwirrende Vielzahl von Möglichkeiten immer wieder dazu führt, dass Anlaufstellen falsche Empfehlungen über eine Organisation bezüglich ihres rechtlichen Status geben.

Zuallererst muss man die Rechtsform einer Organisation strikt von ihrem steuerlichen Status trennen. Die Aussage von der Mitarbeiterin eines Amerikahauses: „Ich empfehle nur eingetragene Vereine, weil die gemeinnützig sind" ist so grundlegend falsch, dass Aufklärung bitter nötig ist.

Rechtsform	Kürzel	Erläuterungen
Offene Handelsgesellschaft	OHG	Erwerbsgesellschaften, die den Bedürfnissen des Wirtschaftslebens und damit notwendig oder doch in der Regel Erwerbszwecken dienen. Ausnahme bildet die GmbH, die wirtschaftliche oder auch ideelle Zwecke verfolgen kann (vgl. nächste Seite "steuerlicher Status"), wobei die gGmbH ausschließlich ideelle Zwecke verfolgt.
Stille Gesellschaft		
Kommanditgesellschaft	KG	
Aktiengesellschaft	AG	
(gemeinnützige) Gesellschaft mit beschränkter Haftung	gGmbH GmbH	
Genossenschaft		dient der Förderung der wirtschaftlichen Interessen der Mitglieder.
Stiftung		auf Ewigkeit angelegt; Zurverfügungstellung von Vermögen zu einem guten Zweck. Achtung: Eine Stiftung ist nicht identisch mit der amerikanischen foundation! Organisationen können zwar mit der Geschäftsform "foundation" ihres US-amerikanischen Partners werben; vergleichende Rückschlüsse über die Organisationsform und Gewinnabsichten dieser foundation mit der deutschen Stiftung sind daraus allerdings nicht abzuleiten.
BGB-Gesellschaft		kann wirtschaftliche und ideelle Zwecke verfolgen.
eingetragener Verein	e.V.	kann (wie eine GmbH) wirtschaftliche und ideelle Zwecke verfolgen. Achtung: Ein Verein ist nicht automatisch gemeinnützig. Denken Sie an Fußballvereine, bei denen es mit Sicherheit nicht nur um den guten Zweck geht, sondern i.d.R. um Millionenbeträge.
Einzelfirma		kann wirtschaftliche und ideelle Zwecke verfolgen. Ein von einer einzelnen Person gegründetes Unternehmen mit oder ohne Handelsregistereintrag.

Abbildung: Überblick über die wichtigsten Rechtsformen

Rein rechtlich muss zwischen Gesellschaften, die in der Regel Erwerbszwecken (= Profit) dienen und solchen, die auch ideellen Zwecken zur Verfügung stehen, unterschieden werden.
Die Untersuchung hat ergeben, dass die GmbH und der eingetragene Verein die häufigsten Gesellschaftsformen unter den Austauschorganisationen sind (GmbH 50%, eingetragener Verein 22%, gGmbH 4%). Vier Organisationen sind Einzelunternehmen, vier Anbieter haben keinen eigenen rechtlichen Status in Deutschland: ASSIST, FLAG, NWSE und Reflections. Diese Organisationen sind von ihrer amerikanischen Muttergesellschaft vollkommen abhängig. Im Prinzip handelt es sich hierbei um deutsche Repräsentanzen amerikanischer Organisationen.

Wie weiter vorne bei „Rechtsgrundlage" schon erläutert wurde, muss man bei dieser Organisationsform darauf gefasst sein, dass es im Falle von Rechtsstreitigkeiten unter Umständen große Schwierigkeiten geben kann. Wenn der Vertrag nämlich direkt mit einer amerikanischen Organisation zustande kommt, ist der Gerichtsstandort in aller Regel auch in den USA. Bei Rechtsstreitigkeiten mit der Organisation müssen Sie dann (auf Englisch mit einem amerikanischen Rechtsanwalt) vor einem amerikanischen Gericht klagen.

Der steuerliche Status einer Organisation geht nicht unbedingt mit ihrer Geschäftsform einher. So kann eine GmbH durchaus gemeinnützig sein und ein Verein auch kommerzielle Ziele verfolgen.

Es gibt zwei Möglichkeiten: entweder, eine Organisation ist als gemeinnützig anerkannt oder sie ist es nicht. Eine gemeinnützige Organisation muss einen gültigen Körperschaftssteuerfreistellungsbescheid (KSFB) vorweisen können. Bei der Untersuchung stellte sich heraus, dass etwa drei Viertel der Organisationen nicht gemeinnützig sind. Zwölf Anbieter konnten ihren gemeinnützigen Status durch Vorlage eines KSFB nachweisen.

Die gemeinnützigen Organisationen versenden insgesamt 4.582, die nicht gemeinnützigen Anbieter 10.142 Teilnehmer in die weite Welt. Dagegen empfangen gemeinnützige Organisationen 1.546 und nicht gemeinnützige Anbieter 344 ausländische Schüler in Deutschland.

In diesem Zusammenhang müssen ein paar Worte zum Thema

„Gemeinnützigkeit" verloren werden. Die Gemeinnützigkeit scheint für viele Menschen ein Gütesiegel für die ehrlichen Absichten einer Organisation zu sein. Getreu dem Motto „Wer mit Schüleraustausch Geld macht, handelt unmoralisch", wird der Schüleraustauschmarkt in gemeinnützig und kommerziell aufgeteilt. Schulen legen häufig nur das Material von Gemeinnützigen aus, und verschiedene Publikationen auf dem Markt erheben die Gemeinnützigkeit zu einem alleinigen Beurteilungskriterium.

Wichtiger ist vor allem ein ausführliches persönliches Bewerbungsgespräch, eine intensive Vor- und Nachbereitung für Eltern und Schüler (die obligatorisch und möglichst im Grundpreis enthalten sein sollte) und professionelle Hilfe im Notfall (siehe dazu auch den Tabellenteil weiter hinten im Buch und das Kapitel "Kriterien für besonders gute Arbeit").

Platzierungsgarantie

Unsere Recherchen haben ergeben, dass ABI vor einigen Jahren versucht hat, Organisationen dazu zu bewegen, eine Platzierungsgarantie zu geben. Mittlerweile verlangt ABI dies nicht mehr, weil man wohl eingesehen hat, dass eine Platzierung bei einer freiwilligen Gastfamilie eben nicht garantierbar ist (siehe „Rechtsgrundlage"). Auch nach langen Recherchen und unzähligen Gesprächen mit Organisationen in Deutschland und im Ausland konnte uns keiner ein Geheimrezept für eine garantierte Platzierung geben. Selbst bei ABI sagte man uns resigniert, dass eben alles „vom Goodwill" abhänge. Die Frage ist, ob das wirklich so negativ zu bewerten ist, wie es sich anhört. Szenarien, in denen Gastfamilien für die Aufnahme eines Gastschülers bezahlt und vertraglich gebunden werden, haben nur in unseren Alpträumen Platz. Von dem eigentlich ideellen Grundgedanken des Schüleraustausches bliebe bei einer solchen Vorgehensweise sicherlich nicht mehr viel übrig.

Führerschein

Es gibt nur noch ganz wenige Organisationen und Bundesstaaten in den USA, die den Austauschschülern erlauben, ihren Führerschein zu machen. Dies hat vor allem versicherungstechnische Gründe. Rein formell besteht diese Möglichkeit zwar in einigen Fällen tatsächlich, aber ruhig schlafen könnten wir nicht, wissend, dass ein ehemaliger Austauschschüler mit frischem US-Führerschein in der Tasche auf deutschen Straßen umherbraust. Dabei zeigt die Erfahrung, dass der US-amerikanische Führerschein mit dem deutschen eigentlich nur in einem Punkt vergleichbar ist: Sie berechtigen beide zum Steuern eines Autos. Die Anforderungen jedoch, die zum Erhalt dieses Dokumentes gestellt werden, sind in beiden Ländern so grundverschieden, dass ein Vergleich nicht zulässig ist.

Hier die Tatsachen:
- Zur Erlangung des US-amerikanischen Führerscheins führen zwei Wege: privater Fahrunterricht in einer Fahrschule oder Fahrunterricht an der High School. Letzteres ist der kostengünstigere Weg. Bis auf eine Gebühr für die Fahrprüfung muss kein Geld gezahlt werden.
- Der Fahrunterricht in der High School (drivers education) setzt sich aus dem Theorieteil (Unterricht in der Klasse) und dem Praxisteil (Fahrunterricht beim Fahrlehrer) zusammen. Wenn die Schule zustimmt und genügend Plätze frei sind, dürfen auch Austauschschüler an diesem Kurs teilnehmen.
- Vorsicht: die amerikanischen Verkehrsregeln unterscheiden sich erheblich von den deutschen Verkehrsregeln. So sind z. B. die Vorfahrtsregeln vollkommen anders definiert. Das erfolgreiche Bestehen der amerikanischen Fahrprüfung sagt nichts über die Fähigkeit aus, im deutschen Verkehr mithalten zu können!
- Nochmal Vorsicht: die praktische Fahrprüfung ist in den USA sehr viel leichter zu bestehen als in Deutschland. Eine einzige Fahrstunde ist oftmals ausreichend. Die Straßen sind leerer, die Autos langsamer, die Parkplätze größer und die Fahrspuren breiter. Zudem wird oft auf Automatikwagen unterrichtet.
- Uns ist keine Versicherung bekannt, die einem Schüler Versicherungsschutz gewährt, wenn er nach bestandener Fahrprüfung in den USA auf öffentlichen Straßen fährt. Die meisten Organisationen weisen daher mit Recht darauf hin, dass der Führerschein nach der Prüfung eingezogen und erst nach Beendigung des Programms wieder an den Schüler ausgehändigt wird.

- Das Umschreiben des amerikanischen Führerscheins ist nicht so problemlos möglich. Da annähernd jede Kommune in Deutschland hierfür eigene Regelungen hat, ist es sehr schwer, allgemeingültige Vorgehensweisen zu beschreiben. Fest steht, dass der amerikanische Führerschein nach Ablauf des auf ihm eingestempelten Datums seine Gültigkeit verliert (in der Regel gilt er zwei Jahre). Zu diesem Zeitpunkt erwarten die Kommunen oft einen Nachweis, dass der betreffende Schüler über eine gewisse Zeit an Fahrpraxis in Deutschland verfügt. Dann werden normalerweise die Pflichtfahrstunden (Autobahn, Landstraße und Nachtfahrt), sowie die theoretische und praktische Fahrprüfung sowie Sehtest und Erste-Hilfe-Kurs noch zusätzlich verlangt.

Mehr dazu im Internet:
www.adac.de

High School-Diploma

Pro Beurteilungszeitraum (Quartal, Trimester oder Semester) bekommt der amerikanische Schüler ein Zeugnis ausgestellt, in dem die Leistungen der belegten Fächer benotet werden. Soweit ist das amerikanische Schulsystem dem deutschen ähnlich. Zum Abschluss der zwölften und letzten Klasse an einer High School (der senior class) wird jeder Schüler auf einer besonderen Abschlussfeier (graduation ceremony) geehrt. In diesem Rahmen bekommt er ein High School-Diploma überreicht, das ihm den erfolgreichen Abschluss der High School bestätigt.

Für die weitere Laufbahn des Schülers ist aber nicht das Diploma, sondern sind die im Laufe seiner High School-Zeit erworbenen „credits" von Bedeutung. Bei diesen Credits handelt es sich um eine Art Punktzahl, die für jedes belegte Fach vergeben wird. Zur Erlangung eines Diplomas, welches zum Studium an der Universität berechtigt, sind in jedem Fach eine bestimmte Anzahl von Credits erforderlich.

Dem deutschen Austauschschüler wird oft das High School-Diploma nicht überreicht, selbst wenn er in der Senior Class war und auch an den Abschlussfeierlichkeiten teilnehmen darf. Grund hierfür ist, dass

ein Austauschschüler in einem Schuljahr natürlich nicht die gleiche erforderliche Anzahl von Credits sammeln kann, wie ein amerikanischer Schüler in vier High School-Jahren. Die in Deutschland erbrachten schulischen Leistungen sind nur schwer mit den Anforderungen des amerikanischen Schulsystems vergleichbar, so dass ein Übertrag der Leistungen von einem auf das andere System nur selten möglich ist.

Anstatt des Diplomas bekommen Austauschschüler auf der Graduation Ceremony daher oft ein „certificate of attendance" (Anwesenheitsbescheinigung) ausgehändigt. Diese sieht dann genauso schmuck aus wie das Diploma, ist aber rechtlich nichts wert. Austauschorganisationen, die in ihren Broschüren die Möglichkeit zur Erlangung des High School-Diploms hervorheben, wecken bei den Schülern falsche Hoffnungen.

Aber ob man das Diploma nun bekommt oder nicht, spielt eigentlich keine so große Rolle. In Deutschland entbindet das amerikanische High School-Diploma den Schüler nicht von seiner Schulpflicht. Der materielle Wert des Diplomas ist höchstens mit dem mittleren Bildungsabschluss (Realschulabschluss, mittlere Reife) gleichzusetzen. Es berechtigt noch nicht einmal zum Eintritt in die gymnasiale Oberstufe.

Auf entsprechende Nachfrage zeigte man sich dann in den Kultusministerien auch verwundert über die Wichtigkeit, die diesem Dokument so oft beigemessen wird. Der zuständige Referent im niedersächsischen Ministerium sagte dazu: „Es ist eben werbewirksam, mit so einem Dokument zu locken."

Wer nun aber tatsächlich den Wunsch hegt, in den USA zu studieren, der muss (neben einer Reihe von Eignungstests, wie die SATs und TOEFL) sowieso seine gesammelten Credits vorweisen können. Ein Diploma hilft ihm auf dem Weg zur amerikanischen Uni genauso viel oder wenig wie ein Certificate of Attendance oder ein amerikanisches bzw. ein deutsches Zeugnis.

Im Preis enthalten ...

Man hat ja nun schon viel gehört, worauf man bei der Wahl einer Austauschorganisation achten soll. Angebote sinnvoll zu vergleichen ist nicht gerade einfach. Wir empfehlen daher in diesem Zusammenhang nochmals den ausführlichen Tabellenteil am Ende dieses Buches. Hierfür wurden nämlich die Angebote der verschiedenen Organisationen „auf einen Nenner gebracht". Das trägt zur Vergleichbarkeit bei.
Ein Beispiel: Viele Organisationen listen einen Grundpreis, der durch viele kleinere Nebenkosten ergänzt wird. Das Resultat ist, dass man nie ganz genau weiß, ob und was denn nun in dem angegebenen Preis alles enthalten ist.

> **Erwartbarer Endpreis**
>
> Aus diesem Grund wird im Tabellenteil dieses Buches ein erwartbarer Gesamtpreis errechnet. Damit werden Preise und Leistungen der Organisationen vergleichbarer.

Wenn Sie die Broschüre einer beliebigen Austauschorganisation neben den Referenzteil dieses Buches legen, werden Sie feststellen, dass von den Organisationen aufgezählte Leistungen vielleicht hier gar nicht auftauchen. Oft sind die Auflistungen in den Broschüren ellenlang, ohne dass man sich genau etwas darunter vorstellen kann. Was ist unter einem Teilnahmezertifikat zu verstehen? Wieso muss man für die amerikanische High School eingeschrieben werden? Welche Art von Betreuung kann man von der amerikanischen Partnerorganisation erwarten? Was ist eigentlich eine Visumsberechtigung?
Diese und viele andere wohlklingende Dinge werden unter der Überschrift „Unsere Leistungen" dem Kunden in zahlreichen Broschüren versprochen. Im Nachfolgenden soll aufgeschlüsselt werden, was eigentlich genau Leistungen einer Schüleraustausch-Organisation sind, was Leistungen sein können, welche Leistungen erbracht werden müssen, und welche sogenannte „Leistungen" eher unter die Rubrik „Spaltenfüller" fallen.

„Unterbringung und Verpflegung bei einer netten Gastfamilie"

Es ist uns unverständlich, warum dies immer wieder als Leistung der Organisation aufgezählt wird. Dass für den Schüler eine Gastfamilie gesucht wird, ist nicht eine großartige Leistung der Organisation, sondern Sinn und Zweck des Vertrages zwischen Organisation und ihren Kunden. Wenn wir ein Auto kaufen, steht im Kaufvertrag ja auch nicht: „Unsere Leistung ist, dass Sie ein fahrtüchtiges Auto bekommen."
Noch schlimmer ist der Zusatz „und Verpflegung". Damit hat die Organisation nun wirklich gar nichts zu tun. Denn, wie mittlerweile klar sein dürfte, die meisten Familien bekommen für die Aufnahme des Gastschülers keinen Cent zu sehen. Sie nehmen den Schüler aus rein ideellen Gründen auf. Demnach ist also auch die Verpflegung eine unentgeltliche Investition der aufnahmewilligen Gastfamilie und nicht eine von der Organisation erbrachte Leistung. In einigen anderen Ländern wie Australien oder Neuseeland weden die Familien von den meisten Organisationen dagegen bezahlt.

Abschließend ist zu bemerken, dass sich die Formulierung „nette Gastfamilie" zwar angenehm liest, aber völlig irreführend ist. Keine Organisation kann nämlich eine Garantie für den Grad der Nettigkeit einer vermittelten Gastfamilie übernehmen. Ob man jemanden nett findet oder nicht, ist eine hochgradig subjektive Bewertung. Freundlich oder nicht, das entscheidet sich erst in dem langen Prozess des Zusammenfindens von Gastfamilie und Schüler. Daher ist eine „nette Gastfamilie" höchstens eine wohlklingende Versprechung, aber mit Sicherheit keine Leistung der Organisation.

„Flugbuchung auf Wunsch"

Hier empfiehlt es sich, genau hinzusehen. In diesem Satz steht nichts davon, dass tatsächlich auch der Flug im Preis enthalten ist. Auf Wunsch nimmt die Organisation nur durch ein Reisebüro die Buchung für den Schüler vor. Bezahlt werden muss extra. Noch schlimmer ist es, wenn der Zusatz „auf Wunsch" fehlt. Dann nämlich ist die Flugbuchung durch die Organisation obligatorisch, bezahlt werden muss der jeweils erzielte Preis. Dieser kann sehr hoch sein, abhängig vom Buchungszeitpunkt. Wird der Schüler erst spät platziert, muss die

Buchung oft im letzten Moment vorgenommen werden. Organisationen, bei denen der Flug im Gesamtpreis enthalten ist, haben für den Kunden einen großen Vorteil: Sie haben in der Regel ein gewisses Kontingent an Tickets zum billigeren Jugendtarif vorgebucht. Diese Tickets rufen sie dann entsprechend der Platzierungen ab. Unabhängig ob Sie zu den früh- oder spätplazierten Schülern gehören, ist Ihnen bei diesen Organisationen ein Platz in einem Flieger sicher.

Noch ein weiterer Aspekt spielt beim Thema Flug eine Rolle. So schwanken die Flugpreise nicht nur abhängig vom Buchungszeitpunkt sondern selbstverständlich auch vom Flugziel. Die Hauptreiseziele an der amerikanischen West- und Ostküste kosten inklusive Zubringerflüge in Deutschland und den USA zwischen EUR 1.000 und EUR 1.400. In die Höhe schnellen die Preise aber in dem Moment, wo es sich bei dem Zielort nicht um einen sonderlich stark frequentierten Flughafen handelt und die Flugroute mehrmaliges Umsteigen erfordert. Plötzlich kostet ein Ticket von München nach McDermitt, Nevada gut EUR 1.800,-. Ist der Flugpreis in den Kosten bereits enthalten, braucht den Kunden dieser Preisunterschied nicht zu interessieren. Ist der Flugpreis aber nicht in den Gesamtkosten enthalten, muss man bei einer solchen Platzierung „weitab vom Schuss" dann für den Flug noch ordentlich draufzahlen.

Man könnte jetzt denken, dass die Organisationen, bei denen der Flugpreis im Gesamtpreis enthalten ist, dieses Preisrisiko voll auf ihre Programmpreise umlegen. Die Auswertung der Fragebogen hat aber ergeben, dass dies nicht der Fall ist. Vielmehr ist es so, dass bei Organisationen, die auf den ersten Blick günstig erscheinen, der erwartbare Gesamtpreis deutlich höher ist als der Gesamtpreis solcher Organisationen, bei denen der Flug schon von vornherein im Preis enthalten ist.

Wichtig sind die Leistungen...

Für alle diese Punkte gilt folgerichtig eine Empfehlung: Schauen Sie nicht zuerst auf den Preis, sondern zuerst auf die wirklichen Leistungen einer Organisation. Vergleichen Sie im Tabellenteil die erwartbaren Gesamtpreise - diese enthalten in jedem Fall obligatorische Dinge wie Flug und Versicherungen.

„Informationsveranstaltungen"

Hierbei handelt es sich nicht um Vorbereitungsveranstaltungen im eigentlichen Sinne, sondern schlicht und ergreifend um Werbeveranstaltungen der jeweiligen Organisation. Diese bezahlen Sie zwar durch den Programmpreis indirekt mit, aber als Leistungen sollten sie Ihnen wirklich nicht verkauft werden. Mit „Informationsveranstaltungen" sind nämlich die Infoabende gemeint, die die meisten Organisationen zur Kundenwerbung in vielen deutschen Städten durchführen.

„Schülertreffen, Vorbereitung für Schüler und Eltern, Seminare"

Hierbei nun handelt es sich um echte Vorbereitungsangebote der Organisationen. Unter Schülertreffen muss man sich oft ein eher zwangloses Zusammentreffen von ehemaligen und zukünftigen Schülern vorstellen. Hier können dann Erfahrungen ausgetauscht und Fragen gestellt werden. Oft wird so ein Schülertreffen den Ehemaligen auch unter der Rubrik „Nachbereitung" verkauft, was natürlich Augenwischerei ist. In Wirklichkeit werden in so einem Fall die Ehemaligen als (zugegeben sehr sinnvolle) Informationsquelle für die Zukünftigen benutzt. Damit das klar wird: Wir halten sehr viel von der Vorbereitung Zukünftiger durch Ehemalige – nur solch eine Vorbereitung als „Ehemaligentreffen" oder gar „Nachbereitungsseminar" zu verkaufen, ist schlicht unseriös.

Vorbereitungstreffen für Schüler und Eltern sind oft für die Eltern nach der Aufnahme des Schülers ins Programm die einzige Gelegenheit, noch einmal geballt wichtige Fragen stellen zu können. Deshalb werden diese Veranstaltungen meistens auch von hauptamtlichen Mitarbeitern der Organisationen durchgeführt.

Das Herzstück der Vorbereitung für den Schüler ist ein mehrtägiges Seminar. Hier stehen normalerweise sowohl ehemalige Schüler als auch hauptamtliche Mitarbeiter der Organisation zur Verfügung, so dass man sich intensiv mehrere Tage mit dem bevorstehenden Abenteuer beschäftigen kann.

Mehr zum Thema Vorbereitung finden Sie im Abschnitt „Die Arbeit der Organisation – chronologisch in sechs Schritten".

„Betreuung vor Ort durch unsere Partnerorganisation"

Auch hier finden wir es überflüssig, dass dieser Punkt als Leistung aufgezählt wird. Die Betreuung des Schülers durch eine Repräsentanz der Partnerorganisation ist nämlich nicht nur selbstverständlich, sondern zum Teil auch gesetzlich vorgeschrieben. Die beispielsweise vom amerikanischen Department of State festgelegten Regeln zum Schüleraustausch verpflichten eine Austauschorganisation dazu, sowohl mit dem Schüler als auch mit der Gastfamilie und der Schule während des Jahres regelmäßig in Kontakt zu stehen.

„Besuch und Betreuung an einer amerikanischen High School, Lehrbücher"

Noch so ein Punkt, der völlig selbstverständlich ist. Ist eine Gastfamilie gefunden, darf die amerikanische Partnerorganisation nur in dem jeweiligen Distrikt, in dem die Gastfamilie wohnt, einen High School-Platz suchen. Amerikanische Schüler müssen zu der für ihre Wohngegend zuständigen High School gehen. Da gibt es auch für ausländische Gastschüler keine Ausnahme (andere Regeln gelten für Privatschulen). Viele High Schools haben mittlerweile ein Kontingent an Austauschschülern, die sie pro Jahr aufnehmen. Hierfür gibt es insbesondere finanzielle Gründe: Für Gastschüler gibt es kein Geld. Auch die Schulen nehmen Austauschschüler nur aus ideellen Gründen auf. Ebenfalls falsch ist es, wenn die Organisation behauptet, dass die erforderlichen Schulbücher eine von ihr erbrachte Leistung sind. In Amerika herrscht vorwiegend Lernmittelfreiheit. Schüler bekommen die erforderlichen Bücher von der Schule für die Dauer des Schuljahres geliehen und müssen sie am Ende des Schuljahres wieder abgeben. Eine Leistung der Organisation ist dies mit Sicherheit nicht.

„Teilnahmezertifikat, -bestätigung oder -zeugnis"

Hierbei handelt es sich nicht um das vielfach diskutierte und heiß begehrte High School-Diploma! Was es damit genau auf sich hat, konnte weiter vorne in diesem Kapitel nachgelesen werden. Eine wie auch immer geartete Teilnahmebestätigung ist ein vielleicht hübsch

anzusehender, jedoch juristisch wertloser Zettel. Für den Nachweis einer lückenlosen Schullaufbahn sind nämlich allein von staatlichen Schulen ausgestellte Zeugnisse gültig.
Zeugnisse, die sog. „report cards", bekommt man als Gastschüler sowieso. Sie listen ähnlich den deutschen Zeugnissen die schulischen Leistungen eines Schülers pro Bewertungszeitraum (Quartal, Trimester oder Semester) auf. Eine Report Card ist jedoch nicht mit einem Diploma zu verwechseln. Bei dem Diploma nämlich handelt es sich um eine Art Abschlussurkunde, die amerikanischen Schülern im Rahmen eines feierlichen Aktes am Ende ihrer Schullaufbahn überreicht wird. Juristisch ist diese Urkunde für einen deutschen Schüler sowohl in Deutschland als auch in den USA wertlos (siehe weiter vorne in diesem Kapitel).

„Auswahlverfahren mit Schüler-Eltern-Gespräch"

Seit wann ist das Verkaufsgespräch eine besondere Leistung des Verkäufers? Im Ernst, natürlich handelt es sich bei dem Bewerbungsgespräch für ein Austauschjahr oft um mehr als um ein reines Verkaufsgespräch. Organisationen, die nicht jeden Schüler nehmen, der sich meldet, müssen oft hart selektieren. Im persönlichen Gespräch oder auch durch die ausführlichen Bewerbungsunterlagen wird manchmal klar, dass ein Schüler für das Auslandsabenteuer einfach (noch) nicht reif ist. Im Gegensatz also zu einem Verkaufsgespräch werden hier nicht nur die Vorzüge der angebotenen Ware (= dem Austauschjahr), sondern auch ihre Nachteile diskutiert. Zumindest sollten sie fairerweise diskutiert werden, damit der Austauschwunsch des Schülers auf den Prüfstand gestellt werden kann.
Ein Auswahlgespräch bezeichnen wir dann als echte Leistung, wenn es mindestens 2-3 Stunden dauert, von erfahrenen, möglichst hauptamtlichen Mitarbeitern durchgeführt wird und auf die individuellen Fragen, Bedürfnisse und Bedenken eingeht.

„Vorbereitungsmaterial und -handbücher"

Dies ist wieder eine echte Leistung der Organisationen. Ein gutes Schülerhandbuch kann Gold wert sein. Der Schüler kann es mitnehmen und sich bestimmte Regeln auch während des Jahres noch einmal vor Augen führen. Wurde das Handbuch von pädagogisch geschulten Mitarbeitern entwickelt, erfüllt es im Idealfall auch noch einen anderen Zweck: es fungiert als „Seelsorger" in depressiven Phasen. Gute Handbücher diskutieren demnach nicht nur den Kulturschock, sondern entwickeln Szenarien und geben Tipps, wie man damit umgeht.

„24-Stunden-Notfall-Telefon"

Wenn die Partnerorganisation im Gastland eine „rund um die Uhr" besetzte Hotline anbietet, ist dies ein sinnvoller Service. Insbesondere viele kleinere Organisationen können sich gerade solch einen administrativ aufwendigen Service nicht leisten. Eine Organisation, die deshalb in ein „rund um die Uhr" besetztes Büro investiert, handelt im Sinne der US-behördlichen Richtlinien geradezu mustergültig, allerdings handelt es sich hierbei nicht um eine vorgeschriebene Leistung.

„Beschaffung der erforderlichen Visa-Unterlagen"

Deutsche USA-Touristen, die weniger als drei Monate im Land bleiben, brauchen kein Visum zu beantragen. Für Praktika, Intensivsprachkurse, Schulbesuche u.ä. benötigt man immer ein Visum, auch wenn das Vorhaben weniger als 90 Tage dauert. Andere Nationaliäten sollten auf der Webseite der US-Botschaft nachsehen, ob ihr Land am Visa Waiver Programm teilnimmt.
Folgende Schritte sind notwendig, um der Visumspflicht nachzukommen:
- Die Austauschorganisation stellt ein ausgefülltes Formblatt DS-2019 zur Verfügung. (Achtung: das hier vermerkte Datum für Programmstart und -ende bedeutet nicht das Ein- und Ausreisedatum. Die Einreise kann bis 30 Tage vor Programmstart erfolgen. Die Ausreise wird erst beim Port of Entry in den Pass geschrieben. Steht dort kein Datum sondern d/s (duration of status), kann die Ausreise bis 30 Tage nach Programmende erfolgen.
- Zunächst muss das Antragsformular DS-160 vollständig und präzise auf Englisch mit einem digitalen Foto online ausgefüllt wer-

den. Danach wird der Antrag elektronisch eingereicht und man erhält eine einseitige Bestätigung, die ausgedruckt werden muss. Antragsteller müssen diese Bestätigung, den Zahlungsbeleg für die Visum-Gebühr, ihren Pass, ein Foto und das Formular DS-2019 oder I-20 zu ihrem Visumgespräch mitbringen. Dies findet in Berlin, Frankfurt oder München statt und kann entweder online unter www.usvisa-germany.com (Bearbeitungsgebühr 10 US-$) oder telefonisch vereinbart werden (09 00-1-85 0055 EUR 1,86/Min.).

Aktuelle Wartezeiten für die Erteilung eines Interviewtermins und Ausstellung des Visums kann man abfragen unter http://travel.state.gov/visa/temp/wait/wait_4638.html.
www.us-botschaft.de/visa
http://german.germany.usembassy.gov/visa/niv

- Das Visum wird auf dem Postweg zugesandt (Bearbeitungszeit bis zu 2 Wochen). Die Bearbeitungsgebühr beträgt EUR 128.
- Seit dem 01.09.2004 muss ein Zahlungsnachweis über US$ 180 SEVIS-Gebühr erbracht werden (SEVIS - Student and Exchange Visitor Information System: Internetgestützte Datenbank zur Kontrolle einreisender Schüler und Studenten). Einige Anbieter bezahlen diese Gebühr für ihre Teilnehmer - siehe Tabellenteil. Nähere Informationen unter: www.fmjfee.com/i901fee

Die Organisation steuert das Formblatt DS-2019 bei. Hierbei handelt es sich um eine Selbstverständlichkeit, derer Erwähnung es kaum bedarf; denn ohne DS-2019 kann der Austausch legal nicht stattfinden.

„Persönlicher Kontaktschüler vor der Abreise"

Auch hier handelt es sich nicht um eine Leistung der Organisation im eigentlichen Sinne. „Persönliche Kontaktschüler" sind nämlich ehrenamtlich tätige ehemalige Austauschschüler. Dank Computer und Kundendatenbanken findet man leicht einen Schüler, der in der Nähe eines zukünftigen Programmteilnehmers wohnt. Der Kontakt zwischen diesen beiden Schülern wird dann oft hergestellt. Über die Effektivität dieser Art von Vorbereitung oder die besondere Schulung der „persönlichen Kontaktschüler" ist uns allerdings nichts bekannt.

„Flug"

Hier muss man genau aufpassen. Der Flug in die USA beispielsweise besteht nämlich aus drei Komponenten: Zubringerflug in Deutschland, Transatlantikflug und Verbindungsflug in den USA (und zurück). Der Tabellenteil in diesem Buch erleichtert das Studieren der Angebote: Übersichtlich wird genau aufgelistet, welche dieser drei Komponenten bei welcher Organisation im Preis enthalten sind.

„Versicherung"

Das Department of State schreibt vor, dass ein Austauschschüler für die Dauer seines Aufenthaltes krankenversichert sein muss. Mehr dazu im Internet: http://exchanges.state.gov

Die Behauptung, dass die Versicherung des Schülers in den USA über eine 24-Stunden-Notruf-Telefonnummer verfügen muss, ist falsch. Für amerikanische Ärzte oder Krankenhäuser genügt eine schriftliche Bestätigung der Versicherung (auf Englisch!) zum Nachweis eines bestehenden Versicherungsschutzes. Bei kleineren Rechnungen tritt der Patient meistens sowieso in Vorleistung und rechnet hinterher mit seiner Versicherung ab.

Wer beschließt, sich für den USA-Aufenthalt selbständig mit Versicherungsschutz zu versorgen (soweit dies die Organisation zulässt), sollte unbedingt sicherstellen, dass alle Eventualitäten in der Versicherung enthalten sind (dies ist bei deutschen Privatversicherungen normalerweise der Fall). Ist dies nicht so oder bleiben Unsicherheiten bestehen, ist der Abschluss der von der Organisation angebotenen Versicherung in jedem Fall empfehlenswert. Hier können Sie sich darauf verlassen, dass der US-behördlich vorgeschriebene Versicherungsschutz auch erfüllt wird.

Übrigens ist es normal, dass bei den von den Organisationen angebotenen Versicherungspaketen pro Schadensfall Bearbeitungsgebühren erhoben werden. Viele Organisationen geben dies leider in ihren Broschüren nicht an.

VII Tabellenteil

Regeln zum Tabellenteil

Die einzelnen Doppelseiten des nachfolgenden Tabellenteils repräsentieren eine Organisation und bestehen jeweils aus drei Elementen: den Tabellen (Außenspalten), den individuellen Texten (Innenspalten) sowie der Tabelle mit Angaben zum Schüleraustausch weltweit.
Die Tabellen wurden auf der Grundlage der Antworten und Nachweise der jeweiligen Organisationen zu einem Fragebogen erstellt.
Der individuelle Text „Philosophie der Arbeit" wurde von der Organisation selbst geliefert oder deren Broschüren entnommen.
Die Erstellung der Tabellen erfolgte nach bestimmten Regeln, die nachfolgend näher erläutert werden:

- Die aufgelisteten Punkte in den Feldern „Informationsmaterial", „Bewerbungsverfahren", „Leistungen der Organisationen im Grundpreis", „Drittleistungen im Grundpreis", „Angebote und Leistungen der USA Partnerorganisation", „Spätplatzierungen" und „1/2 Schuljahr im Angebot" sind immer gleich. Erst durch ein **Häkchen** (✓) vor einem Punkt wird angegeben, dass dieser auf die jeweilige Organisation zutrifft.
- Ein **leeres Feld** gibt an, dass der Punkt bei der Organisation an dieser Stelle nicht vorhanden ist.
- **Text in Anführungszeichen** („...") ist immer ein Originalzitat aus dem Fragebogen, bzw. den Informationsmaterialien der jeweiligen Organisation.
- Um eine Vergleichbarkeit der Preise zu ermöglichen, wurden die US$ Preisangaben einer Organisationen in EUR umgerechnet. 1 US$ entspricht hierbei ca. EUR 0,70.

Allgemeine Angaben zur Organisation

Neben dem vollständigen Namen der Organsation ist hier auch die Anschrift angegeben. Hiermit ist immer der Hauptsitz einer Organisation in Deutschland gemeint. Bei juristisch in Deutschland nicht selbständigen Organisationen

steht hier die Anschrift der Hauptvertretung in Deutschland.
Die Kommunikationsdaten beinhalten neben Telefon- und Fax-Nummer auch die Adressen für E-Mail und Internet.

Anzahl Nebenstellen

Hier zählen nur Nebenstellen in Deutschland. Eventuell bestehende Nebenstellen im Ausland (auch deutschsprachiges Ausland) sowie Stellen, die lediglich Bewerbungsgespräche führen, bleiben unberücksichtigt. Ein nach Postleitzahl-Bereichen sortiertes Nebenstellen-Verzeichnis befindet sich im Anhang (Verzeichnis Postleitzahlen).

Rechtsform

Für eine Beschreibung der unterschiedlichen Rechtsformen siehe Abschnitt „Rechtlicher Status der Organisation".
Hat die Organisation in Deutschland keinen eigenen rechtlichen Status, so steht hier „nicht selbständig".

Gemeinnützigkeit in Deutschland

- Hier erscheint nur dann ein „ja", wenn die betreffende Organisation eine Kopie eines gültigen Körperschaftssteuerfreistellungsbescheides (im Verlauf „KSFB") vorgelegt hat. Die Organisationen, die bei der Vorauflage des Buches einen gültigen KSFB vorweisen konnten, für die Bearbeitung der Neuauflage aber nicht, wurden in den Tabellen mit der Bezeichnung „aktueller KSFB liegt nicht vor" gekennzeichnet.
- Bei Vorlage eines gültigen vorläufigen KSFB steht hier „vorläufig".
- Bei Organisationen, die bei der Vorauflage des Buches keinen, einen bereits damals veralteten oder einen jetzt ungültig gewordenen vorläufigen KSFB vorlegten und für die Neuauflage des Buches trotz mehrmaliger Aufforderung keinen gültigen KSFB zur Verfügung stellten, wurde in beschreibender Form der derzeit nachgewiesenen Stand der Dinge dargelegt.
- Der gemeinnützige Status einer (auch gleichnamigen) ausländischen Partnerorganisation ist nach deutschem Recht nicht verpflichtend und bleibt deshalb hier unberücksichtigt.

Gründungsjahr

- Bezieht sich immer auf das Gründungsjahr einer Organisation in Deutschland, unabhängig von ihrer Rechtsform. Eventuell länger bestehende Existenz einer (auch gleichnamigen) ausländischen Partnerorganisation bleibt unberücksichtigt.
- Wenn eine Organisation die Rechtsform zu einem bestimmten Zeitpunkt gewechselt hat, wird in Klammern angemerkt, seit wann die jetzt gültige Rechtsform besteht.

USA High School-Programm seit...

Bezieht sich immer auf die Durchführung dieser Programme durch eine deutsche Organisation (vgl. „Gründungsjahr"). Eventuell längere Durchführung dieser Programme durch eine (auch gleichnamige) Partnerorganisation bleibt unberücksichtigt.

USA Partner

Hier ist die amerikanische Parnerorganisation genannt. Es können auch mehrere Partner sein.

Spätplatzierung

Hier wird dargestellt, ob Schüler zu vorgebuchten Terminen abfliegen, und in Ausnahmefällen beim Area rep oder bei Welcome families untergebracht werden, oder ob sie ihre Reise erst nach erfolgter Platzierung antreten. Diese Unterscheidung ist keine inhaltliche Bewertung, sondern dient lediglich zur Information.

Bewerbungsfrist

Viele Organisationen bieten noch Bewerbungsmöglichkeiten nach Ablauf der Bewerbungsfrist. Dies ist dann meist von „noch zur Verfügung stehenden Plätzen" abhängig. Oftmals kostet eine verspätete Bewerbung zusätzliche

Gebühr. In den Tabellen werden nur die offiziellen Bewerbungsfristen genannt. Fristverlängerungen und ihre Bedingungen bleiben unberücksichtigt.

Stipendien

Hier wird angegeben, ob die Organisation Stipendien vergibt. Die Details dazu finden Sie im Kapitel "Stipendien".

Bewerbungsverfahren

Nach Einsendung eines Bewerbungsformulares sind hier die Verfahren der Organisation vermerkt. Es können auch mehrere Verfahren gleichzeitig (nicht optional) angewandt werden.

Grundpreis

Hier ist der Grundpreis für das aktuelle Schuljahr genannt. Bei Redaktionsschluss noch nicht endgültige Preise, sowie Preise, die in US$ zu zahlen sind, wurden mit „ca." gekennzeichnet.

Leistungen der Organisationen im Grundpreis

- Ein **Treffen** ist eine wie auch immer geartete Zusammenkunft, deren Dauer einen Tag nicht überschreitet. Es ist unabhängig von anderen Veranstaltungen, wie z.B. Bewerbungsgesprächen.
- Ein **Seminar** dauert minimal 2 Tage, beinhaltet minimal eine Übernachtung und findet in sinnvollem Abstand (ca. 2 - 3 Monate) vor Abflug statt.
  Mit der Differenzierung zwischen „Treffen" und „Seminar" ist keine inhaltliche Bewertung verbunden.
- **Elternabende** finden statt, während die Schüler in den USA sind. Auch sie sind unabhängig von anderen Veranstaltungen, wie z.B. Infotage der Organisation.
- **Gruppenflug-Begleitung** bedeutet in der Regel die Begleitung auf einem Gruppenflug ab etwa 15 Teilnehmern ab dem internationalen deutschen Flughafen in die USA.

Drittleistungen im Grundpreis

- **Versicherungen:**
  Der überwiegende Teil der Organisationen bietet bereits im Grundpreis oder optional ein Versicherungs-Paket an. Dieses Paket enthält in der Regel die vorgeschriebene Kranken- und die sinnvolle Unfall- und Haftpflichversicherung. Sind in dem Paket weitere Versicherungen enthalten, so werden diese in dem Feld „Besonderheiten" aufgelistet.

- **BRD Inland-Flug**
  ist der Flug/die Flüge vom Startflughafen (nächstgelegener Flughafen vom Wohnort des Teilnehmers) hin zum internationalen deutschen Flughafen, von dem aus der Transatlantikflug startet.

- **USA Inland-Flug**
  ist der Flug/die Flüge, die den Ankunftsflughafen des Transatlantikfluges mit dem Zielflughafen des Teilnehmers (nächstgelegener Flughafen zum Wohnort der Gastfamilie) verbindet.

Angebote und Leistungen der USA-Partnerorganisation

Diese Angebote und Leistungen können je nach Bedarf und Individualität des Schülers oder Betreuers variieren.

Erwartbare zusätzliche Kosten

Hier werden alle Kosten angegeben, die durch die Felder „Leistungen der Organisationen im Grundpreis" und „Drittleistungen im Grundpreis" nicht abgedeckt sind.

- *Versicherungen*
  Es wird nicht davon ausgegangen, dass der Austauschschüler bereits über den erforderlichen bzw. sinnvollen Versicherungsschutz, bestehend aus Kranken-, Unfall-, und Haftpflicht-Versicherung verfügt. Bei dem überwiegenden Teil der Organisationen ist ein aus diesen Versicherungen bestehendes Versicherungs-Paket bereits im Grundpreis enthalten oder wird optional angeboten. Soweit Versicherungen nicht im Grundpreis enthalten sind („Drittleistungen im Grundpreis"), gilt folgendes:
  Als zusätzliche Kosten sind hier optional angebotene Versicherungen bzw. Versicherungs-Pakete der Organisation angegeben.

Hat die Organisation keinen Preis für ein Versicherungspaket angegeben, werden hier pauschal EUR 500 (für 10 Monate) für Kranken-, Unfall- und Haftpflicht-Versicherung angegeben.
Einzelne, nicht im Versicherungs-Paket enthaltene Versicherungen werden ebenfalls pauschal angegeben, sofern die Organisation keine Preise hierfür nennt: EUR 350 für die Kranken-, EUR 100 für die Unfall- und EUR 50 für die Haftpflicht-Versicherung.

- *Flugkosten*
  Bei Organisationen, die den Flug nicht im Grundpreis enthalten haben, wurden pauschal EUR 1.350 für alle Flugkosten angesetzt (Ausnahme: wenn ein anderer Flugpreis in den Informationsmaterialien angegeben war). Für einen fehlenden Inland-Flug Deutschland wurden pauschal EUR 100 angesetzt. Dies gilt auch dann, wenn die jeweilige Organisation nur die Reise von bestimmten deutschen Flughäfen im Grundpreis enthalten hat. In solch einem Fall kann man nicht grundsätzlich davon ausgehen, dass ein Teilnehmer auch in der Nähe einer dieser Flughäfen wohnt.
- *Vor- und Nachbereitung*
  Als zusätzliche Kosten sind hier optional angebotene Vor- und Nachbereitungs-Seminare angegeben, sofern diese nicht bereits im Grundpreis enthalten sind.
- *Gebietszuschlag*
  siehe unter „Besonderheiten".

Erwartbarer Endpreis

Dieser Preis ergibt sich aus der Summe von Grundpreis und den erwartbaren zusätzlichen Kosten.

> Zu den hier genannten und in den Tabellen dargestellten Kosten kommen ca. US$ 250 - 300 Taschengeld pro Monat, EUR 128 für die Beantragung des Visums sowie US$ 180 SEVIS-Gebühr hinzu.

Besonderheiten

Hier werden Besonderheiten der Organisation beschrieben, z.B. zusätzliche Leistungen und Angebote, die aufgrund ihrer relativen Alleinstellung nicht tabellarisch erfasst werden konnten oder die Mitgliedschaft in Verbänden.

Gebietszuschlag
Von einigen Organisationen wird ein Platzierungszuschlag für ein besonders „attraktives" Gebiet (Kalifornien, Florida, ...) verlangt. Da viele Schüler sich bei einer Wahlmöglichkeit für eines dieser Gebiete entscheiden, kann dies zu einer zum Teil erheblichen Erhöhung des „erwartbaren Endpreises" führen. Die von einer Organisation verlangten Zuschläge werden hier deshalb mit dem Hinweis: **„Achtung! Der erwartbare Endpreis kann sich aufgrund eines Gebietszuschlages um EUR xxx erhöhen"** angegeben.

Diese Wunschziele sind wesentlich durch die Medien und damit unseren Vorstellungen von Amerika geprägt, was aber nicht unbedingt der Realität entspricht. Einige amerikanische Organisationen lehnen sogar Teilnehmer ab, mit der Begründung, dass es den Bewerbern gar nicht um ein Kennenlernen der Kultur geht, sondern um oberflächliches touristisches Interesse.

1/2 Schuljahr im Angebot

Trifft zu, wenn die Organisation auch 1/2 Schuljahr anbietet. Es gibt allerdings viele Stimmen, die den eigentlichen Sinn des Kulturaustausches und der Völkerverständigung bei einem solch kurzen Aufenthalt in Frage stellen.

Philosophie der Arbeit (Innenspalten)

Hier beschreibt die Organisation die Grundzüge ihrer Arbeit.

Vor- und Nachbereitungsarbeit (Innenspalten)

Hier werden solche Punkte aufgeführt, die in den Tabellen nur ungenügend dargestellt werden konnten. Darunter fallen etwaige Besonderheiten in der Vor- und Nachbereitungsarbeit (z.B. „wird von Vertretern des Gastlandes ausgeführt", etc.). Vor- und Nachbereitungen, die in der Versendung von schriftlichen Unterlagen oder Handbüchern bestehen, sowie T-Shirts, Videos, etc. werden hier nicht erwähnt.
Die Aussage: **„Der Umfang entspricht den in den Tabellen genannten Leistungen und Angeboten"** stellt keine wertende Aussage dar.

Weltweite Austauschprogramme

Die unter „weltweite Austauschprogramme" aufgelisteten Länder werden von der Organisation für ein ganzes oder ein halbes Schuljahr angeboten (siehe auch Verzeichnis Austauschländer). Der an dieser Stelle genannte Preis ist der erwartbare Endpreis (inklusive Flügen, Versicherung, Vor- und Nachbereitung). Falls die Durchführung des Programms nicht der des USA-Programms entspricht, ist dies entsprechend vermerkt.

Preisanpassungen der Organisationen durch Währungsschwankungen

Aufgrund der Währungsschwankungen arbeiten viele Organisationen nicht mehr - wie früher - mit einem einzigen Preis für eine komplette Austauschsaison. Statt dessen werden seit 2011 die Programmpreise im 6-8-Wochenrhythmus laufend an den aktuellen Kurs angepasst. Dies betrifft insbesondere die Australien-, Kanada- und Neuseelandprogramme. Schülern und Eltern wird somit ein transparentes Preis-Leistungs-Verhältnis gewährleistet, von dem sie durchaus auch profitieren können! Senkt sich beispielsweise der Wert des neuseeländischen Dollars um nur einen Euro-Cent, kann dies eine Preisreduzierung von bis zu 200 Euro für ein Schuljahr in Neuseeland bedeuten.

Benutzungs-Tipp für die nachfolgenden Tabellen

Durch einfaches Verschieben der Seiten können die Leistungen der einzelnen Organisationen auf einen Blick miteinander verglichen werden.

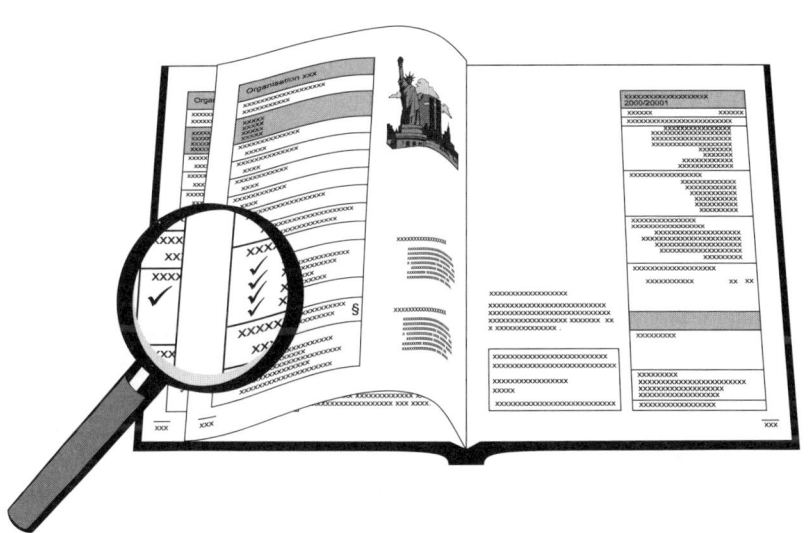

**Advised Studies
Sprachreisen GmbH Germany**

Wiesnerstraße 5
D-44141 Dortmund

Tel.: (02 31) 42 42 88
Fax: (02 31) 41 14 51
E-Mail: info@advised-studies.de
Internet: www.advised-studies.de

Anzahl Nebenstellen:
keine

Rechtsform:
GmbH

Gemeinnützigkeit in Deutschland:
nein

Gründungsjahr:
1996 (seit 1998 GmbH)

USA High School-Programm seit:
1998

Schülerzahl im USA High School-Programm:
28 (weltweit 36 Schüler)

USA Partner:
EMF, Educatis, Study Group

Spätplatzierung:
- Flug zu vorgebuchten Terminen
  (Unterbringung bei Area-Rep oder in Welcome families)
- ✓ Flug erst nach erfolgter Platzierung

Bewerbungsfrist:
Ostern, auf Anfrage bis Juni

Stipendien (siehe auch Kapitel Stipendien)
nein

Bewerbungsverfahren:
- Einzelinterview (Schüler und Eltern)
- ✓ Einzelinterview (Schüler)
- Gruppeninterview (Schüler und Eltern)
- Gruppeninterview (Schüler)
- ✓ ersatzweise telefonisches Interview

Philosophie der Arbeit:

„Wir beraten individuell und persönlich einen kleinen Kundenkreis, für den wir auch maßgeschneiderte Programme anbieten. Die ganze Familie muss Vertrauen in uns und unsere Arbeit haben, letztlich ist es eine persönliche, gefühlsmäßige Entscheidung, die die ganze Familie betrifft. Der Schüler sollte Reife, Anpassungs-fähigkeit, Motivation, Toleranz, Offenheit und akademischen Willen haben. Die eigene Motivation und Aufgeschlossenheit gegenüber neuen Erfahrungen sind besonders wichtig."

USA High School-Jahr
Preise und Leistungen:

Grundpreis:	EUR 7.690

Leistungen der Organisation im Grundpreis:

Schüler Vorbereitungs-Treffen	
Schüler-Eltern Vorbereitungs-Treffen	✓
BRD Schüler Vorbereitungs-Seminar	
USA Schüler Vorbereitungs-Seminar	
Gruppenflug-Begleitung	
Elternabende	
Nachbereitungs-Treffen	✓
Nachbereitungs-Seminar	

Drittleistungen im Grundpreis:

Haftpflicht-Versicherung	✓
Kranken-Versicherung	✓
Unfall-Versicherung	✓
BRD Inland-Flug	
Transatlantik-Flug	
USA Inland-Flug	

Weltweite Austauschprogramme:

- **Argentinien*:**
  ab EUR 10.890, Schülerzahl: 2
- **Australien*:**
  ab EUR 18.190, Schülerzahl: 6
- **Frankreich*:**
  ab EUR 7.700, Schülerzahl: 4
- **Großbritannien*:**
  ab EUR 11.650, Schülerzahl: 2
- **Irland*:**
  ab EUR 12.950, Schülerzahl: 2
- **Italien:**
  ab EUR 8.500, Schülerzahl: 1
- **Kanada*:**
  ab EUR 14.850, Schülerzahl: 12
- **Neuseeland*:**
  ab EUR 15.00, Schülerzahl: 5
- **Spanien:**
  ab EUR 8.850, Schülerzahl: 2

Angebote und Leistungen der USA-Partnerorganisation:

Vorbereitungs-Treffen der Gastfamilien	
regelmäßiger tel. Kontakt mit dem Area Rep	✓
regelmäßige Treffen mit dem Area Rep	✓
regelmäßige Besuche des Area Rep	✓
Reiseangebote	✓

erwartbare zusätzliche Kosten:

alle Flüge (pauschal)	EUR 1.350

erwartbarer Endpreis	**EUR 9.040**

(Bitte „Regeln zum Tabellenteil" beachten)

Besonderheiten:
Auf Wunsch werden Flugbegleitung und Elternabende angeboten.

* Schulwahl möglich.
Alle Programme sind auch für ein halbes Schuljahr möglich.

1/2 Schuljahr USA im Angebot	✓

+++++++ kein Häkchen = Leistung/Punkt nicht vorhanden ++++++

**AFS
Interkulturelle Begegnungen e.V.**

Postfach 50 01 42
D-22701 Hamburg

Tel.:	(0 40) 39 92 22 - 0
Fax:	(0 40) 39 92 22 - 99
E-Mail:	germany@afs.org
Internet:	www.afs.de

Bundesweite regionale Vertretung durch ehrenamtl. Mitarbeiter in 89 AFS-Komitees.

Rechtsform:
e.V.

Gemeinnützigkeit in Deutschland:
ja

Gründungsjahr:
1948 (bis 1992 im int. Verein AFS)

USA High School-Programm seit:
1948

Schülerzahl im USA High School-Programm:
359 (andere Länder 510 Schüler)

USA Partner:
AFS

Spätplatzierung:
- ✓ **Flug zu vorgebuchten Terminen**
  (Unterbringung bei Area-Rep oder in Welcome families)
- **Flug erst nach erfolgter Platzierung**

Bewerbungsfrist:
31. Oktober

Stipendien (siehe auch Kapitel Stipendien)
ja

Bewerbungsverfahren:
- ✓ **Einzelinterview (Schüler und Eltern)**
- **Einzelinterview (Schüler)**
- **Gruppeninterview (Schüler und Eltern)**
- ✓ **Gruppeninterview (Schüler)**
  ersatzweise telefonisches Interview

**AFS Interkulturelle
Begegnungen e.V.**

Philosophie der Arbeit:

„AFS versucht, junge Menschen auf der ganzen Welt zu ermutigen, bereits während der Schulzeit eine andere Kultur, andere Menschen, Sprachen und Denkweisen kennenzulernen und so auch die eigene kulturelle Identität bewusster zu erfahren. Gegründet wurde der „American Field Service" 1914 als freiwilliger Ambulanzdienst. Heute ist AFS eine gemeinnützige, politisch und religiös unabhängige Organisation, die interkulturelles Lernen durch weltweiten Jugendaustausch ermöglicht, um damit zur Völkerverständigung beizutragen. Ein weltweites Netz ehrenamtlicher Mitarbeiter garantiert die persönliche Betreuung der Teilnehmer vor, während und nach dem Austauschjahr. AFS fördert etwa ein Drittel der Teilnehmer mit Teilstipendien (abhängig von der Bedürftigkeit)."

Weltweite Austauschprogramme:

- **Argentinien:**
  EUR 7.490, Schülerzahl: 60
- **Australien:**
  EUR 9.990, Schülerzahl: 11
- **Bolivien:**
  EUR 6.700, Schülerzahl: 12
- **Brasilien:**
  EUR 7.290, Schülerzahl: 50
- **Chile:**
  EUR 7.300, Schülerzahl: 20
- **China:**
  EUR 8.090, Schülerzahl: 22
- **Costa Rica:**
  EUR 7.590, Schülerzahl: 58
- **Dominikanische Republik:**
  EUR 6.950, Schülerzahl: 20
- **Ecuador:**
  EUR 7.290, Schülerzahl: 21
- **Frankreich:**
  EUR 6.890, Schülerzahl: 16
- **Italien*:**
  EUR 6.890, Schülerzahl: 24
- **Japan*:**
  EUR 7.990, Schülerzahl: 17
- **Kanada (französisch)*:**
  EUR 9.990, Schülerzahl: 11
- **Mexiko:**
  EUR 7.290, Schülerzahl: 15
- **Neuseeland:**
  EUR 9.990, Schülerzahl: 13
- **Schweden*:**
  EUR 6.890, Schülerzahl: 3
- **Spanien*:**
  EUR 6.890, Schülerzahl: 6
- **Südafrika:**
  EUR 7.890, Schülerzahl: 15
- **Venezuela:**
  EUR 6.950, Schülerzahl: 29

Bis auf die mit * gekennzeichneten Länder sind alle anderen auch für ein halbes Schuljahr möglich. AFS bietet mehr als 50 verschiedene Austauschziele an.

USA High School-Jahr
Preise und Leistungen:

Grundpreis:	EUR 8.790

Leistungen der Organisation im Grundpreis:

Schüler Vorbereitungs-Treffen	✓
Schüler-Eltern Vorbereitungs-Treffen	✓
BRD Schüler Vorbereitungs-Seminar	✓
USA Schüler Vorbereitungs-Seminar	✓
Gruppenflug-Begleitung	
Elternabende	✓
Nachbereitungs-Treffen	✓
Nachbereitungs-Seminar	✓

Drittleistungen im Grundpreis:

Haftpflicht-Versicherung	
Kranken-Versicherung	✓
Unfall-Versicherung	✓
BRD Inland-Flug	
Transatlantik-Flug	✓
USA Inland-Flug	✓

Angebote und Leistungen der USA-Partnerorganisation:

Vorbereitungs-Treffen der Gastfamilien	
regelmäßiger tel. Kontakt mit dem Area Rep	✓
regelmäßige Treffen mit dem Area Rep	✓
regelmäßige Besuche des Area Rep	
Reiseangebote	✓

erwartbare zusätzliche Kosten:

Kosten Bewerbungswochenende	EUR	30
Haftpflicht-Vers. (pauschal)	EUR	50
BRD Inland-Flug (pauschal)	EUR	100

erwartbarer Endpreis **EUR 8.970**

(Bitte „Regeln zum Tabellenteil" beachten)

Besonderheiten:

Grundvorbereitung der Teilnehmer regional an zwei Wochenenden und länderspezifische Vorbereitung an einem Wochenende. Im Gastland finden Seminare zur Einführung und Auswertung statt. Für die Vor- und Nachbereitung fallen evtl. geringe Zusatzkosten an. Siehe auch Kapitel „Stipendien".
Mitglied im „Arbeitskreis gemeinnütziger Jugendaustauschorganisationen" (AJA).

1/2 Schuljahr USA im Angebot	✓*

AIFS – American Institute For Foreign Study (Deutschland) GmbH

Baunscheidtstraße 11
D-53113 Bonn

Tel.: (02 28) 9 57 30-0
Fax: (02 28) 9 57 30-10
E-Mail: info@aifs.de
Internet: www.aifs.de

Anzahl Nebenstellen:

8 (siehe Verzeichnis Postleitzahlen)

Rechtsform:

GmbH

Gemeinnützigkeit in Deutschland:

nein

Gründungsjahr:

1983 (seit 2003 AIFS, davor GIJK)

USA High School-Programm seit:

1986

Schülerzahl im USA High School-Programm:

402 (andere Länder 109 Schüler)

USA Partner:

AYA Foundation

Spätplatzierung:

- ✓ **Flug zu vorgebuchten Terminen**
  (Unterbringung bei Area-Rep oder in Welcome families)
- **Flug erst nach erfolgter Platzierung**

Bewerbungsfrist:

31. März

Stipendien (siehe auch Kapitel Stipendien)

ja

Bewerbungsverfahren:

- ✓ Einzelinterview (Schüler und Eltern)
- Einzelinterview (Schüler)
- Gruppeninterview (Schüler und Eltern)
- Gruppeninterview (Schüler)
- ✓ ersatzweise telefonisches Interview

Philosophie der Arbeit:

„Gegründet 1964 in den USA sind wir - American Institute For Foreign Study (AIFS) - heute eine der ältesten und größten Organisationen für kulturellen Austausch weltweit und ein führender Anbieter im Bereich Educational Travel (Jugend- und Bildungsreisen). In Deutschland organisieren wir seit 1983 High School Programme, bei denen sowohl du als Teilnehmer als auch deine Eltern im Mittelpunkt stehen. In den USA arbeiten wir ausschließlich mit unseren Kollegen von AYA (Academic Year in America, ein gemeinnütziges Programm der AIFS Foundation) zusammen. Zu unseren Partnern in allen anderen Ländern haben wir seit vielen Jahren einen durch regelmäßige Besuche persönlichen Kontakt."

USA High School-Jahr
Preise und Leistungen:

Grundpreis:	EUR 8.500

Leistungen der Organisation im Grundpreis:

Schüler Vorbereitungs-Treffen	✓
Schüler-Eltern Vorbereitungs-Treffen	✓
BRD Schüler Vorbereitungs-Seminar	✓
USA Schüler Vorbereitungs-Seminar	
Gruppenflug-Begleitung	✓
Elternabende	
Nachbereitungs-Treffen	
Nachbereitungs-Seminar	

Drittleistungen im Grundpreis:

Haftpflicht-Versicherung	✓
Kranken-Versicherung	✓
Unfall-Versicherung	✓
BRD Inland-Flug	✓
Transatlantik-Flug	✓
USA Inland-Flug	✓

Angebote und Leistungen der USA-Partnerorganisation:

Vorbereitungs-Treffen der Gastfamilien	✓
regelmäßiger tel. Kontakt mit dem Area Rep	✓
regelmäßige Treffen mit dem Area Rep	
regelmäßige Besuche des Area Rep	✓
Reiseangebote	✓

erwartbare zusätzliche Kosten:

USA Vorber.-Seminar (freiwillig)	EUR	580
Nachbereitungs-Seminar (freiwillig)	EUR	30

erwartbarer Endpreis EUR 9.210
(Bitte „Regeln zum Tabellenteil" beachten)

Besonderheiten:

Bei Bewerbungen bis zum Ablauf der Anmeldefristen ist das USA Schüler Vorbereitungs-Seminar im Preis enthalten.

Mitglied in „Deutscher Fachverband High School" (DFH).

1/2 Schuljahr USA im Angebot	✓

Weltweite Austauschprogramme:

- **Australien:** ab EUR 15.600, Schülerzahl: 16
- **China:** ab EUR 8.100, Schülerzahl: 2
- **Costa Rica:** ab EUR 8.500, Schülerzahl: 4
- **Großbritannien:** ab EUR 11.500, Schülerzahl: 4
- **Irland:** ab EUR 12.900, Schülerzahl: 6
- **Kanada:** ab EUR 12.200, Schülerzahl: 30
- **Neuseeland:** ab EUR 13.400, Schülerzahl: 9
- **Spanien:** ab EUR 8.300, Schülerzahl: 7
- **Südafrika:** ab EUR 7.600, Schülerzahl: 5

Preisnachlass bei bereits vorhandenen Gastfamilien EUR 400.
Verlängerung von Schulhalbjahr auf Schuljahr EUR 1.650.
Alle Programme sind auch für ein halbes Schuljahr möglich.

+++++++ kein Häkchen = Leistung/Punkt nicht vorhanden ++++++

AMS TOURS GmbH
Sprach- und Studienreisen

Nachtigallenweg 28
D-74906 Bad Rappenau

Tel.: (0 72 64) 9 17 40
Fax: (0 72 64) 78 61
E-Mail: ams-tours@t-online.de
Internet: www.ams-tours.de

Anzahl Nebenstellen:
keine

Rechtsform:
GmbH

Gemeinnützigkeit in Deutschland:
nein

Gründungsjahr:
1984

USA High School-Programm seit:
1992

Schülerzahl im USA High School-Programm:
10 (andere Länder keine Schüler)

USA Partner:
EMF

Spätplatzierung:
- Flug zu vorgebuchten Terminen
  (Unterbringung bei Area-Rep oder in Welcome families)
- ✓ Flug erst nach erfolgter Platzierung

Bewerbungsfrist:
15. Januar

Stipendien (siehe auch Kapitel Stipendien)
ja

Bewerbungsverfahren*:
- Einzelinterview (Schüler und Eltern)
- ✓ Einzelinterview (Schüler)
- Gruppeninterview (Schüler und Eltern)
- Gruppeninterview (Schüler)
- ✓ ersatzweise telefonisches Interview

Philosophie der Arbeit:

„Sprach- und Klassenfahrtenveranstalter, der auf dem Sektor der Sprachreisen einer kleinen begrenzten Anzahl von Schülern einen preisgünstigen High School-Aufenthalt vermitteln möchte. Die Schüler sollten gute schulische Leistungen, Motivation, Anpassungsbereitschaft und Selbständigkeit mitbringen. Die Eltern sollten Ihr Kind selbständig, tolerant und flexibel sowie mit einem großen Maß an Hilfsbereitschaft erzogen haben."

USA High School-Jahr
Preise und Leistungen:

Grundpreis: EUR 5.950

Leistungen der Organisation im Grundpreis:

Schüler Vorbereitungs-Treffen
Schüler-Eltern Vorbereitungs-Treffen
BRD Schüler Vorbereitungs-Seminar
USA Schüler Vorbereitungs-Seminar
Gruppenflug-Begleitung
Elternabende
Nachbereitungs-Treffen
Nachbereitungs-Seminar

Drittleistungen im Grundpreis:

Haftpflicht-Versicherung
Kranken-Versicherung
Unfall-Versicherung
BRD Inland-Flug
Transatlantik-Flug
USA Inland-Flug

Angebote und Leistungen der USA-Partnerorganisation:

Vorbereitungs-Treffen der Gastfamilien	
regelmäßiger tel. Kontakt mit dem Area Rep	✓
regelmäßige Treffen mit dem Area Rep	
regelmäßige Besuche des Area Rep	✓
Reiseangebote	

erwartbare zusätzliche Kosten:

Versicherungs-Paket	EUR	600
alle Flüge ca.	EUR	900

erwartbarer Endpreis **EUR 7.650**

(Bitte „Regeln zum Tabellenteil" beachten)

Besonderheiten:

Der Umfang entspricht den in der Tabelle genannten Leistungen und Angeboten.

Weltweite Austauschprogramme:

keine weiteren Länder im Angebot.

1/2 Schuljahr USA im Angebot ✓

+++++++ kein Häkchen = Leistung/Punkt nicht vorhanden ++++++

Assist Inc. – American Secondary School for International Students	
Siegfriedstraße 21 D-40549 Düsseldorf	
Tel.: (02 11) 9 55 96 38 Fax: (02 11) 9 55 97 89 E-Mail: assist@assist-online.net Internet: www.assist-online.net	

Today's Scholars. Tomorrow's Leaders.

Anzahl Nebenstellen:
keine

Rechtsform:
nicht selbstständig

Gemeinnützigkeit in Deutschland:
nein

Gründungsjahr:
1969

USA High School-Programm seit:
1969

Schülerzahl im USA High School-Programm:
71 (andere Länder keine Schüler)

USA Partner:
ASSIST

Spätplatzierung:
  Flug zu vorgebuchten Terminen
  (Unterbringung bei Area-Rep oder in Welcome families)
  ✓ **Flug erst nach erfolgter Platzierung**

Bewerbungsfrist:
31. Oktober

Stipendien (siehe auch Kapitel Stipendien)
ja

Bewerbungsverfahren:
  Einzelinterview (Schüler und Eltern)
  Einzelinterview (Schüler)
  Gruppeninterview (Schüler und Eltern)
  ✓ **Gruppeninterview (Schüler)**
  ersatzweise telefonisches Interview

Philosophie der Arbeit:

„ASSIST ermöglicht talentierten Jungendlichen, ein Schuljahr an einer erstklassigen amerikanischen Privatschule zu verbringen, die Kosten über ein Voll- oder ein Teilstipendium ganz oder teilweise erlassen zu bekommen, so dass bei einem Vollstipendium nur die Programmkosten, bei einem Teilstipendium die Hälfte der Schulgebühren und die Programmkosten anfallen. ASSIST sucht talentierte und breit angelegte Schüler, die sich neben guten bis sehr guten akademischen Leistungen in sportlichen, musischen oder sozialen Disziplinen engagieren, kontaktfreudig und integrationswillig sind, um sich in ihrer Gastschule und einem neuen sprachlichen wie kulturellen Umfeld schnell einzugliedern. ASSIST will Schülern durch eigene Anschauung zu einem vorurteilsfreien Verständnis der amerikanischen Lebensweise verhelfen."

ASSIST Deutschland ist eine nicht selbständige Niederlassung von ASSIST USA, die ihrerseits durch das Department of Treasury als gemeinnützig anerkannt ist. Im Einklang mit dem "Not-for-Profit" Status von ASSIST USA steht der ASSIST Förderverein in Deutschland, ein spendenempfangs-berechtigter gemeinnütziger Verein nach deutschem Recht, auf Antrag nach Einzelprüfung mit individueller Förderung zur Verfügung.

Weltweite Austauschprogramme:

Keine weiteren Länder im Angebot.

USA High School-Jahr Preise und Leistungen:

Grundpreis: ca. EUR 7.687

Leistungen der Organisation im Grundpreis:

Schüler Vorbereitungs-Treffen	✓
Schüler-Eltern Vorbereitungs-Treffen	✓
BRD Schüler Vorbereitungs-Seminar	✓
USA Schüler Vorbereitungs-Seminar	✓
Gruppenflug-Begleitung	✓
Elternabende	
Nachbereitungs-Treffen	
Nachbereitungs-Seminar	

Drittleistungen im Grundpreis:

Haftpflicht-Versicherung	
Kranken-Versicherung	
Unfall-Versicherung	
BRD Inland-Flug	
Transatlantik-Flug	
USA Inland-Flug	✓

Angebote und Leistungen der USA-Partnerorganisation:

Vorbereitungs-Treffen der Gastfamilien	
regelmäßiger tel. Kontakt mit dem Area Rep	✓
regelmäßige Treffen mit dem Area Rep	
regelmäßige Besuche des Area Rep	✓
Reiseangebote	

erwartbare zusätzliche Kosten:

Versicherungs-Paket	EUR	550
alle Flüge	EUR	1.495
Nachbereitungs-Seminar (freiwillig)	EUR	35
Bearbeitungsgebühr	EUR	50

erwartbarer Endpreis **EUR 9.817**

(Bitte „Regeln zum Tabellenteil" beachten)

Besonderheiten:

Der Preis ist in US$ zu zahlen. Grundpreis: US$ 10.950 (bei Vollstipendien-Vergabe, sonst US$ 25.900). ASSIST vermittelt auf Stipendienbasis an private US-High Schools, wobei es sich in der Regel um Internate handelt, die Unterbringung also nicht bei Gastfamilien erfolgt. Das viertägige USA Schüler Vorbereitungs-Seminar findet an einer Privatschule statt. ASSIST bietet ausschließlich ein ganzes Schuljahr an.

1/2 Schuljahr USA im Angebot

Ayusa

Ayusa-Intrax GmbH

Giesebrechtstraße 10
D-10629 Berlin

Tel.: (0 30) 84 39 39 - 0
Fax: (0 30) 84 39 39 - 39
E-Mail: info@intrax.de
Internet: www.intrax.de

Anzahl Nebenstellen:
keine

Rechtsform:
GmbH

Gemeinnützigkeit in Deutschland:
nein

Gründungsjahr:
1990

USA High School-Programm seit:
1990

Schülerzahl im USA High School-Programm:
244 (andere Länder 228 Schüler)

USA Partner:
Intrax

Spätplatzierung:
- ✓ Flug zu vorgebuchten Terminen (Unterbringung bei Area-Rep oder in Welcome families)
- ✓ Flug erst nach erfolgter Platzierung

Bewerbungsfrist:
31. März

Stipendien (siehe auch Kapitel Stipendien)
ja

Bewerbungsverfahren:
- ✓ Einzelinterview (Schüler und Eltern)
- ✓ Einzelinterview (Schüler)
- Gruppeninterview (Schüler und Eltern)
- Gruppeninterview (Schüler)
- ersatzweise telefonisches Interview

Philosophie der Arbeit:

"Unsere amerikanische Mutterorganisation Intrax engagiert sich seit mehr als 30 Jahren im Bereich des internationalen Bildungs- und Kulturaustausches und betreibt heute Standorte in 8 Ländern weltweit. Das deutsche Büro wurde 1990 als AYUSA International gegründet und unterstützt seitdem junge Menschen aus Deutschland, ihren Auslandstraum zu verwirklichen. Um die Zugehörigkeit zu unserer Mutterorganisation zu stärken, führen wir seit 2011 alle Programme unter dem Namen Ayusa-Intrax in Deutschland durch. Da in den USA die Schüleraustauschprogramme auch weiterhin Ayusa genannt werden, bleibt dieser Name für unser High School Programm auch in Deutschland erhalten. Als internationales und auslandsbegeistertes Team arbeiten wir täglich für unsere Mission "Connecting People and Cultures". Wir unterstützen unsere Bewerber und Teilnehmer mit fachlicher Kompetenz und unserer eigenen Auslandserfahrung."

Weltweite Austauschprogramme:

- **Australien:**
  ab EUR 11.990, Schülerzahl: 53
- **Dänemark:**
  EUR 7.190, Schülerzahl: 3
- **Finnland:**
  EUR 7.190, Schülerzahl: 3
- **Frankreich:**
  ab EUR 6.790, Schülerzahl: 15
- **Großbritannien:**
  EUR 10.990, Schülerzahl: 73
- **Irland:**
  EUR 12.790, Schülerzahl: 4
- **Japan:**
  EUR 10.790, Schülerzahl: 10
- **Kanada:**
  ab EUR 14.990, Schülerzahl: 32
- **Neuseeland:**
  ab EUR 11.990, Schülerzahl: 17
- **Norwegen:**
  EUR 7.190, Schülerzahl: 1
- **Schweden:**
  EUR 7.490, Schülerzahl: 6
- **Spanien:**
  ab EUR 7.590, Schülerzahl: 9

Alle Programme sind auch für ein halbes Schuljahr möglich.

USA High School-Jahr
Preise und Leistungen:

Grundpreis:	EUR 6.990

Leistungen der Organisation im Grundpreis:

Schüler Vorbereitungs-Treffen	✓
Schüler-Eltern Vorbereitungs-Treffen	✓
BRD Schüler Vorbereitungs-Seminar	
USA Schüler Vorbereitungs-Seminar	
Gruppenflug-Begleitung	
Elternabende	
Nachbereitungs-Treffen	✓
Nachbereitungs-Seminar	

Drittleistungen im Grundpreis:

Haftpflicht-Versicherung	✓
Kranken-Versicherung	✓
Unfall-Versicherung	✓
BRD Inland-Flug	
Transatlantik-Flug	
USA Inland-Flug	

Angebote und Leistungen der USA-Partnerorganisation:

Vorbereitungs-Treffen der Gastfamilien	
regelmäßiger tel. Kontakt mit dem Area Rep	✓
regelmäßige Treffen mit dem Area Rep	✓
regelmäßige Besuche des Area Rep	✓
Reiseangebote	✓

erwartbare zusätzliche Kosten:

USA Vorber.-Seminar (freiwillig), alle Flüge und Gruppenflugbegleitung	EUR 1.700

erwartbarer Endpreis	**EUR 8.690**

(Bitte „Regeln zum Tabellenteil" beachten)

Besonderheiten:

Bei Bewerbungen bis 30.11. gibt es für das Vorbereitungs-Seminar, alle Flüge und Gruppenflugbegleitung EUR 200 Frühbucherrabatt. Mitglied in „Deutscher Fachverband High School" (DFH).

1/2 Schuljahr USA im Angebot	✓

+++++++ kein Häkchen = Leistung/Punkt nicht vorhanden ++++++

Camps International GmbH
Poolstraße 36 D-20355 Hamburg
Tel.: (0 40) 82 29 02 70 Fax: (0 40) 82 29 02 729 E-Mail: info@camps.de Internet: www.camps.de

Anzahl Nebenstellen:
keine

Rechtsform:
GmbH

Gemeinnützigkeit in Deutschland:
nein

Gründungsjahr:
1984

USA High School-Programm seit:
1990

Schülerzahl im USA High School-Programm:
61 (andere Länder 49 Schüler)

USA Partner:
ACES, CASE, EMF, ESI, ISE, TLUSA

Spätplatzierung:
- ✓ Flug zu vorgebuchten Terminen
  (Unterbringung bei Area-Rep oder in Welcome families)
- Flug erst nach erfolgter Platzierung

Bewerbungsfrist:
30. März

Stipendien (siehe auch Kapitel Stipendien)
nein

Bewerbungsverfahren:
- ✓ Einzelinterview (Schüler und Eltern)
- ✓ Einzelinterview (Schüler)
- Gruppeninterview (Schüler und Eltern)
- Gruppeninterview (Schüler)
- ✓ ersatzweise telefonisches Interview

Philosophie der Arbeit:

„Seit 1990 betreut und begleitet CAMPS International deutsche Schüler während ihres High School Aufenthaltes in den USA, Kanada, Australien, Neuseeland, Argentinien, Brasilien, Südafrika, Irland und sogar in Singapur und Indien. Damit auch dein High School Aufenthalt zum vollen Erfolg wird, setzen wir nicht nur auf gute Planung und Organisation vor, während und nach deiner Reise, sondern vor allem auch auf persönliche und individuelle Betreuung: Alle CAMPS International Mitarbeiter haben durch eigene Aufenthalte im Ausland die gleichen Erfahrungen gesammelt, die dich selbst noch erwarten. Uns ist daher bewusst, dass der Schritt ins Unbekannte viel Mut und Offenheit erfordert, dafür aber am Ende mit vielen neuen Freunden, tollen Erlebnissen und vor allem mit einem erweiterten Horizont belohnt wird. Sei auch du dabei und erlebe mit uns zusammen das Abenteuer und die Faszination neuer Orte, Länder und Kulturen: MAKE THE WORLD YOUR WORLD!"

USA High School-Jahr
Preise und Leistungen:

Grundpreis:	EUR 6.950

Leistungen der Organisation im Grundpreis:

Schüler Vorbereitungs-Treffen	
Schüler-Eltern Vorbereitungs-Treffen	✓
BRD Schüler Vorbereitungs-Seminar	
USA Schüler Vorbereitungs-Seminar	
Gruppenflug-Begleitung	
Elternabende	
Nachbereitungs-Treffen	
Nachbereitungs-Seminar	✓

Drittleistungen im Grundpreis:

Haftpflicht-Versicherung	✓
Kranken-Versicherung	✓
Unfall-Versicherung	✓
BRD Inland-Flug	
Transatlantik-Flug	
USA Inland-Flug	

Angebote und Leistungen der USA-Partnerorganisation:

Vorbereitungs-Treffen der Gastfamilien	✓
regelmäßiger tel. Kontakt mit dem Area Rep	✓
regelmäßige Treffen mit dem Area Rep	✓
regelmäßige Besuche des Area Rep	✓
Reiseangebote	✓

erwartbare zusätzliche Kosten:

alle Flüge	ca. EUR 1.200

erwartbarer Endpreis EUR 8.150 *
(Bitte „Regeln zum Tabellenteil" beachten)

Besonderheiten:

* Achtung! Der erwartbare Endpreis kann sich aufgrund eines Gebietszuschlages um EUR 400 -500 erhöhen.

1/2 Schuljahr USA im Angebot	✓

Weltweite Austauschprogramme:

- **Argentinien*:**
  ca. EUR 8.800, Schülerzahl: 0
- **Australien:**
  ca. EUR 18.300, Schülerzahl: 6
- **Brasilien:**
  ca. EUR 8.200, Schülerzahl: 2
- **Costa Rica*:**
  ca. EUR 8.700, Schülerzahl: 11
- **Großbritannien:**
  ca. EUR 12.000, Schülerzahl: 1
- **Indien:**
  ca. EUR 9.000, Schülerzahl: 2
- **Irland:**
  ca. EUR 11.000, Schülerzahl: 3
- **Kanada**:**
  ca. EUR 18.390, Schülerzahl: 10
- **Neuseeland:**
  ca. EUR 17.200, Schülerzahl: 12
- **Südafrika*:**
  ca. EUR 8.100, Schülerzahl: 2

* Orientation-Camp im Preis enthalten.
** Orientation-Camp dazubuchbar.
Alle Programme sind auch für ein halbes Schuljahr möglich.

+++++++ kein Häkchen = Leistung/Punkt nicht vorhanden ++++++

Cultures and Perspektives, Auslandsaufenthalte	
Rosenäckerweg 14 D-89160 Dornstadt	
Tel.: (0 73 48) 2 50 91 39 Fax: (0 73 48) 2 50 91 40 E-Mail: info@go-cap.de Internet: www.go-cap.de	

Anzahl Nebenstellen:	**keine**
Rechtsform:	**Einzelfirma**
Gemeinnützigkeit in Deutschland:	**nein**
Gründungsjahr:	**2007**
USA High School-Programm seit:	**2007**
Schülerzahl im USA High School-Programm:	**20 (andere Länder 19 Schüler)**
USA Partner:	**AFICE, GLI, Quest**
Spätplatzierung:	Flug zu vorgebuchten Terminen (Unterbringung bei Area-Rep oder in Welcome families) ✓ Flug erst nach erfolgter Platzierung
Bewerbungsfrist:	**solange Plätze vorhanden**
Stipendien (siehe auch Kapitel Stipendien)	**ja**
Bewerbungsverfahren:	✓ Einzelinterview (Schüler und Eltern) Einzelinterview (Schüler) Gruppeninterview (Schüler und Eltern) Gruppeninterview (Schüler) ✓ ersatzweise telefonisches Interview

Philosophie der Arbeit:

„CAP möchte jungen Menschen den Traum vom Leben in einem anderen Land verwirklichen helfen. Wir glauben, dass durch diese Erfahrung gegenseitiges Verständnis und interkulturelle Beziehungen aufgebaut werden können, die langfristig ein friedliches Zusammenleben gewährleisten. Grundvoraussetzung für eine erfolgreiche Zeit im Ausland ist Motivation und Anpassungsfähigkeit. Wer ein realistisches Bild über den Aufenthalt hat, wird eine positive und bereichernde Zeit im Ausland verbringen. CAP bereitet entsprechend vor, aber auch eigene Vorbereitung (Soziales, Landeskunde, Geschichte) ist wichtig"

USA High School-Jahr
Preise und Leistungen:

Grundpreis: EUR 4.990

Leistungen der Organisation im Grundpreis:

Schüler Vorbereitungs-Treffen	
Schüler-Eltern Vorbereitungs-Treffen	
BRD Schüler Vorbereitungs-Seminar	✓
USA Schüler Vorbereitungs-Seminar	
Gruppenflug-Begleitung	
Elternabende	
Nachbereitungs-Treffen	✓
Nachbereitungs-Seminar	

Drittleistungen im Grundpreis:

Haftpflicht-Versicherung
Kranken-Versicherung
Unfall-Versicherung
BRD Inland-Flug
Transatlantik-Flug
USA Inland-Flug

Angebote und Leistungen der USA-Partnerorganisation:

Vorbereitungs-Treffen der Gastfamilien	✓
regelmäßiger tel. Kontakt mit dem Area Rep	✓
regelmäßige Treffen mit dem Area Rep	✓
regelmäßige Besuche des Area Rep	✓
Reiseangebote	✓

erwartbare zusätzliche Kosten:

Versicherungs-Paket	EUR	550
alle Flüge	EUR	1.100

erwartbarer Endpreis EUR 7.340
(Bitte „Regeln zum Tabellenteil" beachten)

Besonderheiten:

Der Umfang entspricht den in der Tabelle genannten Leistungen und Angeboten.

Weltweite Austauschprogramme:

- **Argentinien*:**
  EUR 8.000, Schülerzahl: 2
- **Australien:**
  EUR 20.035, Schülerzahl: 5
- **Frankreich:**
  EUR 6.000, Schülerzahl: 1
- **Italien:**
  EUR 6.400, Schülerzahl: 0
- **Kanada:**
  EUR 15.700, Schülerzahl: 10
- **Neuseeland:**
  EUR 17.400, Schülerzahl: 3
- **Südafrika:**
  EUR 8.750, Schülerzahl: 3

* einwöchige Einführung mit Sprachkurs vor Ort im Preis enthalten.
Alle Programme sind auch für ein halbes Schuljahr möglich.

1/2 Schuljahr USA im Angebot	✓

+++++++ kein Häkchen = Leistung/Punkt nicht vorhanden ++++++

**Carl Duisberg Centren
Intertraining & Consult GmbH**

Hansaring 49-51
D-50670 Köln

Tel.: (02 21) 1 62 62 96
Fax: (02 21) 1 62 62 17
E-Mail: highschool@cdc.de
Internet: www.cdc.de

Anzahl Nebenstellen:
6 (siehe Verzeichnis Postleitzahlen)

Rechtsform:
GmbH

Gemeinnützigkeit in Deutschland:
nein

Gründungsjahr:
1962 (seit 1992 als ITC)

USA High School-Programm seit:
1998

Schülerzahl im USA High School-Programm:
115 (andere Länder 172 Schüler)

USA Partner:
ERDT/SHARE, ISE, NWS

Spätplatzierung:
    Flug zu vorgebuchten Terminen
    (Unterbringung bei Area-Rep oder in Welcome families)
✓ Flug erst nach erfolgter Platzierung

Bewerbungsfrist:
01. April

Stipendien (siehe auch Kapitel Stipendien)
ja

Bewerbungsverfahren:
✓ Einzelinterview (Schüler und Eltern)
✓ Einzelinterview (Schüler)
    Gruppeninterview (Schüler und Eltern)
    Gruppeninterview (Schüler)
    ersatzweise telefonisches Interview

Philosophie der Arbeit:

„Das Carl Duisberg High School-Year basiert auf der jahrzehntelangen Erfahrung der Carl Duisberg Gruppe im internationalen Austausch: Seit über 50 Jahren sind wir erfolgreich in internationaler Weiterbildung und Personalentwicklung. In unserer Arbeit legen wir insbesondere großen Wert auf eine umfassende Beratung, eine intensive Vorbereitung und eine zuverlässige hohe Qualität in der Durchführung unserer Programme."

USA High School-Jahr
Preise und Leistungen:

Grundpreis:	EUR 7.850

Leistungen der Organisation im Grundpreis:

Schüler Vorbereitungs-Treffen	✓
Schüler-Eltern Vorbereitungs-Treffen	✓
BRD Schüler Vorbereitungs-Seminar	✓
USA Schüler Vorbereitungs-Seminar	
Gruppenflug-Begleitung	
Elternabende	✓
Nachbereitungs-Treffen	✓
Nachbereitungs-Seminar	

Drittleistungen im Grundpreis:

Haftpflicht-Versicherung	
Kranken-Versicherung	
Unfall-Versicherung	
BRD Inland-Flug	✓
Transatlantik-Flug	✓
USA Inland-Flug	✓

Angebote und Leistungen der USA-Partnerorganisation:

Vorbereitungs-Treffen der Gastfamilien	✓
regelmäßiger tel. Kontakt mit dem Area Rep	✓
regelmäßige Treffen mit dem Area Rep	✓
regelmäßige Besuche des Area Rep	✓
Reiseangebote	✓

erwartbare zusätzliche Kosten:

Versicherungs-Paket	EUR 600

erwartbarer Endpreis EUR 8.450 *
(Bitte „Regeln zum Tabellenteil" beachten)

Besonderheiten:

* Achtung! Der erwartbare Endpreis kann sich aufgrund eines Gebietszuschlages um EUR 300 -700 erhöhen.

Zertifizierung nach DIN EN ISO 9001.

1/2 Schuljahr USA im Angebot	✓

Weltweite Austauschprogramme:

- **Australien:**
  EUR 18.990, Schülerzahl: 30
- **Irland:**
  EUR 11.290, Schülerzahl: 17
- **Kanada*:**
  EUR 15.990, Schülerzahl: 75
- **Neuseeland*:**
  EUR 16.490, Schülerzahl: 40

Bei allen Programmen ist die Schulwahl möglich.
Alle Programme sind auch für ein halbes Schuljahr möglich.

+++++++ kein Häkchen = Leistung/Punkt nicht vorhanden ++++++

Dr. Frank Sprachen und Reisen GmbH

Siegfriedstraße 5
D-64646 Heppenheim

Tel.: (0 62 52) 93 32 20
Fax: (0 62 52) 93 32 60
E-Mail: info@dfsr.de
Internet: www.dfsr.de

DFSR
DR. FRANK SPRACHEN & REISEN GMBH

Anzahl Nebenstellen:
keine

Rechtsform:
GmbH

Gemeinnützigkeit in Deutschland:
nein

Gründungsjahr:
1978

USA High School-Programm seit:
1978

Schülerzahl im USA High School-Programm:
180 (andere Länder 173 Schüler)

USA Partner:
CETUSA, Educatcius

Spätplazierung:
- Flug zu vorgebuchten Terminen
  (Unterbringung bei Area-Rep oder in Welcome families)
- ✓ Flug erst nach erfolgter Platzierung

Bewerbungsfrist:
31. März

Stipendien (siehe auch Kapitel Stipendien)
ja

Bewerbungsverfahren:
- ✓ Einzelinterview (Schüler und Eltern)
- Einzelinterview (Schüler)
- Gruppeninterview (Schüler und Eltern)
- Gruppeninterview (Schüler)
- ersatzweise telefonisches Interview

Philosophie der Arbeit:

"DFSR ist seit 30 Jahren eine der führenden Kulturaustauschorganisationen Deutschlands. Wir sind Mitglied in allen wichtigen Qualitätssicherungsverbänden und vermitteln High School, Sprachreisen, Au-Pair, Praktikum, Volunteer und Work & Travel Programme. Unsere Mitarbeiter verfügen alle über langjährige Austauscherfahrung und freuen sich, Sie auf dem Weg ins Ausland begleiten zu dürfen."

Weltweite Austauschprogramme:

- **Australien:**
  EUR 10.900, Schülerzahl: 19
- **China:**
  EUR 9.800, Schülerzahl: 2
- **Frankreich:**
  EUR 7.700, Schülerzahl: 1
- **Großbritannien:**
  EUR 9.300, Schülerzahl: 11
- **Irland:**
  EUR 10.500, Schülerzahl: 11
- **Japan**:**
  EUR 9.800, Schülerzahl: 10
- **Kanada**:**
  EUR 11.900, Schülerzahl: 80
- **Neuseeland**:**
  EUR 10.900, Schülerzahl: 38
- **Spanien:**
  EUR 9.300, Schülerzahl: 1
- **Kombi-Programm (zwei Länder):**
  Preis auf Anfrage, Schülerzahl: *

* Neues Programm.
** Betreuung im Gastland über die Zentrale oder den District.
Alle Programme sind auch für ein halbes Schuljahr möglich.

USA High School-Jahr Preise und Leistungen:

Grundpreis:	EUR 8.200

Leistungen der Organisation im Grundpreis:

GruppenfSchüler Vorbereitungs-Treffen	✓
Schüler-Eltern Vorbereitungs-Treffen	✓
BRD Schüler Vorbereitungs-Seminar	✓
USA Schüler Vorbereitungs-Seminar	
Gruppenflug-Begleitung	
Elternabende	
Nachbereitungs-Treffen	✓
Nachbereitungs-Seminar	

Drittleistungen im Grundpreis:

Haftpflicht-Versicherung	
Kranken-Versicherung	
Unfall-Versicherung	
BRD Inland-Flug	✓
Transatlantik-Flug	✓
USA Inland-Flug	✓

Angebote und Leistungen der USA-Partnerorganisation:

Vorbereitungs-Treffen der Gastfamilien	✓
regelmäßiger tel. Kontakt mit dem Area Rep	✓
regelmäßige Treffen mit dem Area Rep	✓
regelmäßige Besuche des Area Rep	✓
Reiseangebote	✓

erwartbare zusätzliche Kosten:

Versicherungs-Paket	EUR 600

erwartbarer Endpreis EUR 8.800 *
(Bitte „Regeln zum Tabellenteil" beachten)

Besonderheiten:

* Achtung! Der erwartbare Endpreis kann sich aufgrund eines Gebietszuschlages um EUR 800 -1.000 erhöhen.
Die SEVIS-Gebühr ist im Grundpreis enthalten.
Mitglied in "Deutscher Fachverband High School" (DFH).

1/2 Schuljahr USA im Angebot	✓

+++++++ kein Häkchen = Leistung/Punkt nicht vorhanden ++++++

ec.se – educational consulting & student exchange GmbH

Adenauerallee 12-14
D-53113 Bonn

Tel.:	(02 28) 2 59 08 40
Fax:	(02 28) 2 59 08 420
E-Mail:	info@highschoolberater.de
Internet:	www.highschoolberater.de

educational consulting
student exchange

Anzahl Nebenstellen:
keine

Rechtsform:
GmbH

Gemeinnützigkeit in Deutschland:
nein

Gründungsjahr:
2002

USA High School-Programm seit:
2002

Schülerzahl im USA High School-Programm:
90 (andere Länder 74 Schüler)

USA Partner:
keine

Spätplatzierung:
- Flug zu vorgebuchten Terminen
  (Unterbringung bei Area-Rep oder in Welcome families)
- ✓ Flug erst nach erfolgter Platzierung

Bewerbungsfrist:
01. April

Stipendien (siehe auch Kapitel Stipendien)
nein

Bewerbungsverfahren:
- ✓ Einzelinterview (Schüler und Eltern)
- Einzelinterview (Schüler)
- Gruppeninterview (Schüler und Eltern)
- Gruppeninterview (Schüler)
- ersatzweise telefonisches Interview

Philosophie der Arbeit:

„Es gibt viele Fragen, die sich vor einem längeren Schulaufenthalt im Ausland jedem anders stellen. Fragen, die am besten persönlich und im Detail beantwortet werden. Hier setzt die educational consulting & student exchange GmbH an. ec.se bietet Schülern und Eltern eine individuelle und umfassende Beratung zum Besuch von öffentlichen und privaten Schulen in USA, Kanada, Australien und Neuseeland sowie den damit verbundenen internationalen Bildungschancen. Aktuelle Informationen und Termine für bundesweite ec.se Beratertage sind im Internet zu finden unter www.highschoolberater.de. Unser Anspruch: für ec.se Schüler ist ein High School Aufenthalt mehr als eine willkommene Abwechslung zum bisherige Schulalltag. Richtig genutzt, ist es eine einmalige Chance für das ganze Leben."

USA High School-Jahr
Preise und Leistungen:

Grundpreis:	EUR 7.290

Leistungen der Organisation im Grundpreis:

Schüler Vorbereitungs-Treffen	
Schüler-Eltern Vorbereitungs-Treffen	✓
BRD Schüler Vorbereitungs-Seminar	
USA Schüler Vorbereitungs-Seminar	
Gruppenflug-Begleitung	
Elternabende	✓
Nachbereitungs-Treffen	✓
Nachbereitungs-Seminar	

Drittleistungen im Grundpreis:

Haftpflicht-Versicherung	
Kranken-Versicherung	
Unfall-Versicherung	
BRD Inland-Flug	✓
Transatlantik-Flug	✓
USA Inland-Flug	✓

Angebote und Leistungen der USA-Partnerorganisation:

Vorbereitungs-Treffen der Gastfamilien	✓
regelmäßiger tel. Kontakt mit dem Area Rep	✓
regelmäßige Treffen mit dem Area Rep	✓
regelmäßige Besuche des Area Rep	✓
Reiseangebote	✓

erwartbare zusätzliche Kosten:

Versicherungs-Paket	EUR 550

erwartbarer Endpreis **EUR 7.840 ***
(Bitte „Regeln zum Tabellenteil" beachten)

Besonderheiten:

* Achtung! Der erwartbare Endpreis kann sich aufgrund eines Gebietszuschlages um EUR 240-400 erhöhen.

Die SEVIS-Gebühr ist im Grundpreis enthalten.

1/2 Schuljahr USA im Angebot	✓

Weltweite Austauschprogramme:

- **Australien:**
  ab EUR 18.000, Schülerzahl: 11
- **Kanada:**
  ab EUR 15.000, Schülerzahl: 53
- **Neuseeland:**
  ab EUR 18.000, Schülerzahl: 10

Alle Programme haben keinen festen Bewerbungsschluss und sind ab drei Monaten möglich.
Alle Programme sind auch für ein halbes Schuljahr möglich.

++++++ kein Häkchen = Leistung/Punkt nicht vorhanden ++++++

EEI - Educational Exchange International e.V.	
Mevissenstraße 16 50668 Köln	
Tel.: (02 21) 7 39 19 58 Fax: (02 21) 7 39 19 19 E-Mail: info@eei.de Internet: www.eei.de	

Anzahl Nebenstellen:
keine

Rechtsform:
e.V.

Gemeinnützigkeit in Deutschland:
ja

Gründungsjahr:
1992

USA High School-Programm seit:
1992

Schülerzahl im USA High School-Programm:
keine (andere Länder 14 Schüler)

USA Partner:
2013/2014 kein USA-Programm

Spätplatzierung:
- ✓ **Flug zu vorgebuchten Terminen** (Unterbringung bei Area-Rep oder in Welcome families)
- **Flug erst nach erfolgter Platzierung**

Bewerbungsfrist:
15. März

Stipendien (siehe auch Kapitel Stipendien)
nein

Bewerbungsverfahren:
- ✓ Einzelinterview (Schüler und Eltern)
- ✓ Einzelinterview (Schüler)
- Gruppeninterview (Schüler und Eltern)
- Gruppeninterview (Schüler)
- ersatzweise telefonisches Interview

Educational Exchange International e.V.

Philosophie der Arbeit:

„In einer Zeit, in der Entfernungen zwischen den Kontinenten auf wenige Flugstunden geschrumpft sind, erhält internationale Kommunikation eine immer größer werdende Bedeutung. Doch die Verständigung zwischen den Ländern und Kontinenten wird oft nicht nur durch Vorurteile und Unkenntnis über Gepflogenheiten der anderen Kultur erschwert. Wir geben jungen Menschen die Chance, in die Kultur ihres Gastlandes einzutauchen und so nicht nur die Sprachkenntnisse zu verbessern, sondern auch neue Denkweisen und Wertesysteme kennen zu lernen und Freundschaften zu schließen, getreu unserem Motto 'Go for Friendship'. Wir bieten individuelle High School Aufenthalte ab einem Monat bis zu einem Schuljahr in verschiedenen Ländern, Sommer-Homestay Programme in den USA und Kurzprogramme an. Unser Ziel ist es, den Wunsch nach intensivem Kontakt mit einem anderen Land wahr werden zu lassen."

2013/2014 führt EEi kein USA-Austauschprogramm durch.

USA High School-Jahr
Preise und Leistungen:

Grundpreis:

Leistungen der Organisation im Grundpreis:
- Schüler Vorbereitungs-Treffen
- Schüler-Eltern Vorbereitungs-Treffen
- BRD Schüler Vorbereitungs-Seminar
- USA Schüler Vorbereitungs-Seminar
- Gruppenflug-Begleitung
- Elternabende
- Nachbereitungs-Treffen
- Nachbereitungs-Seminar

Drittleistungen im Grundpreis:
- Haftpflicht-Versicherung
- Kranken-Versicherung
- Unfall-Versicherung
- BRD Inland-Flug
- Transatlantik-Flug
- USA Inland-Flug

Angebote und Leistungen der USA-Partnerorganisation:
- Vorbereitungs-Treffen der Gastfamilien
- regelmäßiger tel. Kontakt mit dem Area Rep
- regelmäßige Treffen mit dem Area Rep
- regelmäßige Besuche des Area Rep
- Reiseangebote

erwartbare zusätzliche Kosten:

Weltweite Austauschprogramme:
- **Irland:** EUR 10.900, Schülerzahl: *
- **Kanada:** ab EUR 15.300, Schülerzahl: *
- **Neuseeland:** ab EUR 9.500 **, Schülerzahl: *

erwartbarer Endpreis
(Bitte „Regeln zum Tabellenteil" beachten)

Besonderheiten:

* Die Anmeldungen laufen noch.
** 2 Terms
In den Programmen ist ein Schüler Vorbereitungs-, ein Schüler-Eltern Vorbereitungstreffen, ein Vorbereitungs-Seminar im Gastland sowie ein Nachbereitungs-Treffen enthalten.
Alle Programme sind auch für ein halbes Schuljahr möglich.

1/2 Schuljahr USA im Angebot

+++++++ kein Häkchen = Leistung/Punkt nicht vorhanden ++++++

EF Education (Deutschland) GmbH
Königsallee 92 a D-40212 Düsseldorf
Tel.: (02 11) 68 85 73 00 Fax: (02 11) 68 85 73 01 E-Mail: highschoolyear.de@ef.com Internet: www.ef.com/highschool
Anzahl Nebenstellen: **2** (siehe Verzeichnis Postleitzahlen)
Rechtsform: **GmbH**
Gemeinnützigkeit in Deutschland: **nein**
Gründungsjahr: **1965**
USA High School-Programm seit: **1965**
Schülerzahl im USA High School-Programm: **1000 (andere Länder 260 Schüler)**
USA Partner: **EF Foundation**

Spätplatzierung:
    Flug zu vorgebuchten Terminen
    (Unterbringung bei Area-Rep oder in Welcome families)
  ✓ **Flug erst nach erfolgter Platzierung**

Bewerbungsfrist: **31. März**
Stipendien (siehe auch Kapitel Stipendien) **ja**

Bewerbungsverfahren:
  ✓ **Einzelinterview (Schüler und Eltern)**
  ✓ **Einzelinterview (Schüler)**
  ✓ **Gruppeninterview (Schüler und Eltern)**
  ✓ **Gruppeninterview (Schüler)**
  ✓ **ersatzweise telefonisches Interview**

Philosophie der Arbeit:

„EF wurde 1965 gegründet und ist mit über 31.000 Mitarbeitern die größte private Bildungsorganisation weltweit, die seit über 40 Jahren Austauschprogramme anbietet und in allen Gastländern über eigene EF Büros sowie ein dichtes Netz eigener Betreuer verfügt. Der interkulturelle Austausch steht im Vordergrund, d.h. den Jugendlichen vieler Nationalitäten und Länder wir die Möglichkeit gegeben, das Gastland ihrer Wahl, das dortige Schulsystem, den Alltag einer Gastfamilie kennen zu lernen und gleichzeitig ihre Fremdsprachenkenntnisse zu perfektionieren. Die Stärke und Qualität unserer Arbeit liegen in der professionellen und persönlichen Betreuung unserer Teilnehmer vom ersten Schritt der Bewerbung bis hin zum Abschied von der Gastfamilie."

USA High School-Jahr
Preise und Leistungen:

Grundpreis: EUR 8.490

Leistungen der Organisation im Grundpreis:

Schüler Vorbereitungs-Treffen	✓
Schüler-Eltern Vorbereitungs-Treffen	✓
BRD Schüler Vorbereitungs-Seminar	
USA Schüler Vorbereitungs-Seminar	
Gruppenflug-Begleitung	
Elternabende	
Nachbereitungs-Treffen	✓
Nachbereitungs-Seminar	

Drittleistungen im Grundpreis:

Haftpflicht-Versicherung	
Kranken-Versicherung	
Unfall-Versicherung	
BRD Inland-Flug	✓
Transatlantik-Flug	✓
USA Inland-Flug	✓

Angebote und Leistungen der USA-Partnerorganisation:

Vorbereitungs-Treffen der Gastfamilien	✓
regelmäßiger tel. Kontakt mit dem Area Rep	✓
regelmäßige Treffen mit dem Area Rep	✓
regelmäßige Besuche des Area Rep	✓
Reiseangebote	✓

erwartbare zusätzliche Kosten:

Versicherungs-Paket	EUR	745

erwartbarer Endpreis **EUR 9.235 ***

(Bitte „Regeln zum Tabellenteil" beachten)

Besonderheiten:

* Achtung! Der erwartbare Endpreis kann sich aufgrund eines Gebietszuschlages um EUR 495 -695 erhöhen.
EF bietet für EUR 1.195 ein freiwilliges zweiwöchiges Vorbereitungscamp in den USA an.

1/2 Schuljahr USA im Angebot	✓

Weltweite Austauschprogramme:

- **Großbritannien:**
  EUR 8.735, Schülerzahl: 100
- **Honkong:**
  EUR 7.990, Schülerzahl: 5
- **Irland:**
  EUR 7.490, Schülerzahl: 30
- **Japan:**
  EUR 9.490, Schülerzahl: 5
- **Kanada:**
  bilingual EUR 10.990
  französisch EUR 8.490
  Schülerzahl: 30
- **Neuseeland:**
  EUR 11.490, Schülerzahl: 40
- **Two in One Gastländer:**
  (USA, Costa Rica, Frankreich.
  Weitere Länder auf Anfrage.)
  EUR 10.250, Schülerzahl: variabel

Bis auf Großbritannien und Two in One sind alle Programme auch für ein halbes Schuljahr möglich.

++++++ kein Häkchen = Leistung/Punkt nicht vorhanden ++++++

ehighschool

**ehighschool - Christian Prelle
Reiseveranstaltungen**

Am Sportplatz 3
D-39576 Stendal

Tel.: (07 00) 44 44 72 46
Fax: (0 39 31) 5 31 83 12
E-Mail: info@ehighschool.de
Internet: www.ehighschool.de

Anzahl Nebenstellen:
keine

Rechtsform:
Einzelunternehmen

Gemeinnützigkeit in Deutschland:
nein

Gründungsjahr:
2002

USA High School-Programm seit:
2003

Schülerzahl im USA High School-Programm:
89 (andere Länder 17 Schüler)

USA Partner:
EMF, FIEA

Spätplatzierung:
- Flug zu vorgebuchten Terminen
  (Unterbringung bei Area-Rep oder in Welcome families)
- ✓ Flug erst nach erfolgter Platzierung

Bewerbungsfrist:
09. März

Stipendien (siehe auch Kapitel Stipendien)
nein

Bewerbungsverfahren:
- ✓ Einzelinterview (Schüler und Eltern)
- Einzelinterview (Schüler)
- Gruppeninterview (Schüler und Eltern)
- Gruppeninterview (Schüler)
- ersatzweise telefonisches Interview

Philosophie der Arbeit:

„Preiswert, persönlich und fair - das ist das Motto von ehighschool. Mit einem sehr günstigen Preis für das USA-Programm wird weniger finanzstarken Schülern und Eltern entgegengekommen und allen, die ein hervorragendes Preis-Leistungs-Verhältnis wünschen. Hinzu kommt der persönliche Kontakt zwischen den Schülern, Eltern und ehighschool. Und natürlich die fairen Bedingungen: Die garantiert unverbindliche Bewerbung, ein Anzahlungsbetrag von nur 10% des Reisepreises und mehr."

USA High School-Jahr
Preise und Leistungen:

Grundpreis:	EUR 5.999

Leistungen der Organisation im Grundpreis:

Schüler Vorbereitungs-Treffen	✓
Schüler-Eltern Vorbereitungs-Treffen	✓
BRD Schüler Vorbereitungs-Seminar	✓
USA Schüler Vorbereitungs-Seminar	
Gruppenflug-Begleitung	✓
Elternabende	
Nachbereitungs-Treffen	✓
Nachbereitungs-Seminar	

Drittleistungen im Grundpreis:

- Haftpflicht-Versicherung
- Kranken-Versicherung
- Unfall-Versicherung
- BRD Inland-Flug
- Transatlantik-Flug
- USA Inland-Flug

Angebote und Leistungen der USA-Partnerorganisation:

Vorbereitungs-Treffen der Gastfamilien	✓
regelmäßiger tel. Kontakt mit dem Area Rep	✓
regelmäßige Treffen mit dem Area Rep	
regelmäßige Besuche des Area Rep	
Reiseangebote	✓

erwartbare zusätzliche Kosten:

USA Vorb.-Seminar (freiwillig)	EUR	900
Versicherungspaket	EUR	500
alle Flüge	EUR	1.100

*erwartbarer Endpreis EUR 8.499 ***
(Bitte „Regeln zum Tabellenteil" beachten)

Besonderheiten:
* Achtung! Der erwartbare Endpreis kann sich aufgrund eines Gebietszuschlages um EUR 900 erhöhen.

Weltweite Austauschprogramme:
- **Australien:** EUR 22.999, Schülerzahl: *
- **Belgien:** EUR 4.199, Schülerzahl: *
- **China:** EUR 7.599, Schülerzahl: 1
- **Frankreich:** EUR 4.999, Schülerzahl: *
- **Großbritannien:** EUR 11.899, Schülerzahl: 2
- **Irland:** EUR 10.999, Schülerzahl: *
- **Italien:** EUR 5.199, Schülerzahl: *
- **Kanada:** ab EUR 15.099, Schülerzahl: 10

* Neues Programm. Alle Programme sind auch für ein halbes Schuljahr möglich.

1/2 Schuljahr USA im Angebot	✓

+++++++ kein Häkchen = Leistung/Punkt nicht vorhanden ++++++

EUROVACANCES
Youth Exchange gGmbH

Rothenbaumchausee 5
D-20148 Hamburg

Tel.: (0 40) 44 70 70 - 0
Fax: (0 40) 4 10 85 26
E-Mail: info@eurovacances.de
Internet: www.eurovacances.de

Anzahl Nebenstellen:

37 (siehe Verzeichnis Postleitzahlen)

Rechtsform:

gGmbH

Gemeinnützigkeit in Deutschland:

ja

Gründungsjahr:

1979 (seit 1984 gGmbH)

USA High School-Programm seit:

1981

Schülerzahl im USA High School-Programm:

243 (andere Länder 340 Schüler)

USA Partner:

ACES, ASPECT, NOD, NW Services, WISE

Spätplatzierung:

- ✓ **Flug zu vorgebuchten Terminen**
  (Unterbringung bei Area-Rep oder in Welcome families)

  Flug erst nach erfolgter Platzierung

Bewerbungsfrist:

15. März

Stipendien (siehe auch Kapitel Stipendien)

ja

Bewerbungsverfahren:

- ✓ **Einzelinterview (Schüler und Eltern)**
  Einzelinterview (Schüler)
  Gruppeninterview (Schüler und Eltern)
  Gruppeninterview (Schüler)
  ersatzweise telefonisches Interview

gemeinnütziger
Schüleraustausch
seit 1979

Philosophie der Arbeit:

„Jeder Schüler, der in unser Programm aufgenommen wird, hat einen EUROVACANCES-Mitarbeiter in seiner Nähe, der ihn vom Bewerbungsgespräch bis zum regionalen Nachbereitungstreffen begleitet. Ebenso legen wir Wert darauf, mindestens einen, möglichst jedoch beide Elternteile eng in unsere Arbeit mit einzubeziehen. Ein Großteil unserer Arbeit besteht also in der Auswahl der Schüler sowie der intensiven Vor- und Nachbereitung der Jugendlichen und ihrer Eltern. Die Art und Weise der Durchführung unserer Programme entspricht unserem Selbstverständnis, dass wir mit unserer Arbeit versuchen, bestehende Vorurteile oder falsche Vorstellungen über Menschen anderer Kulturen abzubauen. Jahr für Jahr geben wir zahlreichen deutschen und ausländischen Schülern diese Möglichkeit."

Weltweite Austauschprogramme:

- **Argentinien*:**
  EUR 7.900, Schülerzahl: 5
- **Australien*:**
  ab EUR 18.900, Schülerzahl: 43
- **Chile*:**
  EUR 7.400, Schülerzahl: 2
- **China****:**
  EUR 8.500, Schülerzahl: 2
- **Costa Rica*:**
  EUR 8.200, Schülerzahl: 12
- **Großbritannien:**
  ab EUR 9.600, Schülerzahl: 24
- **Irland*:**
  EUR 10.700, Schülerzahl: 12
- **Italien*:**
  EUR 7.500, Schülerzahl: 3
- **Kanada**:**
  ab EUR 15.600, Schülerzahl: 128
- **Neuseeland**:**
  ab EUR 17.700, Schülerzahl: 93
- **Spanien:**
  EUR 7.800, Schülerzahl: 4
- **Südafrika:**
  EUR 8.400, Schülerzahl: 11
- **USA-Miami Programm***:**
  EUR 18.700 Schülerzahl: 3

EUROVACANCES arbeitet mit Festpreisen siehe auch www.eurovacances.de
* Sprach-und/oder Kulturkurs im Gastland inklusive.
** Schulwahl möglich
*** Unterbringung in spanisch sprechender Gastfamilie.
**** ausschließlich Key Schools in Shanghai.
Bis auf USA-Miami sind alle Programme auch für ein halbes Schuljahr möglich.

USA High School-Jahr
Preise und Leistungen:

Grundpreis:	EUR 8.700

Leistungen der Organisation im Grundpreis:

Schüler Vorbereitungs-Treffen	
Schüler-Eltern Vorbereitungs-Treffen	✓
BRD Schüler Vorbereitungs-Seminar	✓
USA Schüler Vorbereitungs-Seminar	
Gruppenflug-Begleitung	✓
Elternabende *	✓
Nachbereitungs-Treffen	✓
Nachbereitungs-Seminar	✓

Drittleistungen im Grundpreis:

Haftpflicht-Versicherung	✓
Kranken-Versicherung	✓
Unfall-Versicherung	
BRD Inland-Flug	✓
Transatlantik-Flug	✓
USA Inland-Flug	✓

Angebote und Leistungen der USA-Partnerorganisation:

Vorbereitungs-Treffen der Gastfamilien	✓
regelmäßiger tel. Kontakt mit dem Area Rep	✓
regelmäßige Treffen mit dem Area Rep	✓
regelmäßige Besuche des Area Rep	✓
Reiseangebote	✓

erwartbare zusätzliche Kosten:

Unfall-Vers.	ab EUR	90
USA-Vorb.-Seminar (freiwillig)	EUR	400

erwartbarer Endpreis	**EUR 9.190**

(Bitte „Regeln zum Tabellenteil" beachten)

Besonderheiten:

Siehe Vor- und Nachbereitungsarbeit.
Mitglied in CSIET.
24-Stunden Notrufnummer in Deutschland.

EUROVACANCES bietet einen von Muttersprachlern geleiteten Englischkurs sowie die Möglichkeit eines Patenschülers an.

* Elternabende werden auf lokaler Ebene angeboten.

1/2 Schuljahr USA im Angebot	✓

++++++ kein Häkchen = Leistung/Punkt nicht vorhanden ++++++

Experiment e.V.

Gluckstraße 1
D-53115 Bonn

Tel.: (02 28) 95 72 20
Fax: (02 28) 35 82 82
E-Mail: school@experiment-ev.de
Internet: www.experiment-ev.de

Bundesweite regionale Vertretung durch ehrenamtl. Mitarbeiter.

Rechtsform:
e.V.

Gemeinnützigkeit in Deutschland:
ja

Gründungsjahr:
1932 (seit 1952 e.V.)

USA High School-Programm seit:
1975

Schülerzahl im USA High School-Programm:
265 (andere Länder 248 Schüler)

USA Partner:
ERDT/SHARE

Spätplatzierung:
- Flug zu vorgebuchten Terminen
  (Unterbringung bei Area-Rep oder in Welcome families)
- ✓ Flug erst nach erfolgter Platzierung

Bewerbungsfrist:
01. Februar

Stipendien (siehe auch Kapitel Stipendien)
ja

Bewerbungsverfahren:
- Einzelinterview (Schüler und Eltern)
- ✓ Einzelinterview (Schüler)
- ✓ Gruppeninterview (Schüler und Eltern)
- ✓ Gruppeninterview (Schüler)
  ersatzweise telefonisches Interview

Experiment e.V.
THE EXPERIMENT IN INTERNATIONAL LIVING

Philosophie der Arbeit:

„Experiment e.V. ist das deutsche Büro der weltweit ältesten Austauschorganisation 'The Experiment In International Living'. Der Verein mit über 1.000 Mitgliedern ist seit 1952 in Deutschland als gemeinnützig registriert und kooperiert unter anderem mit dem Deutschen Bundestag, dem Bundesministerium für wirtschaftliche Zusammenarbeit und Entwicklung (BMZ), dem Deutscher Akademischen Austauschdienst (DAAD), dem Auswärtigen Amt, dem Goethe-Institut und der Zeit-Stiftung. Die 25 hauptamtlichen Mitarbeiter der Bundesgeschäftsstelle in Bonn werden bundesweit durch über 600 Ehrenamtliche unterstützt."

Weltweite Austauschprogramme:
- **Argentinien:**
  EUR 6.390, Schülerzahl: 10
- **Australien:**
  EUR 19.200, Schülerzahl: 13
- **Brasilien:**
  EUR 7.050, Schülerzahl: 3
- **Chile:**
  EUR 7.300, Schülerzahl: 5
- **China:**
  EUR 8.500, Schülerzahl: 4
- **Costa Rica:**
  EUR 7.550, Schülerzahl: 18
- **Ecuador:**
  EUR 6.570, Schülerzahl: 4
- **Frankreich:**
  EUR 5.900, Schülerzahl: 28
- **Großbritannien:**
  EUR 8.620, Schülerzahl: 17
- **Indien:**
  EUR 8.320, Schülerzahl: *
- **Irland:**
  EUR 8.970, Schülerzahl: 51
- **Italien:**
  EUR 7.185, Schülerzahl: 5
- **Kanada:**
  EUR 16.890, Schülerzahl: 28
- **Neuseeland:**
  EUR 19.100, Schülerzahl: 25
- **Skandinavien:**
  EUR 6.800, Schülerzahl: 10
- **Spanien:**
  EUR 7.600, Schülerzahl: 6
- **Südafrika:**
  EUR 8.300, Schülerzahl: 20
- **Thailand:**
  EUR 5.650, Schülerzahl: 1

* Neues Programm.
Europa: Anreise zum nächstgelegenen Flughafen/Bahnhof der Gastfamilie nicht im Preis, Krankenversicherung nicht nötig. Alle Programme sind auch für ein halbes Schuljahr möglich.

USA High School-Jahr
Preise und Leistungen:

Grundpreis: EUR 8.500

Leistungen der Organisation im Grundpreis:

Schüler Vorbereitungs-Treffen	
Schüler-Eltern Vorbereitungs-Treffen	
BRD Schüler Vorbereitungs-Seminar	✓
USA Schüler Vorbereitungs-Seminar	
Gruppenflug-Begleitung	✓
Elternabende	✓
Nachbereitungs-Treffen	
Nachbereitungs-Seminar	✓

Drittleistungen im Grundpreis:

Haftpflicht-Versicherung	✓
Kranken-Versicherung	✓
Unfall-Versicherung	✓
BRD Inland-Flug	✓
Transatlantik-Flug	✓
USA Inland-Flug	✓

Angebote und Leistungen der USA-Partnerorganisation:

Vorbereitungs-Treffen der Gastfamilien	✓
regelmäßiger tel. Kontakt mit dem Area Rep	✓
regelmäßige Treffen mit dem Area Rep	✓
regelmäßige Besuche des Area Rep	✓
Reiseangebote	✓

erwartbare zusätzliche Kosten:

erwartbarer Endpreis **EUR 8.500**

(Bitte „Regeln zum Tabellenteil" beachten)

Besonderheiten:

Mitglied im "Arbeitskreis gemeinnütziger Jugendaustauschorganisationen" (AJA).
Die viertägigen Vorbereitungsseminare finden in kleinen Gruppen einige Wochen vor der Ausreise unter Mitwirkung ehrenamtlicher Mitarbeiter statt.

1/2 Schuljahr USA im Angebot	✓

+++++++ kein Häkchen = Leistung/Punkt nicht vorhanden ++++++

Foreign Link Around the Globe

Wiesengrund 4
D-53819 Neunkirchen

Tel.: (0 22 47) 8 98 15
Fax: (0 22 47) 8 98 15
E-Mail: flag-dk@flag-germany.de
Internet: www.flag-germany.de

Anzahl Nebenstellen:
keine

Rechtsform:
nicht selbständig

Gemeinnützigkeit in Deutschland:
nein

Gründungsjahr:
1989

USA High School-Programm seit:
1989

Schülerzahl im USA High School-Programm:
18 (andere Länder keine Schüler)

USA Partner:
FLAG

Spätplatzierung:
- ✓ **Flug zu vorgebuchten Terminen**
  (Unterbringung bei Area-Rep oder in Welcome families)
- **Flug erst nach erfolgter Platzierung**

Bewerbungsfrist:
15. Januar

Stipendien (siehe auch Kapitel Stipendien)
nein

Bewerbungsverfahren:
- ✓ Einzelinterview (Schüler und Eltern)
- Einzelinterview (Schüler)
- ✓ Gruppeninterview (Schüler und Eltern)
- Gruppeninterview (Schüler)
- ✓ ersatzweise telefonisches Interview

Philosophie der Arbeit:

„Wir existieren seit über 20 Jahren und wurden von einer Gruppe von Lehrern gegründet. Wir sind als „klein und fein" bekannt. Wir garantieren engmaschige Betreuung eines jeden Schülers. Die meisten Jugendlichen werden in den Staaten um die großen Seen platziert."

USA High School-Jahr
Preise und Leistungen:

Grundpreis:	ca. EUR 4.879

Leistungen der Organisation im Grundpreis:

Schüler Vorbereitungs-Treffen	
Schüler-Eltern Vorbereitungs-Treffen	✓
BRD Schüler Vorbereitungs-Seminar	
USA Schüler Vorbereitungs-Seminar	
Gruppenflug-Begleitung	
Elternabende	
Nachbereitungs-Treffen	
Nachbereitungs-Seminar	

Drittleistungen im Grundpreis:

Haftpflicht-Versicherung	✓
Kranken-Versicherung	✓
Unfall-Versicherung	✓
BRD Inland-Flug	
Transatlantik-Flug	
USA Inland-Flug	✓

Angebote und Leistungen der USA-Partnerorganisation:

Vorbereitungs-Treffen der Gastfamilien	
regelmäßiger tel. Kontakt mit dem Area Rep	✓
regelmäßige Treffen mit dem Area Rep	
regelmäßige Besuche des Area Rep	✓
Reiseangebote	✓

erwartbare zusätzliche Kosten:

Bewerbungsgebühr	EUR	85
Alle Flüge (pauschal)	ca. EUR	1.350

erwartbarer Endpreis EUR 6.314

(Bitte „Regeln zum Tabellenteil" beachten)

Besonderheiten:

Der Preis ist in US$ zu zahlen (US$ 6.950).

Die Mehrzahl der Schüler wird in den Staaten um die großen Seen platziert.

Weltweite Austauschprogramme:

Keine weiteren Länder im Angebot.

Sonstige Programme:

- Privatschulen:
  USA

1/2 Schuljahr USA im Angebot	✓

+++++++ kein Häkchen = Leistung/Punkt nicht vorhanden ++++++

GIVE – Gesellschaft für internationale Verständigung mbH

In der Neckarhelle 127/a
D-69118 Heidelberg

Tel.: (0 62 21) 38 93 50
Fax: (0 62 21) 3 89 35 20
E-Mail: info@give-highschool.de
Internet: www.give-highschool.de

Anzahl Nebenstellen:
keine

Rechtsform:
GmbH

Gemeinnützigkeit in Deutschland:
nein

Gründungsjahr:
1987 (seit 1998 GmbH)

USA High School-Programm seit:
1987

Schülerzahl im USA High School-Programm:
250 (andere Länder 363 Schüler)

USA Partner:
ASSE

Spätplatzierung:
    Flug zu vorgebuchten Terminen
    (Unterbringung bei Area-Rep oder in Welcome families)
  ✓ **Flug erst nach erfolgter Platzierung**

Bewerbungsfrist:
31. März

Stipendien (siehe auch Kapitel Stipendien)
ja

Bewerbungsverfahren:
  ✓ **Einzelinterview (Schüler und Eltern)**
    Einzelinterview (Schüler)
    Gruppeninterview (Schüler und Eltern)
    Gruppeninterview (Schüler)
    ersatzweise telefonisches Interview

Philosophie der Arbeit:

„Unsere „Philosophie" ist die Förderung einer deutsch-amerikanischen Freundschaft und Verständigung. Ein jeder Schüler hat die Möglichkeit, in diesem Rahmen sein eigenes Ich einzubringen, um daraus eine lebenslange positive Beziehung entstehen zu lassen. Dieses Schuljahr fern von zu Hause und vertrauter Umgebung sollte als optimale Chance wahrgenommen werden, welche wesentlich zum Reifungsprozess eines heranwachsenden Jugendlichen beiträgt."

USA High School-Jahr
Preise und Leistungen:

Grundpreis:	EUR 7.920

Leistungen der Organisation im Grundpreis:

Schüler Vorbereitungs-Treffen	
Schüler-Eltern Vorbereitungs-Treffen	✓
BRD Schüler Vorbereitungs-Seminar	✓
USA Schüler Vorbereitungs-Seminar	
Gruppenflug-Begleitung	✓
Elternabende	
Nachbereitungs-Treffen	
Nachbereitungs-Seminar	

Drittleistungen im Grundpreis:

Haftpflicht-Versicherung	
Kranken-Versicherung	
Unfall-Versicherung	
BRD Inland-Flug	✓
Transatlantik-Flug	✓
USA Inland-Flug	✓

Angebote und Leistungen der USA-Partnerorganisation:

Vorbereitungs-Treffen der Gastfamilien	
regelmäßiger tel. Kontakt mit dem Area Rep	✓
regelmäßige Treffen mit dem Area Rep	
regelmäßige Besuche des Area Rep	✓
Reiseangebote	✓

erwartbare zusätzliche Kosten:

Versicherungs-Paket	EUR	590
Nachber.-Seminar (freiwillig)	EUR	48

erwartbarer Endpreis EUR 8.559
(Bitte „Regeln zum Tabellenteil" beachten)

Besonderheiten:
Mitglied in „Deutscher Fachverband High School" (DFH).

Weltweite Austauschprogramme:

- **Argentinien:**
  EUR 7.000 *, Schülerzahl: 3
- **Australien:**
  EUR 19.680, Schülerzahl: 55
- **Frankreich:**
  EUR 5.720, Schülerzahl: 5
- **Großbritannien:**
  EUR 10.000, Schülerzahl: 15
- **Kanada:**
  EUR 16.820, Schülerzahl: 195
- **Neuseeland:**
  EUR 16.820, Schülerzahl: 70

Alle Programme sind auch für ein halbes Schuljahr möglich.

1/2 Schuljahr USA im Angebot	✓

Global Youth Group	
Eststraße 6 D-45149 Essen	
Tel.: (02 01) 6 12 45 29 Fax: (02 01) 47 61 98 24 E-Mail: info@global-youth-group.de Internet: www.global-youth-group.de	

Anzahl Nebenstellen:
keine

Rechtsform:
e.k.

Gemeinnützigkeit in Deutschland:
ja

Gründungsjahr:
2009

USA High School-Programm seit:
2011

Schülerzahl im USA High School-Programm:
3 (andere Länder 8 Schüler)

USA Partner:
AFICE

Spätplatzierung
  Flug zu vorgebuchten Terminen
  (Unterbringung bei Area-Rep oder in Welcome families)
✓ **Flug erst nach erfolgter Platzierung**

Bewerbungsfrist:
28. Februar

Stipendien (siehe auch Kapitel Stipendien)
nein

Bewerbungsverfahren:
✓ Einzelinterview (Schüler und Eltern)
✓ Einzelinterview (Schüler)
  Gruppeninterview (Schüler und Eltern)
  Gruppeninterview (Schüler)
  ersatzweise telefonisches Interview

Philosophie der Arbeit:

„Die Global Youth Group setzt sich besonders für die Förderung von Jugendlichen, der Bildung und der Völkerverständigung durch verschiedene Bildungsaustauschprogramme ein. Der gemeinnützige Verein legt viel Wert auf hohe Qualität, Sicherheit und eine hochwertige Betreuung. Die Global Youth Group ist unabhängig und wird sehr familiär geführt."

USA High School-Jahr
Preise und Leistungen:

Grundpreis: EUR 6.400

Leistungen der Organisation im Grundpreis:

Schüler Vorbereitungs-Treffen	✓
Schüler-Eltern Vorbereitungs-Treffen	✓
BRD Schüler Vorbereitungs-Seminar	
USA Schüler Vorbereitungs-Seminar	✓
Gruppenflug-Begleitung	
Elternabende	✓
Nachbereitungs-Treffen	
Nachbereitungs-Seminar	✓

Drittleistungen im Grundpreis:

Haftpflicht-Versicherung	✓
Kranken-Versicherung	✓
Unfall-Versicherung	✓
BRD Inland-Flug	
Transatlantik-Flug	
USA Inland-Flug	

Angebote und Leistungen der USA-Partnerorganisation:

Vorbereitungs-Treffen der Gastfamilien	✓
regelmäßiger tel. Kontakt mit dem Area Rep	✓
regelmäßige Treffen mit dem Area Rep	✓
regelmäßige Besuche des Area Rep	
Reiseangebote	✓

erwartbare zusätzliche Kosten:

BRD-Vorb.-Seminar (freiwillig)	EUR	75
USA-Vorb.-Seminar (freiwillig)	EUR	250
alle Flüge	EUR	1.500

erwartbarer Endpreis EUR 8.525
(Bitte „Regeln zum Tabellenteil" beachten)

Besonderheiten:

Drei Reisen innerhalb der USA sind im Preis inbegriffen.

Weltweite Austauschprogramme:

- **Australien*:**
  EUR 18.100, Schülerzahl: 1
- **Frankreich**:**
  EUR 5.950 *, Schülerzahl: 0
- **Großbritannien**:**
  EUR 6.850*, Schülerzahl: 1
- **Irland***:**
  EUR 9.000 *, Schülerzahl: 1
- **Kanada**:**
  EUR 13.900*, Schülerzahl: 1
- **Neuseeland**:**
  EUR ab 18.850*, Schülerzahl: 1
- **Spanien**:**
  ab EUR 7.400*, Schülerzahl: 1

* Reisen innerhalb des Landes nicht inklusive.
** Regionen-, Orts- oder Schulwahl möglich.
Die Krankenversicherung ist nicht immer im Preis enthalten.
Alle Programme sind auch für ein halbes Schuljahr möglich.

1/2 Schuljahr USA im Angebot	✓

+++++++ kein Häkchen = Leistung/Punkt nicht vorhanden ++++++

GLS Sprachenzentrum

Kastanienallee 82
D-10435 Berlin

Tel.: (0 30) 78 00 89 80
Fax: (0 30) 7 87 41 91
E-Mail: highschool@gls-sprachenzentrum.de
Internet: www.gls-sprachenzentrum.de

Anzahl Nebenstellen:
keine

Rechtsform:
Einzelunternehmen

Gemeinnützigkeit in Deutschland:
nein

Gründungsjahr:
1983

USA High School-Programm seit:
1983

Schülerzahl im USA High School-Programm:
153 (andere Länder 514 Schüler)

USA Partner:
Educatis, ETC, FTW, Open Hearts

Spätplatzierung:
- Flug zu vorgebuchten Terminen
  (Unterbringung bei Area-Rep oder in Welcome families)
- ✓ Flug erst nach erfolgter Platzierung

Bewerbungsfrist:
31. März

Stipendien (siehe auch Kapitel Stipendien)
ja

Bewerbungsverfahren:
- Einzelinterview (Schüler und Eltern)
- ✓ Einzelinterview (Schüler)
- Gruppeninterview (Schüler und Eltern)
- Gruppeninterview (Schüler)
- ersatzweise telefonisches Interview

Philosophie der Arbeit:

„Seit 30 Jahren Erfahrung im internationalen Schüleraustausch, 25 Destinationen weltweit, jede Menge Auswahl an staatlichen und privaten Schulen, Colleges und Internaten, Aufenthalte von 2 bis 24 Monaten - bei GLS findet sich für jeden ein passendes Programm. Regelmäßige Besuche bei den Partnern im Ausland, individuelle Betreuung vor und nach der Abreise, motivierte und erfahrene Mitarbeiter, spannende Workshops zur Vor- und Nachbereitung auf unserem Berliner Campus sind für uns selbstverständlich."

Weltweite Austauschprogramme:
- **Argentinien*:** ab EUR 6.980, Schülerzahl: 6
- **Australien*:** ab EUR 19.920, Schülerzahl: 65
- **Belgien:** EUR 6.190, Schülerzahl: 2
- **Brasilien**:** EUR 5.940, Schülerzahl: 2
- **Chile**:** EUR 10.990, Schülerzahl: 3
- **China:** EUR 10.250, Schülerzahl: 4
- **Costa Rica*:** ab EUR 9.890, Schülerzahl: 25
- **Frankreich*:** ab EUR 6.890, Schülerzahl: 37
- **Großbritannien*:** ab EUR 8.790, Schülerzahl: 75
- **Irland*:** ab EUR 9.990, Schülerzahl: 17
- **Italien:** EUR 7.190, Schülerzahl: 6
- **Japan**:** ab EUR 10.210, Schülerzahl: 12
- **Kanada:** ab EUR 15.690, Schülerzahl: 150
- **Mexiko**:** ab EUR 6.890, Schülerzahl: 13
- **Neuseeland*:** ab EUR 17.910, Schülerzahl: 55
- **Skandinavien:** ab EUR 8.490, Schülerzahl: 14
- **Spanien:** ab EUR 9.690, Schülerzahl: 6
- **Südafrika:** EUR 9.220, Schülerzahl: 14
- **Tansania:** ab EUR 18.830, Schülerzahl: 1

* Schul- oder Regionenwahl möglich.
** Privatschulprogramm.
Alle Programme sind auch für ein halbes Schuljahr möglich.

USA High School-Jahr
Preise und Leistungen:

Grundpreis:	EUR 6.990

Leistungen der Organisation im Grundpreis:

Schüler Vorbereitungs-Treffen	
Schüler-Eltern Vorbereitungs-Treffen	✓
BRD Schüler Vorbereitungs-Seminar	
USA Schüler Vorbereitungs-Seminar	
Gruppenflugbegleitung	
Elternabende	
Nachbereitungs-Treffen	✓
Nachbereitungs-Seminar	

Drittleistungen im Grundpreis:

Haftpflicht-Versicherung
Kranken-Versicherung
Unfall-Versicherung
BRD Inland-Flug
Transatlantik-Flug
USA Inland-Flug

Angebote und Leistungen der USA-Partnerorganisation:

Vorbereitungs-Treffen der Gastfamilien	✓
regelmäßiger tel. Kontakt mit dem Area Rep	✓
regelmäßige Treffen mit dem Area Rep	
regelmäßige Besuche des Area Rep	✓
Reiseangebote	✓

erwartbare zusätzliche Kosten:

USA-Vorber.-Seminar (freiwillig)		
mit Gruppenflugbegleitung	EUR	590
Versicherungspaket	EUR	550
alle Flüge	EUR	1.450

erwartbarer Endpreis	**EUR 9.580***

(Bitte „Regeln zum Tabellenteil" beachten)

Besonderheiten:

* Achtung ! Der erwartbare Endpreis kann sich um EUR 90-170 für freiwillige Vorbereitungskurse erhöhen.

Mitglied in „Deutscher Fachverband High School" (DFH).

1/2 Schuljahr USA im Angebot	✓

+++++++ kein Häkchen = Leistung/Punkt nicht vorhanden ++++++

ICX – International Cultural eXchange - Deutschland, Gesellschaft für internationalen Kulturaustausch e.V.	
Bahnhofstraße 16-18 D-26122 Oldenburg	
Tel.: (04 41) 9 23 98 - 0 Fax: (04 41) 9 23 98 - 99 E-Mail: info@icxchange.de Internet: www.icxchange.de	

ICXchange - Deutschland

Anzahl Nebenstellen:	**keine**
Rechtsform:	**e.V.**
Gemeinnützigkeit in Deutschland:	**ja**
Gründungsjahr:	**1974**
USA High School-Programm seit:	**1974**
Schülerzahl im USA High School-Programm:	**110 (andere Länder 122 Schüler)**
USA Partner:	**PAX**
Spätplatzierung:	✓ **Flug zu vorgebuchten Terminen** (Unterbringung bei Area-Rep oder in Welcome families) **Flug erst nach erfolgter Platzierung**
Bewerbungsfrist:	**15. März**
Stipendien (siehe auch Kapitel Stipendien)	**ja**
Bewerbungsverfahren:	**Einzelinterview (Schüler und Eltern)** ✓ **Einzelinterview (Schüler)** **Gruppeninterview (Schüler und Eltern)** **Gruppeninterview (Schüler)** **ersatzweise telefonisches Interview**

Philosophie der Arbeit:

„Wir sind eine gemeinnützige deutsche Organisation, die seit 1974 unterschiedliche Programme auf dem Gebiet des Schüleraustausches und der internationalen Begegnung durchführt. Das satzungsgemäße Ziel besteht darin, die Völkerverständigung, den interkulturellen Gedanken- und Erfahrungsaustausch sowie die Toleranz auf allen Gebieten der Kultur zu pflegen und dadurch ein friedliches Miteinander aller Menschen zu fördern."

Weltweite Austauschprogramme:

- **Argentinien:**
  EUR 7.950, Schülerzahl: 0
- **Australien:**
  EUR 27.900, Schülerzahl: 2
- **Costa Rica:**
  EUR 9.750, Schülerzahl: 1
- **Ecuador:**
  EUR 6.900, Schülerzahl: 5
- **Frankreich:**
  EUR 7.400, Schülerzahl: 5
- **Großbritannien:**
  EUR 11.700, Schülerzahl: 46
- **Irland:**
  EUR 11.150, Schülerzahl: 19
- **Kanada:**
  englisch EUR 15.500
  französisch EUR 10.950
  Schülerzahl: 25
- **Spanien:**
  EUR 9.800, Schülerzahl: 4
- **Südafrika:**
  EUR 7.250, Schülerzahl: 2

Alle Programme sind auch für ein halbes Schuljahr möglich.

USA High School-Jahr
Preise und Leistungen:

Grundpreis:	EUR 7.950

Leistungen der Organisation im Grundpreis:

Schüler Vorbereitungs-Treffen	
Schüler-Eltern Vorbereitungs-Treffen	✓
BRD Schüler Vorbereitungs-Seminar	✓
USA Schüler Vorbereitungs-Seminar	✓
Gruppenflug-Begleitung	✓
Elternabende	
Nachbereitungs-Treffen	
Nachbereitungs-Seminar	✓

Drittleistungen im Grundpreis:

Haftpflicht-Versicherung	
Kranken-Versicherung	✓
Unfall-Versicherung	✓
BRD Inland-Flug	✓
Transatlantik-Flug	✓
USA Inland-Flug	✓

Angebote und Leistungen der USA-Partnerorganisation:

Vorbereitungs-Treffen der Gastfamilien	✓
regelmäßiger tel. Kontakt mit dem Area Rep	✓
regelmäßige Treffen mit dem Area Rep	✓
regelmäßige Besuche des Area Rep	✓
Reiseangebote	✓

erwartbare zusätzliche Kosten:

Haftpflicht-Vers.	EUR	65
USA-Vorb.-Sem. (freiwillig)	EUR	500

erwartbarer Endpreis	**EUR 8.515**

(Bitte „Regeln zum Tabellenteil" beachten)

Besonderheiten:
Der Umfang entspricht den in der Tabelle genannten Leistungen und Angeboten.

1/2 Schuljahr USA im Angebot	✓

++++++ kein Häkchen = Leistung/Punkt nicht vorhanden ++++++

interact SPRACHREISEN

Interact Sprachreisen

Lütmarser Straße 26
D-37671 Höxter

Tel.: (0 52 71) 97 09 87
Fax: (0 52 71) 97 09 39
E-Mail: info@interact-sprachreisen.de
Internet: www.interact-sprachreisen.de

Anzahl Nebenstellen:
keine (siehe Verzeichnis Postleitzahlen)

Rechtsform:
Einzelfirma

Gemeinnützigkeit in Deutschland:
nein

Gründungsjahr:
2007

USA High School-Programm seit:
2007

Schülerzahl im USA High School-Programm:
34 (andere Länder 4 Schüler)

USA Partner:
ETC, ISE

Spätplatzierung:
- Flug zu vorgebuchten Terminen
  (Unterbringung bei Area-Rep oder in Welcome families)
- ✓ Flug erst nach erfolgter Platzierung

Bewerbungsfrist:
31. März

Stipendien (siehe auch Kapitel Stipendien)
nein

Bewerbungsverfahren:
- ✓ Einzelinterview (Schüler und Eltern)
- ✓ Einzelinterview (Schüler)
- Gruppeninterview (Schüler und Eltern)
- Gruppeninterview (Schüler)
- ✓ ersatzweise telefonisches Interview

Philosophie der Arbeit:

„interact Sprachreisen begleitet motivierte und aufgeschlossene Schüler auf ihrem Weg, erste internationale Erfahrungen zu sammeln. Dabei ist uns der persönliche Kontakt zu den Teilnehmern und deren Eltern sehr wichtig, damit wir jeden optimal auf die Zeit im Ausland vorbereiten können. Wir vermitteln daher nur eine begrenzte Anzahl an Teilnehmern. Durch die individuelle Betreuung unsererseits und mit Hilfe erfahrener Partnerorganisationen in den gastländern bieten wir ein Rundumprogramm, das dazu beiträgt, Verständnis für andere Kulturen zu wecken, Akzeptanz und Toleranz der Menschen füreinander zu stärken und gegenseitige Vorurteile abzubauen."

USA High School-Jahr
Preise und Leistungen:

Grundpreis:	**EUR 7.290**

Leistungen der Organisation im Grundpreis:

Schüler Vorbereitungs-Treffen	
Schüler-Eltern Vorbereitungs-Treffen	✓
BRD Schüler Vorbereitungs-Seminar	
USA Schüler Vorbereitungs-Seminar	
Gruppenflug-Begleitung	
Elternabende	
Nachbereitungs-Treffen	✓
Nachbereitungs-Seminar	

Drittleistungen im Grundpreis:

Haftpflicht-Versicherung	✓
Kranken-Versicherung	✓
Unfall-Versicherung	✓
BRD Inland-Flug	
Transatlantik-Flug	
USA Inland-Flug	

Angebote und Leistungen der USA-Partnerorganisation:

Vorbereitungs-Treffen der Gastfamilien	✓
regelmäßiger tel. Kontakt mit dem Area Rep	✓
regelmäßige Treffen mit dem Area Rep	✓
regelmäßige Besuche des Area Rep	✓
Reiseangebote	✓

erwartbare zusätzliche Kosten:

alle Flüge	ca. EUR	1.000
	bis	1.300

erwartbarer Endpreis	**EUR 8.440 ***

(Bitte „Regeln zum Tabellenteil" beachten)

Besonderheiten:

* Achtung! Der erwartbare Endpreis kann sich aufgrund eines Gebietszuschlages um EUR 500 erhöhen.

1/2 Schuljahr USA im Angebot	✓

Weltweite Austauschprogramme:

- **Spanien*:**
EUR 8.500, Schülerzahl: 3

*Vorbereitungsseminar im Gastland ist im Programmpreis enthalten, der Flug nicht. Alle Programme sind auch für ein halbes Schuljahr möglich.

++++++ kein Häkchen = Leistung/Punkt nicht vorhanden ++++++

international Experience e.V.

Amselweg 20
D-53797 Lohmar

Tel.: (0 22 46) 91 54 90
Fax: (0 22 46) 91 54 912
E-Mail: info@international-experience.net
Internet: www.international-experience.net

Anzahl Nebenstellen:
keine

Rechtsform:
e.V.

Gemeinnützigkeit in Deutschland:
ja

Gründungsjahr:
2000

USA High School-Programm seit:
2000

Schülerzahl im USA High School-Programm:
267 (andere Länder 49 Schüler)

USA Partner:
iE

Spätplatzierung:
- **Flug zu vorgebuchten Terminen** (Unterbringung bei Area-Rep oder in Welcome families)
- ✓ **Flug erst nach erfolgter Platzierung**

Bewerbungsfrist:
31. März

Stipendien (siehe auch Kapitel Stipendien)
nein

Bewerbungsverfahren:
- ✓ **Einzelinterview (Schüler und Eltern)**
- **Einzelinterview (Schüler)**
- **Gruppeninterview (Schüler und Eltern)**
- **Gruppeninterview (Schüler)**
- **ersatzweise telefonisches Interview**

Philosophie der Arbeit:

„In Zeiten der weltweiten Globalisierung gewinnt der internationale kulturelle Austausch zunehmend an Bedeutung. Wir sehen uns daher als Partner für individuelle, maßgeschneiderte Schüleraustausch-Programme und helfen jungen Leuten, diese wichtige Erfahrung zu machen."

USA High School-Jahr
Preise und Leistungen:

Grundpreis: EUR 5.845

Leistungen der Organisation im Grundpreis:

Schüler Vorbereitungs-Treffen	
Schüler-Eltern Vorbereitungs-Treffen	
BRD Schüler Vorbereitungs-Seminar	✓
USA Schüler Vorbereitungs-Seminar	✓
Gruppenflug-Begleitung	
Elternabende	
Nachbereitungs-Treffen	✓
Nachbereitungs-Seminar	

Drittleistungen im Grundpreis:

- Haftpflicht-Versicherung
- Kranken-Versicherung
- Unfall-Versicherung
- BRD Inland-Flug
- Transatlantik-Flug
- USA Inland-Flug

Angebote und Leistungen der USA-Partnerorganisation:

Vorbereitungs-Treffen der Gastfamilien	✓
regelmäßiger tel. Kontakt mit dem Area Rep	✓
regelmäßige Treffen mit dem Area Rep	✓
regelmäßige Besuche des Area Rep	✓
Reiseangebote	

erwartbare zusätzliche Kosten:

Versicherungspaket	EUR	550
alle Flüge	ca. EUR	900

erwartbarer Endpreis   **EUR 7.295**

(Bitte „Regeln zum Tabellenteil" beachten)

Besonderheiten:

Der Umfang entspricht den in der Tabelle genannten Leistungen und Angeboten.

1/2 Schuljahr USA im Angebot   ✓

Weltweite Austauschprogramme:

- **Argentinien:**
  EUR 7.695, Schülerzahl: 2
- **Australien:**
  EUR 18.500, Schülerzahl: 6
- **China:**
  EUR 8.054, Schülerzahl: 0
- **Großbritannien:**
  EUR 12.000, Schülerzahl: 2
- **Kanada:**
  EUR 18.000, Schülerzahl: 20
- **Neuseeland:**
  EUR 16.500, Schülerzahl: 4
- **Spanien:**
  EUR 7.795, Schülerzahl: 2
- **Südafrika:**
  EUR 9.000, Schülerzahl: 13

Alle Programme sind auch für ein halbes Schuljahr möglich.

Into Schüleraustausch GmbH

Ostlandstraße 14
D-50858 Köln

Tel.:	(0 22 34) 94 63 60
Fax:	(0 22 34) 9 46 36 - 23
E-Mail:	germany@into-exchange.com
Internet:	www.into-schueleraustausch.de

Anzahl Nebenstellen:
keine

Rechtsform:
GmbH

Gemeinnützigkeit in Deutschland:
nein

Gründungsjahr:
1986 (seit 1991 GmbH)

USA High School-Programm seit:
1986

Schülerzahl im USA High School-Programm:
340 (andere Länder 161 Schüler)

USA Partner:
AISE, CASE, ICES, ISE, SAI

Spätplatzierung:
- **Flug zu vorgebuchten Terminen** (Unterbringung bei Area-Rep oder in Welcome families)
- ✓ **Flug erst nach erfolgter Platzierung**

Bewerbungsfrist:
31. März

Stipendien (siehe auch Kapitel Stipendien)
ja

Bewerbungsverfahren:
- ✓ **Einzelinterview (Schüler und Eltern)**
- **Einzelinterview (Schüler)**
- **Gruppeninterview (Schüler und Eltern)**
- **Gruppeninterview (Schüler)**
- **ersatzweise telefonisches Interview**

Philosophie der Arbeit:

„Transparenz, Ehrlichkeit und Deutlichkeit sind die Basis für die Qualität unserer Programme. Dabei legen wir besonderen Wert auf persönliche und optimale Vorbereitung für einen erfolgreichen Auslandsaufenthalt. Unsere Mitarbeiter, die beinahe alle selbst ehemalige into Austauschschüler sind, bringen ihre wertvolle Erfahrung in Zusammenarbeit mit Schülern und Eltern ein."

Weltweite Austauschprogramme:

- **Argentinien:** EUR 7.290, Schülerzahl: 4
- **Australien:** EUR 12.490, Schülerzahl: 2
- **Brasilien:** EUR 7.090, Schülerzahl: 0
- **Costa Rica:** EUR 8.590, Schülerzahl: 8
- **Dänemark:** EUR 7.200, Schülerzahl: 0
- **Finnland:** EUR 7.200, Schülerzahl: 1
- **Frankreich:** EUR 6.300, Schülerzahl: 4
- **Großbritannien:** EUR 8.700, Schülerzahl: 60
- **Indien:** EUR 8.830, Schülerzahl: 2
- **Irland:** EUR 9.300, Schülerzahl: 20
- **Italien:** EUR 6.300, Schülerzahl: 1
- **Kanada:** EUR 16.300, Schülerzahl: 22
- **Neuseeland:** EUR 15.790, Schülerzahl: 23
- **Norwegen:** EUR 7.200, Schülerzahl: 8
- **Schweden:** EUR 7.200, Schülerzahl: 2
- **Spanien:** EUR 7.900, Schülerzahl: 9
- **Südafrika:** EUR 6.890, Schülerzahl: 1
- **Thailand:** EUR 7.590, Schülerzahl: 1

Alle Programme sind auch für ein halbes Schuljahr möglich.

USA High School-Jahr
Preise und Leistungen:

Grundpreis:	EUR 8.530

Leistungen der Organisation im Grundpreis:

Schüler Vorbereitungs-Treffen	
Schüler-Eltern Vorbereitungs-Treffen	
BRD Schüler Vorbereitungs-Seminar	
USA Schüler Vorbereitungs-Seminar	✓
Gruppenflug-Begleitung	✓
Elternabende	
Nachbereitungs-Treffen	
Nachbereitungs-Seminar	✓

Drittleistungen im Grundpreis:

Haftpflicht-Versicherung	✓
Kranken-Versicherung	✓
Unfall-Versicherung	✓
BRD Inland-Flug	✓
Transatlantik-Flug	✓
USA Inland-Flug	✓

Angebote und Leistungen der USA-Partnerorganisation:

Vorbereitungs-Treffen der Gastfamilien	
regelmäßiger tel. Kontakt mit dem Area Rep	✓
regelmäßige Treffen mit dem Area Rep	✓
regelmäßige Besuche des Area Rep	✓
Reiseangebote	

erwartbare zusätzliche Kosten:

---

erwartbarer Endpreis   EUR 8.530 *

(Bitte „Regeln zum Tabellenteil" beachten)

Besonderheiten:

* Achtung! Der erwartbare Endpreis kann sich aufgrund eines Gebietszuschlages um EUR 400 erhöhen.

Mitglied in „Deutscher Fachverband High School" (DFH), "FIYTO" und "WYSETC".

1/2 Schuljahr USA im Angebot	✓

++++++ kein Häkchen = Leistung/Punkt nicht vorhanden ++++++

ISKA-Sprachreisen Intensiv-Sprachkurse im Ausland GmbH

Hausener Weg 61
D-60489 Frankfurt

Tel.:	(0 69) 9 78 47 20
Fax:	(0 69) 9 78 47 222
E-Mail:	info@iska.de
Internet:	www.iska.de

Anzahl Nebenstellen:
keine

Rechtsform:
GmbH

Gemeinnützigkeit in Deutschland:
nein

Gründungsjahr:
1972

USA High School-Programm seit:
1982

Schülerzahl im USA High School-Programm:
100 (andere Länder 82 Schüler)

USA Partner:
ICES

Spätplatzierung:
- Flug zu vorgebuchten Terminen
  (Unterbringung bei Area-Rep oder in Welcome families)
- ✓ Flug erst nach erfolgter Platzierung

Bewerbungsfrist:
15. März

Stipendien (siehe auch Kapitel Stipendien)
ja

Bewerbungsverfahren:*
  Die Anmeldung erfolgt schriftlich, ohne Bewerbungsverfahren. ISKA kann nach dem obligatorischen Vorbereitungsgespräch vom Vertrag zurückzutreten, wenn wichtige Zweifel an der Eignung des Kandidaten gegeben sind.

Philosophie der Arbeit:

„Die Gründung von ISKA geht auf die Idee einiger Fremdsprachenlehrer zurück, intensiven und effektiven Sprachunterricht in einem Land der Zielsprache zu machen. Wir sind ein kleines, leistungsstarkes Institut mit betont persönlichem Rahmen; bei unserem engagierten und sachkundigen Mitarbeiter-Team wird gründliche Beratung groß geschrieben. Das USA High School-Programm führen wir seit 1982 durch."

USA High School-Jahr
Preise und Leistungen:

Grundpreis: EUR 7.995

Leistungen der Organisation im Grundpreis:

Schüler Vorbereitungs-Treffen	✓
Schüler-Eltern Vorbereitungs-Treffen	✓
BRD Schüler Vorbereitungs-Seminar	
USA Schüler Vorbereitungs-Seminar	
Gruppenflug-Begleitung	
Elternabende	
Nachbereitungs-Treffen	✓
Nachbereitungs-Seminar	

Drittleistungen im Grundpreis:

Haftpflicht-Versicherung	
Kranken-Versicherung	
Unfall-Versicherung	
BRD Inland-Flug	✓
Transatlantik-Flug	✓
USA Inland-Flug	✓

Angebote und Leistungen der USA-Partnerorganisation:

Vorbereitungs-Treffen der Gastfamilien	✓
regelmäßiger tel. Kontakt mit dem Area Rep	✓
regelmäßige Treffen mit dem Area Rep	✓
regelmäßige Besuche des Area Rep	✓
Reiseangebote	✓

erwartbare zusätzliche Kosten:

Versicherungs-Paket	EUR	695

erwartbarer Endpreis **EUR 8.690 ***

(Bitte „Regeln zum Tabellenteil" beachten)

Besonderheiten:

* Achtung! Der erwartbare Endpreis kann sich aufgrund eines Gebietszuschlages um EUR 600 - 750 erhöhen.

Weltweite Austauschprogramme:

- **Australien:**
  EUR 26.650, Schülerzahl: 4
- **Großbritannien:**
  EUR 9.350, Schülerzahl: 20
- **Irland:**
  EUR 9.990, Schülerzahl: 11
- **Kanada:**
  EUR 16.890, Schülerzahl: 25
- **Neuseeland:**
  EUR 20.790, Schülerzahl: 23

Alle Programme beinhalten keine Gruppenvorbereitung.
Alle Programme sind auch für ein halbes Schuljahr möglich.

1/2 Schuljahr USA im Angebot	✓

++++++ kein Häkchen = Leistung/Punkt nicht vorhanden ++++++

iSt Internationale Sprach- und Studienreisen GmbH	
Stiftsmühle D-69080 Heidelberg	
Tel.:	(0 62 21) 89 00 - 0
Fax:	(0 62 21) 89 00 - 2 00
E-Mail:	iSt@sprachreisen.de
Internet:	www.sprachreisen.de

iSt Internationale Sprach- und Studienreisen GmbH

Anzahl Nebenstellen:
1 (siehe Verzeichnis Postleitzahlen)

Rechtsform:
GmbH

Gemeinnützigkeit in Deutschland:
nein

Gründungsjahr:
1981

USA High School-Programm seit:
1982

Schülerzahl im USA High School-Programm:
197 (andere Länder 1074 Schüler)

USA Partner:
ASSE

Spätplatzierung:
  Flug zu vorgebuchten Terminen
  (Unterbringung bei Area-Rep oder in Welcome families)
  ✓ **Flug erst nach erfolgter Platzierung**

Bewerbungsfrist:
31. März

Stipendien (siehe auch Kapitel Stipendien)
ja

Bewerbungsverfahren:
  ✓ **Einzelinterview (Schüler und Eltern)**
  ✓ **Einzelinterview (Schüler)**
  ✓ **Gruppeninterview (Schüler und Eltern)**
  ✓ **Gruppeninterview (Schüler)**
  ersatzweise telefonisches Interview

Philosophie der Arbeit:

„Mit unserer Arbeit versuchen wir, die Möglichkeit zu schaffen, auf beiden Seiten Einblicke in das Leben eines anderen Landes zu ermöglichen und die Basis für lebenslange Freundschaften zu schaffen. Nach einem Jahr im Ausland hat der Schüler nicht nur ein besseres Verständnis für sein Gastland entwickelt, er hat auch wertvolle Erfahrungen gemacht, die sein Leben hier in Deutschland betreffen: mit seinen Eltern, seinen Freunden, in der Schule. Er ist reifer und selbständiger geworden."

Weltweite Austauschprogramme:

- **Argentinien*:**
  ab EUR 7.460, Schülerzahl: 3
- **Australien**:**
  ab EUR 19.640, Schülerzahl: 176
- **Brasilien*:**
  EUR 7.480, Schülerzahl: 1
- **China:**
  EUR 8.760, Schülerzahl: 0
- **Costa Rica**:**
  ab EUR 8.390, Schülerzahl: 0
- **Dänemark:**
  EUR 5.040, Schülerzahl: 1
- **Finnland:**
  EUR 8.030, Schülerzahl: 0
- **Frankreich**:**
  EUR 5.770, Schülerzahl: 15
- **Großbritannien***:**
  ab EUR 9.980, Schülerzahl: 154
- **Irland***:**
  ab EUR 12.380, Schülerzahl: 10
- **Italien:**
  EUR 6.850, Schülerzahl: 0
- **Japan**:**
  EUR 8.490, Schülerzahl: 3
- **Kanada**:**
  ab EUR 14.260, Schülerzahl: 386
- **Neuseeland**:**
  ab EUR 16.940, Schülerzahl: 286
- **Norwegen:**
  EUR 8.030, Schülerzahl: 1
- **Schweden**:**
  EUR 8.030, Schülerzahl: 4
- **Spanien*:**
  ab EUR 7.980, Schülerzahl: 7

* Vorbereitungsnachmittag ab 15 Teilnehmern.
** Vorbereitungsseminar im Gastland
*** Vorbereitungsnachmittag.
Alle Programme sind auch für ein halbes Schuljahr möglich.

USA High School-Jahr
Preise und Leistungen:

Grundpreis:	EUR 8.150

Leistungen der Organisation im Grundpreis:	
Schüler Vorbereitungs-Treffen	✓
Schüler-Eltern Vorbereitungs-Treffen	✓
BRD Schüler Vorbereitungs-Seminar	✓
USA Schüler Vorbereitungs-Seminar	
Gruppenflug-Begleitung	✓
Elternabende	
Nachbereitungs-Treffen	
Nachbereitungs-Seminar	

Drittleistungen im Grundpreis:	
Haftpflicht-Versicherung	
Kranken-Versicherung	
Unfall-Versicherung	
BRD Inland-Flug	✓
Transatlantik-Flug	✓
USA Inland-Flug	✓

Angebote und Leistungen der USA-Partnerorganisation:	
Vorbereitungs-Treffen der Gastfamilien	✓
regelmäßiger tel. Kontakt mit dem Area Rep	✓
regelmäßige Treffen mit dem Area Rep	✓
regelmäßige Besuche des Area Rep	✓
Reiseangebote	✓

erwartbare zusätzliche Kosten:

Versicherungs-Paket	EUR	590
Nachber.-Treffen (freiwillig)	EUR	45
Kerosinzuschlag ab		
- Flughafen Frankfurt	ca. EUR	164
- andere Abflughäfen	ca. EUR	212

erwartbarer Endpreis	**EUR 8.997**

(Bitte „Regeln zum Tabellenteil" beachten)

Besonderheiten:

Mitglied in „Deutscher Fachverband High School" (DFH).

SEVIS-Gebühr sowie Reisekostenrücktritts-Versicherung ist im Grundpreis enthalten.

1/2 Schuljahr USA im Angebot	✓

+++++++ kein Häkchen = Leistung/Punkt nicht vorhanden ++++++

Kaplan Inc.,
Aspect Internationale Sprachschule GmbH

Zeil 65-69
D-60313 Frankfurt

Tel./Fax: (0 69) 2 44 50 05 00   Fax: -09
E-Mail: highschool.weltweit@kaplaninternational.com
Internet: www.kaplaninternational.com/de

Anzahl Nebenstellen:
keine

Rechtsform:
GmbH

Gemeinnützigkeit in Deutschland:
nein

Gründungsjahr:
1988 (seit 1996 GmbH)

USA High School-Programm seit:
1988

Schülerzahl im USA High School-Programm:
80 (andere Länder 31 Schüler)

USA Partner:
ASPECT

Spätplatzierung:
    Flug zu vorgebuchten Terminen
    (Unterbringung bei Area-Rep oder in Welcome families)
✓   Flug erst nach erfolgter Platzierung

Bewerbungsfrist:
01. März

Stipendien (siehe auch Kapitel Stipendien)
ja

Bewerbungsverfahren:
✓   Einzelinterview (Schüler und Eltern)
✓   Einzelinterview (Schüler)
    Gruppeninterview (Schüler und Eltern)
    Gruppeninterview (Schüler)
    ersatzweise telefonisches Interview

Philosophie der Arbeit:

„Mit langjährigem und gezielten Know-How unterstützen wir kompetent und vor allem persönlich bei der Vermittlung von Auslandsaufenthalten. Ab dem Tag der Bewerbung legen wir größten Wert auf eine individuelle beratung und Betreuung der Schüler und Eltern. Wir empfehlen unseren Schülern, möglichst offen und unvoreingenommen an den Austausch heranzugehen. Man muss sich klar darüber sein, dass es sich nicht um einen Urlaubsaufenthalt handelt. Der Erfolg eines Auslandsaufenthaltes hängt von den Menschen ab, die es gestalten, nicht von der Region, in der man platziert wird."

USA High School-Jahr
Preise und Leistungen:

Grundpreis:	EUR 6.950

Leistungen der Organisation im Grundpreis:

Schüler Vorbereitungs-Treffen	
Schüler-Eltern Vorbereitungs-Treffen	✓
BRD Schüler Vorbereitungs-Seminar	
USA Schüler Vorbereitungs-Seminar	
Gruppenflug-Begleitung	
Elternabende	
Nachbereitungs-Treffen	✓
Nachbereitungs-Seminar	

Drittleistungen im Grundpreis:

Haftpflicht-Versicherung	✓
Kranken-Versicherung	✓
Unfall-Versicherung	✓
BRD Inland-Flug	✓
Transatlantik-Flug	✓
USA Inland-Flug	✓

Angebote und Leistungen der USA-Partnerorganisation:

Vorbereitungs-Treffen der Gastfamilien	✓
regelmäßiger tel. Kontakt mit dem Area Rep	✓
regelmäßige Treffen mit dem Area Rep	
regelmäßige Besuche des Area Rep	✓
Reiseangebote	✓

erwartbare zusätzliche Kosten:

BRD Inland Flug (pauschal)	EUR	110
die anderen Flüge	EUR	1.350
USA Vorb.-Sem. und Flugbegleitung	EUR	390

erwartbarer Endpreis EUR 8.880 *
(Bitte „Regeln zum Tabellenteil" beachten)

Besonderheiten:

* Achtung! Der erwartbare Endpreis kann sich aufgrund eines Gebietszuschlages um EUR 390-690 erhöhen. Für das Nachbereitungstreffen fallen Übernachtungskosten an. Mitglied in „Deutscher Fachverband High School" (DFH).

1/2 Schuljahr USA im Angebot	✓

Weltweite Austauschprogramme:

- **Argentinien*:**
  EUR 8.350, Schülerzahl: 3
- **Australien**:**
  EUR 18.590, Schülerzahl: 1
- **Costa Rica**:**
  EUR 10.490, Schülerzahl: 4
- **Großbritannien:**
  EUR 11.890, Schülerzahl: 9
- **Kanada:**
  EUR 17.290, Schülerzahl: 6
- **Neuseeland**:**
  EUR 17.990, Schülerzahl: 3
- **Spanien:**
  EUR 8.190, Schülerzahl: 5

* 6-tägiger Vorbereitungskurs im Preis enthalten.
** Schul- und/oder Regionenwahl möglich.
Alle Programme sind auch für ein halbes Schuljahr möglich.

++++++ kein Häkchen = Leistung/Punkt nicht vorhanden ++++++

KulturLife gGmbH	
Max-Giese-Straße 22	
D-24166 Kiel	
Tel.:	(04 31) 8 88 14 10
Fax:	(04 31) 8 88 14 19
E-Mail:	info@kultur-life.de
Internet:	www.kultur-life.de

Anzahl Nebenstellen:
1 (siehe Verzeichnis Postleitzahlen)

Rechtsform:
gGmbH

Gemeinnützigkeit in Deutschland:
ja

Gründungsjahr:
1995 (seit 2007 gGmbH)

USA High School-Programm seit:
1995

Schülerzahl im USA High School-Programm:
75 (andere Länder 232 Schüler)

USA Partner:
CET, EDUCATIS, NOD

Spätplatzierung:
- Flug zu vorgebuchten Terminen
  (Unterbringung bei Area-Rep oder in Welcome families)
- ✓ Flug erst nach erfolgter Platzierung

Bewerbungsfrist:
01. März

Stipendien (siehe auch Kapitel Stipendien)
ja

Bewerbungsverfahren:
- ✓ Einzelinterview (Schüler und Eltern)
- Einzelinterview (Schüler)
- Gruppeninterview (Schüler und Eltern)
- Gruppeninterview (Schüler)
- ersatzweise telefonisches Interview

Philosophie der Arbeit:

„KulturLife ist eine kleine Austauschorganisation, die sich in allen Bereichen der interkulturellen Kommunikation engagiert. Wir ermöglichen unseren Teilnehmern Begegnungen mit Menschen anderer Kulturen im Rahmen von Schüleraustauschen, Praktika, Freiwilligendiensten und Familienaufenthalten. Durch eine intensive und persönliche Betreuung gehen wir auf die individuellen Bedürfnisse aller Teilnehmer ein."

Weltweite Austauschprogramme:

- **Argentinien*:**
  EUR 6.990, Schülerzahl: 5
- **Australien*:**
  ab EUR 23.290, Schülerzahl: 10
- **Brasilien:**
  neu ab 2013, Angebote beim Anbieter erfragen
- **Chile:**
  EUR 6.990, Schülerzahl: 10
- **Costa Rica*:**
  EUR 8.790, Schülerzahl: 2
- **Frankreich*:**
  ab EUR 5.990, Schülerzahl: 30
- **Großbritannien*:**
  ab EUR 7.490, Schülerzahl: 35
- **Irland:**
  EUR 11.990, Schülerzahl: 5
- **Kanada:**
  ab EUR 14.990, Schülerzahl: 60
- **Neuseeland*:**
  ab EUR 14.790, Schülerzahl: 40
- **Spanien:**
  EUR 8.290, Schülerzahl: 5
- **Südafrika*:**
  EUR 7.990, Schülerzahl: 20

* Regionen-, Schul- oder Länderwahl möglich
Alle Programme sind auch für ein halbes Schuljahr möglich.

USA High School-Jahr Preise und Leistungen:

Grundpreis:	EUR 8.190

Leistungen der Organisation im Grundpreis:

Schüler Vorbereitungs-Treffen	
Schüler-Eltern Vorbereitungs-Treffen	
BRD Schüler Vorbereitungs-Seminar	✓
USA Schüler Vorbereitungs-Seminar	
Gruppenflug-Begleitung	✓
Elternabende	✓
Nachbereitungs-Treffen	
Nachbereitungs-Seminar	✓

Drittleistungen im Grundpreis:

Haftpflicht-Versicherung	✓
Kranken-Versicherung	✓
Unfall-Versicherung	✓
BRD Inland-Flug	✓
Transatlantik-Flug	✓
USA Inland-Flug	✓

Angebote und Leistungen der USA-Partnerorganisation:

Vorbereitungs-Treffen der Gastfamilien	✓
regelmäßiger tel. Kontakt mit dem Area Rep	✓
regelmäßige Treffen mit dem Area Rep	✓
regelmäßige Besuche des Area Rep	✓
Reiseangebote	✓

erwartbare zusätzliche Kosten:

erwartbarer Endpreis	**EUR 8.190**

(Bitte „Regeln zum Tabellenteil" beachten)

Besonderheiten:

Der Umfang entspricht den in der Tabelle genannten Leistungen und Angeboten.

1/2 Schuljahr USA im Angebot	✓

+++++++ kein Häkchen = Leistung/Punkt nicht vorhanden ++++++

MAP Sprachreisen GmbH
Munich Academic Program

Türkenstraße 104
D-80799 München

Tel.:	(0 89) 35 73 79 77
Fax:	(0 89) 35 73 79 78
E-Mail:	highschool@map-sprachreisen.com
Internet:	www.map-sprachreisen.com

Anzahl Nebenstellen:
keine

Rechtsform:
GmbH

Gemeinnützigkeit in Deutschland:
nein

Gründungsjahr:
1996

USA High School-Programm seit:
1996

Schülerzahl im USA High School-Programm:
170 (andere Länder 100 Schüler)

USA Partner:
CCI, ISES

Spätplatzierung:
- Flug zu vorgebuchten Terminen
  (Unterbringung bei Area-Rep oder in Welcome families)
- ✓ Flug erst nach erfolgter Platzierung

Bewerbungsfrist:
31. März

Stipendien (siehe auch Kapitel Stipendien)
ja

Bewerbungsverfahren:
- ✓ Einzelinterview (Schüler und Eltern)
- ✓ Einzelinterview (Schüler)
- Gruppeninterview (Schüler und Eltern)
- Gruppeninterview (Schüler)
- ersatzweise telefonisches Interview

MUNICH ACADEMIC PROGRAM
MAP SPRACHREISEN GMBH

Philosophie der Arbeit:

„Wir haben bereits über 31 Jahre Erfahrung mit High School-Programmen. In der persönlichen Betreuung der Jugendlichen und Eltern sehen wir unsere Stärke: Fast zwei Jahre stehen wir laufend in Verbindung mit den Eltern und ihren Kindern. Dies beginnt bei der Beurteilung der Eignung des Bewerbers in einem persönlichen Gespräch, beinhaltet die gründliche Vorbereitung während der Zeit vor dem Abflug, und nicht zuletzt halten wir Kontakt während des Aufenthaltes im Gastland zu beiden Seiten. Kurz gefasst: Wir stehen mit Service, Rat und Tat zur Seite. Solange, bis sich der Schüler nach der Rückkehr wieder eingelebt hat."

USA High School-Jahr
Preise und Leistungen:

Grundpreis: EUR 8.600

Leistungen der Organisation im Grundpreis:

Schüler Vorbereitungs-Treffen	
Schüler-Eltern Vorbereitungs-Treffen	✓
BRD Schüler Vorbereitungs-Seminar	
USA Schüler Vorbereitungs-Seminar	
Gruppenflug-Begleitung	✓
Elternabende	
Nachbereitungs-Treffen	✓
Nachbereitungs-Seminar	

Drittleistungen im Grundpreis:

Haftpflicht-Versicherung	
Kranken-Versicherung	
Unfall-Versicherung	
BRD Inland-Flug	✓
Transatlantik-Flug	✓
USA Inland-Flug	✓

Angebote und Leistungen der USA-Partnerorganisation:

Vorbereitungs-Treffen der Gastfamilien	✓
regelmäßiger tel. Kontakt mit dem Area Rep	✓
regelmäßige Treffen mit dem Area Rep	✓
regelmäßige Besuche des Area Rep	✓
Reiseangebote	✓

erwartbare zusätzliche Kosten:

Versicherungs-Paket (obligatorisch)	EUR	720

erwartbarer Endpreis EUR 9.320 *

(Bitte „Regeln zum Tabellenteil" beachten)

Besonderheiten:

* Achtung! Der erwartbare Endpreis kann sich aufgrund eines Gebietszuschlages um EUR 800 und aufgrund eines Flugzuschlages (Alaska, Hawaii) von EUR 400-800 erhöhen.

1/2 Schuljahr USA im Angebot ✓

Weltweite Austauschprogramme:

- **Argentinien:**
  EUR 8.450, Schülerzahl: *
- **Australien:**
  ab EUR 21.450, Schülerzahl: 12
- **Costa Rica:**
  ab EUR 11.750, Schülerzahl: 2
- **Irland:**
  ab EUR 12.900, Schülerzahl: 5
- **Kanada:**
  ab EUR 15.800, Schülerzahl: 58
- **Neuseeland:**
  ab EUR 18.050, Schülerzahl: 12
- **Spanien:**
  ab EUR 9.600, Schülerzahl: 8

* Neues Programm.
Alle Programme sind auch für ein halbes Schuljahr möglich.

+++++++ kein Häkchen = Leistung/Punkt nicht vorhanden ++++++

North West Student Exchange	
Stille Straße 3 13156 Berlin	
Tel.: (0 30) 40 04 96 10 Fax: (0 30) 40 04 96 11 E-Mail: katrin.popken@berlin.de Internet: www.nwse.com	
Anzahl Nebenstellen*:	
2	(siehe Verzeichnis Postleitzahlen)
Rechtsform:	
nicht selbständig	
Gemeinnützigkeit in Deutschland:	
nein	
Gründungsjahr:	
1987	
USA High School-Programm seit:	
1987	
Schülerzahl im USA High School-Programm:	
150 (andere Länder keine Schüler)	
USA Partner:	
NWSE	
Spätplatzierung:	
Flug zu vorgebuchten Terminen (Unterbringung bei Area-Rep oder in Welcome families)	
✓ **Flug erst nach erfolgter Platzierung**	
Bewerbungsfrist:	
15. Februar	
Stipendien (siehe auch Kapitel Stipendien)	
ja	
Bewerbungsverfahren:	
✓ **Einzelinterview (Schüler und Eltern)** ✓ **Einzelinterview (Schüler)** **Gruppeninterview (Schüler und Eltern)** **Gruppeninterview (Schüler)** **ersatzweise telefonisches Interview**	

Philosophie der Arbeit:

„NWSE bietet seit 25 Jahren umfassende Beratung und individuelle Betreuung von Austausch-schülern. Wir vermitteln Gastfamilien und öffentliche Schulen in den USA. Auch Familien, die bereits Kontakte in den USA haben, sind in unserem Programm willkommen. NWSE Programmteilnehmer erweitern ihr globales Bewusstsein und knüpfen dauerhafte internationale Freundschaften und Erinnerungen.

NWSE wird in Deutschland in Berlin (s.o.) und Freiburg (Bayernstraße 8, 79100 Freiburg, Tel.: (07 61) 40 55 95, Fax: (07 61) 40 80 76, E-Mail: sonniboeckenfoerde@gmail.com vertreten."

USA High School-Jahr
Preise und Leistungen:

Grundpreis: ca. EUR 5.005

Leistungen der Organisation im Grundpreis:

Schüler Vorbereitungs-Treffen	✓
Schüler-Eltern Vorbereitungs-Treffen	
BRD Schüler Vorbereitungs-Seminar	
USA Schüler Vorbereitungs-Seminar	
Gruppenflug-Begleitung	
Elternabende	✓
Nachbereitungs-Treffen	
Nachbereitungs-Seminar	

Drittleistungen im Grundpreis:

Haftpflicht-Versicherung	✓
Kranken-Versicherung	✓
Unfall-Versicherung	
BRD Inland-Flug	
Transatlantik-Flug	
USA Inland-Flug	

Angebote und Leistungen der USA-Partnerorganisation:

Vorbereitungs-Treffen der Gastfamilien	✓
regelmäßiger tel. Kontakt mit dem Area Rep	✓
regelmäßige Treffen mit dem Area Rep	✓
regelmäßige Besuche des Area Rep	✓
Reiseangebote	

erwartbare zusätzliche Kosten:

alle Flüge	EUR 1.350
Unfall-Vers.	EUR 100

erwartbarer Endpreis   EUR 6.445

(Bitte „Regeln zum Tabellenteil" beachten)

Besonderheiten:

Der Preis ist in US$ oder nach dem aktuellen Wechselkurs in Euro zu zahlen (US$ 7.130).

Weltweite Austauschprogramme:

Keine weiteren Länder im Angebot.

Sonstige Programme:

Keine

1/2 Schuljahr USA im Angebot	✓

++++++++ kein Häkchen = Leistung/Punkt nicht vorhanden ++++++

OneWorld GmbH

Kuseler Weg 41
D-40229 Düsseldorf

Tel.:	(02 11) 2 80 11 80
Fax:	(02 11) 21 98 66
E-Mail:	info@oneworld-travel.de
Internet:	www.oneworld-travel.de

Anzahl Nebenstellen:
keine

Rechtsform:
GmbH

Gemeinnützigkeit in Deutschland:
nein

Gründungsjahr:
1998 (bis 2002 B.E.S.T.)

USA High School-Programm seit:
1998

Schülerzahl im USA High School-Programm:
250 (andere Länder keine Schüler)

USA Partner:
EMF, FACE, FIEA, INTER-ED, PL, SAI

Spätplazierung:
    Flug zu vorgebuchten Terminen
    (Unterbringung bei Area-Rep oder in Welcome families)
✓   Flug erst nach erfolgter Platzierung

Bewerbungsfrist:
15. März

Stipendien (siehe auch Kapitel Stipendien)
ja

Bewerbungsverfahren:
    Einzelinterview (Schüler und Eltern)
✓   Einzelinterview (Schüler)
    Gruppeninterview (Schüler und Eltern)
    Gruppeninterview (Schüler)
✓   ersatzweise telefonisches Interview

OneWorld
WE CARE FOR CAREERS

Philosophie der Arbeit:

„OneWorld hat sich geographisch auf Kalifornien spezialisiert. So sind wir heute stolz, die Experten für High-School-Programme - in der von Austauschschülern am stärksten nachgefragten Region - sein zu dürfen. Bereits mit der Anmeldebestätigung garantieren wir eine Platzierung im Bundesstaat Kalifornien - und das ohne Aufpreis! Trotzdem ist OneWorld bundesweit der günstigste Anbieter mit kostenloser Staatengarantie. Selbstverständlich vermitteln wir ebenso in alle anderen Bundesstaaten und auf Anfrage sogar bei Gastfamilien, die Sie uns vorgeben."

USA High School-Jahr
Preise und Leistungen:

Grundpreis: EUR 7.690

Leistungen der Organisation im Grundpreis:

Schüler Vorbereitungs-Treffen	
Schüler-Eltern Vorbereitungs-Treffen	✓
BRD Schüler Vorbereitungs-Seminar	
USA Schüler Vorbereitungs-Seminar	
Gruppenflug-Begleitung	✓
Elternabende	
Nachbereitungs-Treffen	✓
Nachbereitungs-Seminar	

Drittleistungen im Grundpreis:

Haftpflicht-Versicherung	✓
Kranken-Versicherung	✓
Unfall-Versicherung	✓
BRD Inland-Flug	
Transatlantik-Flug	
USA Inland-Flug	

Angebote und Leistungen der USA-Partnerorganisation:

Vorbereitungs-Treffen der Gastfamilien	✓
regelmäßiger tel. Kontakt mit dem Area Rep	✓
regelmäßige Treffen mit dem Area Rep	✓
regelmäßige Besuche des Area Rep	✓
Reiseangebote	✓

erwartbare zusätzliche Kosten:

alle Flüge	ca. EUR	1.000

erwartbarer Endpreis EUR 8.690

(Bitte „Regeln zum Tabellenteil" beachten)

Besonderheiten:

Kostenlose Staatengarantie für Kalifornien.

Im Grundpreis enthalten: ISIC- und International Calling Card, Reisegepäck- und Hausrat-Versicherung.

1/2 Schuljahr USA im Angebot ✓

Weltweite Austauschprogramme:

Keine weiteren Länder im Angebot.

Sonstige Programme:

- Colleges, Privatschulen: USA

Open Door International e.V.
open your mind ⋯o

Open Door International e.V.

Thürmchenswall 69
D-50668 Köln

Tel.:	(02 21) 60 60 85 50
Fax:	(02 21) 60 60 85 5-19
E-Mail:	info@opendoorinternational.de
Internet:	www.opendoorinternational.de

Anzahl Nebenstellen:
keine

Rechtsform:
e.V.

Gemeinnützigkeit in Deutschland:
ja

Gründungsjahr:
1983 (seit 1988 e.V.)

USA High School-Programm seit:
1983

Schülerzahl im USA High School-Programm:
60 (andere Länder 46 Schüler)

USA Partner:
EMF, NOD

Spätplatzierung:
- Flug zu vorgebuchten Terminen (Unterbringung bei Area-Rep oder in Welcome families)
- ✓ Flug erst nach erfolgter Platzierung

Bewerbungsfrist:
01. April

Stipendien (siehe auch Kapitel Stipendien)
ja

Bewerbungsverfahren:
- ✓ Einzelinterview (Schüler und Eltern)
- Einzelinterview (Schüler)
- Gruppeninterview (Schüler und Eltern)
- Gruppeninterview (Schüler)
- ✓ ersatzweise telefonisches Interview

Philosophie der Arbeit:

"Open Door International e.V. (ODI) ist ein gemeinnütziger Verein mit Sitz in Köln, der seit 1983 Austauschprogramme für Jugendliche und Erwachsene in und aus aller Welt organisiert. Hauptziel unserer Arbeit ist die Förderung des friedlichen Zusammenlebens der Völker, gleichwohl wollen wir den Aufbau einer starken Zivilgesellschaft mitgestalten. Wir möchten unseren Beitrag leisten, Vorurteile, Grenzen und Konflikte zu überwinden und somit die Toleranz zwischen den Menschen auszubauen. Als kleiner und persönlicher Verein legen wir größten Wert auf individuelle und ausführliche Beratung sowie Betreuung unserer Teilnehmer, Eltern und Rückkehrer."

Weltweite Austauschprogramme:

- **Argentinien**:**
  EUR 8.190, Schülerzahl: 6
- **Australien*:**
  ab EUR 18.590, Schülerzahl: 2
- **Chile:**
  EUR 6.990, Schülerzahl: 2
- **Ecuador*:**
  EUR 7.290, Schülerzahl: 3
- **Frankreich*:**
  EUR 6.690**, Schülerzahl: 6
- **Großbritannien*:**
  ab EUR 7.290**, Schülerzahl: 3
- **Kanada:**
  ab EUR 16.990, Schülerzahl: 12
- **Neuseeland*:**
  ab EUR 15.290, Schülerzahl: 12
- **Spanien*:**
  EUR 8.290**, Schülerzahl: 0

* Preis ohne Flug.
** Versicherungspaket plus EUR 390.
Bis auf Großbritannien sind alle Programme auch für ein halbes Schuljahr möglich.

USA High School-Jahr Preise und Leistungen:

Grundpreis:	EUR 8.940

Leistungen der Organisation im Grundpreis:

Schüler Vorbereitungs-Treffen	
Schüler-Eltern Vorbereitungs-Treffen	✓
BRD Schüler Vorbereitungs-Seminar	✓
USA Schüler Vorbereitungs-Seminar	✓
Gruppenflug-Begleitung	✓
Elternabende	✓
Nachbereitungs-Treffen	
Nachbereitungs-Seminar	✓

Drittleistungen im Grundpreis:

Haftpflicht-Versicherung	✓
Kranken-Versicherung	✓
Unfall-Versicherung	✓
BRD Inland-Flug	
Transatlantik-Flug	✓
USA Inland-Flug	✓

Angebote und Leistungen der USA-Partnerorganisation:

Vorbereitungs-Treffen der Gastfamilien	✓
regelmäßiger tel. Kontakt mit dem Area Rep	✓
regelmäßige Treffen mit dem Area Rep	
regelmäßige Besuche des Area Rep	✓
Reiseangebote	

erwartbare zusätzliche Kosten:

BRD Inland-Flug (pauschal)	EUR	100

erwartbarer Endpreis EUR 9.040 *

(Bitte „Regeln zum Tabellenteil" beachten)

Besonderheiten:

Das BRD Schüler Vorbereitungs-Seminar findet teilweise gemeinsam mit den Eltern statt.

* Eine Spätplatzierung ist für einen Aufpreis von EUR 350 möglich.

1/2 Schuljahr USA im Angebot	✓

Partnership International e.V.
ehemals Fulbright-Gesellschaft

Hansaring 85
D-50670 Köln

Tel.: (02 21) 9 13 97 33
Fax: (02 21) 9 13 97 34
E-Mail: office@partnership.de
Internet: www.partnership.de

Anzahl Nebenstellen:
1 (siehe Verzeichnis Postleitzahlen)

Rechtsform:
e.V.

Gemeinnützigkeit in Deutschland:
ja

Gründungsjahr:
1961

USA High School-Programm seit:
1969

Schülerzahl im USA High School-Programm:
100 (andere Länder 115 Schüler)

USA Partner:
ETC, FIEA, FLAG, Forte

Spätplatzierung:
 Flug zu vorgebuchten Terminen
 (Unterbringung bei Area-Rep oder in Welcome families)
✓ Flug erst nach erfolgter Platzierung

Bewerbungsfrist:
01. Februar

Stipendien (siehe auch Kapitel Stipendien)
ja

Bewerbungsverfahren:
 Einzelinterview (Schüler und Eltern)
✓ Einzelinterview (Schüler)
 Gruppeninterview (Schüler und Eltern)
✓ Gruppeninterview (Schüler)
 ersatzweise telefonisches Interview

Philosophie der Arbeit:

„Wir fördern internationale Begegnungen auf wissenschaftlichen, pädagogischen und kulturellen Ebenen. Wir organisieren und betreuen Austauschprogramme für Jugendliche aus aller Welt. Keine Erwartungen zu haben, ist die beste Voraussetzung für einen Schüleraustausch. Nichts wird besser oder schlechter sein - bestenfalls anders. Bereitschaft, gegenseitig (Eltern-Schüler) loszulassen, ist Voraussetzung. Herausforderungen für alle Beteiligten sind vorprogrammiert."

USA High School-Jahr
Preise und Leistungen:

Grundpreis: EUR 8.590

Leistungen der Organisation im Grundpreis:

Schüler Vorbereitungs-Treffen	✓
Schüler-Eltern Vorbereitungs-Treffen	✓
BRD Schüler Vorbereitungs-Seminar	✓
USA Schüler Vorbereitungs-Seminar	
Gruppenflug-Begleitung	✓
Elternabende	✓
Nachbereitungs-Treffen	
Nachbereitungs-Seminar	✓

Drittleistungen im Grundpreis:

Haftpflicht-Versicherung	✓
Kranken-Versicherung	✓
Unfall-Versicherung	✓
BRD Inland-Flug	✓
Transatlantik-Flug	✓
USA Inland-Flug	✓

Angebote und Leistungen der USA-Partnerorganisation:

Vorbereitungs-Treffen der Gastfamilien	✓
regelmäßiger tel. Kontakt mit dem Area Rep	✓
regelmäßige Treffen mit dem Area Rep	
regelmäßige Besuche des Area Rep	✓
Reiseangebote	

erwartbare zusätzliche Kosten:

Weltweite Austauschprogramme:

- **Argentinien:**
  EUR 8.990, Schülerzahl: 15
- **Brasilien:**
  EUR 8.090, Schülerzahl: 10
- **China:**
  EUR 8.550, Schülerzahl: 10
- **Großbritannien:**
  EUR 12.790, Schülerzahl: 30
- **Irland:**
  EUR 11.290, Schülerzahl: 30
- **Spanien:**
  auf Anfrage, Schülerzahl: 10
- **Südafrika:**
  EUR 8.490, Schülerzahl: 10

erwartbarer Endpreis **EUR 8.590**
(Bitte „Regeln zum Tabellenteil" beachten)

Besonderheiten:

Mitglied im "Arbeitskreis gemeinnütziger Jugendaustauschorganisationen" (AJA).

E-Mail Betreuer als Ansprechpartner während des Austausches.

Alle Programme sind auch für ein halbes Schuljahr möglich.

1/2 Schuljahr USA im Angebot	✓

+++++++ kein Häkchen = Leistung/Punkt nicht vorhanden ++++++

Reflections International Inc. **Deutsche Vertretung**	
Ergster Weg 30 b D-58093 Hagen	
Tel./Fax: (0 23 34) 5 34 80 E-Mail: christian_fritsch@t-online.de Internet: www.reflectionsinternational.org/deutsch	

Anzahl Nebenstellen:	
1	(siehe Verzeichnis Postleitzahlen)
Rechtsform: **nicht selbstständig**	
Gemeinnützigkeit in Deutschland: **nein**	
Gründungsjahr: **1996**	
USA High School-Programm seit: **1996**	
Schülerzahl im USA High School-Programm: **20 (andere Länder keine Schüler)**	
USA Partner: **Reflections International**	

Spätplatzierung:
     Flug zu vorgebuchten Terminen
     (Unterbringung bei Area-Rep oder in Welcome families)
 ✓ Flug erst nach erfolgter Platzierung	

Bewerbungsfrist: **31. Januar**	
Stipendien (siehe auch Kapitel Stipendien) **nein**	

Bewerbungsverfahren:
 ✓ Einzelinterview (Schüler und Eltern)
     Einzelinterview (Schüler)
     Gruppeninterview (Schüler und Eltern)
     Gruppeninterview (Schüler)
     ersatzweise telefonisches Interview	

Philosophie der Arbeit:

„Wir verstehen uns als kleine, relativ exklusive Agentur, die sehr großen Wert auf den persönlichen Kontakt mit den Schülern legt. Das reicht von der mehrstündigen Beratung in der Familie (Einzelbesuche) bis zur Vorbereitung kurz vor dem Abflug in kleinem Kreis. Unsere Beratung versucht, den Schülern eine realistische Erwartungshaltung zu vermitteln, um Enttäuschungen zu vermeiden. Wir lehnen Kandidaten ab, bei denen allein die Eltern Triebkraft des Austausches sind und die Entscheidungen nicht von den Schülern getroffen werden."

USA High School-Jahr
Preise und Leistungen:

Grundpreis: EUR 8.000

Leistungen der Organisation im Grundpreis:

Schüler Vorbereitungs-Treffen	✓
Schüler-Eltern Vorbereitungs-Treffen	✓
BRD Schüler Vorbereitungs-Seminar	
USA Schüler Vorbereitungs-Seminar	✓
Gruppenflug-Begleitung	
Elternabende	
Nachbereitungs-Treffen	✓
Nachbereitungs-Seminar	

Drittleistungen im Grundpreis:

Haftpflicht-Versicherung	✓
Kranken-Versicherung	✓
Unfall-Versicherung	✓
BRD Inland-Flug	
Transatlantik-Flug	✓
USA Inland-Flug	✓

Angebote und Leistungen der USA-Partnerorganisation:

Vorbereitungs-Treffen der Gastfamilien	✓
regelmäßiger tel. Kontakt mit dem Area Rep	✓
regelmäßige Treffen mit dem Area Rep	
regelmäßige Besuche des Area Rep	
Reiseangebote	✓

erwartbare zusätzliche Kosten:

BRD Inland-Flug (pauschal)	EUR	100

erwartbarer Endpreis   EUR 8.100

(Bitte „Regeln zum Tabellenteil" beachten)

Besonderheiten:

Platzierung ausschließlich im Staat Wisconsin.

Weltweite Austauschprogramme:

Keine weiteren Länder im Angebot.

Sonstige Programme:

Keine

1/2 Schuljahr USA im Angebot	✓

++++++ kein Häkchen = Leistung/Punkt nicht vorhanden ++++++

STEP IN – Student Travel & Education Programmes International GmbH

Beethovenallee 21
D-53173 Bonn

Tel.:	(02 28) 95 69 50
Fax:	(02 28) 9 56 95 99
E-Mail:	info@stepin.de
Internet:	www.stepin.de

Anzahl Nebenstellen:
keine

Rechtsform:
GmbH

Gemeinnützigkeit in Deutschland:
nein

Gründungsjahr:
1997

USA High School-Programm seit:
1997

Schülerzahl im USA High School-Programm:
626 (andere Länder 368 Schüler)

USA Partner:
Educatis, ICES, IHC, PAX

Spätplatzierung:
- ✓ **Flug zu vorgebuchten Terminen**
  (Unterbringung bei Area-Rep oder in Welcome families)
- **Flug erst nach erfolgter Platzierung**

Bewerbungsfrist:
variiert

Stipendien (siehe auch Kapitel Stipendien)
ja

Bewerbungsverfahren:
- ✓ **Einzelinterview (Schüler und Eltern)**
- ✓ **Einzelinterview (Schüler)**
- **Gruppeninterview (Schüler und Eltern)**
- **Gruppeninterview (Schüler)**
- **ersatzweise telefonisches Interview**

Student Travel & Education
Programmes International

Philosophie der Arbeit:

„STEP IN legt großen Wert auf eine persönliche Beratung und Betreuung der Teilnehmer und deren Familien vor und während des Aufenthaltes. Unser Interesse ist es, für jeden Bewerber das für ihn individuell abgestimmte Programm zu finden. Ein Schüler sollte offen, neugierig und motiviert sein und ein wirkliches Interesse an der Kultur und den Menschen des Gastlandes mitbringen. Die unterschiedlichen Lebensräume gegenüber dem Zuhause sind nicht besser, sie sind nicht schlechter, sie sind einfach anders und lohnen sich, entdeckt zu werden."

USA High School-Jahr
Preise und Leistungen:

Grundpreis: EUR 8.130

Leistungen der Organisation im Grundpreis:

Schüler Vorbereitungs-Treffen	✓
Schüler-Eltern Vorbereitungs-Treffen	✓
BRD Schüler Vorbereitungs-Seminar	✓
USA Schüler Vorbereitungs-Seminar	
Gruppenflug-Begleitung	
Elternabende	
Nachbereitungs-Treffen	
Nachbereitungs-Seminar	

Drittleistungen im Grundpreis:

Haftpflicht-Versicherung	✓
Kranken-Versicherung	✓
Unfall-Versicherung	✓
BRD Inland-Flug	
Transatlantik-Flug	✓
USA Inland-Flug	✓

Angebote und Leistungen der USA-Partnerorganisation:

Vorbereitungs-Treffen der Gastfamilien	
regelmäßiger tel. Kontakt mit dem Area Rep	✓
regelmäßige Treffen mit dem Area Rep	
regelmäßige Besuche des Area Rep	✓
Reiseangebote	✓

erwartbare zusätzliche Kosten:

BRD Inland-Flug (pauschal)	EUR	100
Nachber.-Treffen (freiwillig)	EUR	60
USA Schüler Vorbereitungs-Seminar (freiwillig)	EUR	510

erwartbarer Endpreis EUR 8.800
(Bitte „Regeln zum Tabellenteil" beachten)

Besonderheiten:
Der Umfang entspricht den in der Tabelle genannten Leistungen und Angeboten.

Weltweite Austauschprogramme:

- **Argentinien*:**
  EUR 8.930, Schülerzahl: 7
- **Australien:**
  EUR 10.790, Schülerzahl: 100
- **Frankreich*:**
  EUR 6.290, Schülerzahl: 14
- **Irland**:**
  EUR 12.990, Schülerzahl: 16
- **Kanada**:**
  ab EUR 10.990, Schülerzahl: 150
- **Neuseeland**:**
  ab EUR 16.950, Schülerzahl: 75
- **Spanien:**
  ab EUR 9.630, Schülerzahl: 6
- **High School auf See:**
  EUR 2.900 plus CA$ 49.400, Schülerzahl: variabel

* Sprachkurs im Preis enthalten.
** Schulwahl möglich.
* Alle Programme - bis High School auf See - sind auch für ein halbes Schuljahr möglich.

1/2 Schuljahr USA im Angebot	✓

+++++++ kein Häkchen = Leistung/Punkt nicht vorhanden ++++++

STS Sprachreisen GmbH

Mönckebergstraße 5
D-20095 Hamburg

Tel./:Fax: (0 40) 30 39 99 23 Fax: -08
E-Mail: highschool.germany@sts-education.de,
Internet: www.sts-education.de

Anzahl Nebenstellen:
keine

Rechtsform:
GmbH

Gemeinnützigkeit in Deutschland:
nein

Gründungsjahr:
1980 (seit 1987 GmbH)

USA High School-Programm seit:
1980

Schülerzahl im USA High School-Programm:
80 (andere Länder 178 Schüler)

USA Partner:
CCI, FTW, PAX, STS

Spätplatzierung:
- **Flug zu vorgebuchten Terminen**
  (Unterbringung bei Area-Rep oder in Welcome families)
- ✓ **Flug erst nach erfolgter Platzierung**

Bewerbungsfrist:
31. März

Stipendien (siehe auch Kapitel Stipendien)
ja

Bewerbungsverfahren:
- ✓ Einzelinterview (Schüler und Eltern)
- Einzelinterview (Schüler)
- Gruppeninterview (Schüler und Eltern)
- Gruppeninterview (Schüler)
- ersatzweise telefonisches Interview

Philosophie der Arbeit:

„Ziel ist selbstverständlich, unseren Schülern eine fremde Kultur zu vermitteln. Sie erlangen außerdem unweigerlich eine Menge Fähigkeiten, die ihnen besonders nach dem Austauschjahr sowohl schulisch als auch privat zugute kommen werden: eine zweite Muttersprache, ein besseres Selbstbewusstsein und das Privileg, einen internationalen Freundeskreis zu besitzen."

Weltweite Austauschprogramme:

- **Argentinien:**
  EUR 7.590, Schülerzahl: 5
- **Australien:**
  EUR 12.850, Schülerzahl: 20
- **Brasilien:**
  EUR 7.290, Schülerzahl: 5
- **China:**
  EUR 7.990, Schülerzahl: 5
- **Dänemark:**
  EUR 6.690, Schülerzahl: 5
- **Finnland:**
  EUR 6.890, Schülerzahl: 4
- **Frankreich:**
  EUR 6.590, Schülerzahl: 5
- **Großbritannien:**
  EUR 8.690, Schülerzahl: 20
- **Irland:**
  EUR 9.290, Schülerzahl: 10
- **Italien:**
  EUR 6.590, Schülerzahl: 8
- **Kanada:**
  EUR 11.250, Schülerzahl: 20
- **Neuseeland:**
  EUR 12.450, Schülerzahl: 20
- **Norwegen:**
  EUR 6.650, Schülerzahl: 5
- **Schweden:**
  EUR 6.850, Schülerzahl: 30
- **Spanien:**
  EUR 7.290, Schülerzahl: 10
- **Südafrika:**
  EUR 7.150, Schülerzahl: 6

Alle Programme sind auch für ein halbes Schuljahr möglich.

USA High School-Jahr
Preise und Leistungen:

Grundpreis: EUR 7.750

Leistungen der Organisation im Grundpreis:

Schüler Vorbereitungs-Treffen	✓
Schüler-Eltern Vorbereitungs-Treffen	✓
BRD Schüler Vorbereitungs-Seminar	
USA Schüler Vorbereitungs-Seminar	
Gruppenflug-Begleitung	✓
Elternabende	
Nachbereitungs-Treffen	
Nachbereitungs-Seminar	✓

Drittleistungen im Grundpreis:

Haftpflicht-Versicherung	
Kranken-Versicherung	
Unfall-Versicherung	
BRD Inland-Flug	✓
Transatlantik-Flug	✓
USA Inland-Flug	✓

Angebote und Leistungen der USA-Partnerorganisation:

Vorbereitungs-Treffen der Gastfamilien	
regelmäßiger tel. Kontakt mit dem Area Rep	✓
regelmäßige Treffen mit dem Area Rep	✓
regelmäßige Besuche des Area Rep	✓
Reiseangebote	✓

erwartbare zusätzliche Kosten:

Versicherungs-Paket	EUR 695

erwartbarer Endpreis **EUR 8.445 ***

(Bitte „Regeln zum Tabellenteil" beachten)

Besonderheiten:

* Achtung! Der erwartbare Endpreis kann sich aufgrund eines Gebietszuschlages um EUR 450 erhöhen.

Die Teilnehmer können nach ihrer Rückkehr Mitglied im STS International Returnee Club werden.

STS bietet ein freiwilliges Vorbereitungs-Seminar in New York für EUR 970 an.

1/2 Schuljahr USA im Angebot	✓

++++++ kein Häkchen = Leistung/Punkt nicht vorhanden ++++++

Taste the World	
Wistaedt & Heil GbR	
Kurt-Schumacher-Straße 30	
D-30159 Hannover	
Tel.:	(05 11) 32 99 - 88
Fax:	(05 11) 32 95 15
E-Mail:	info@tastenet.de
Internet:	www.tastenet.de

WWW.TASTENET.DE

Anzahl Nebenstellen:
keine

Rechtsform:
GbR

Gemeinnützigkeit in Deutschland:
nein

Gründungsjahr:
1989 (seit 1993 als GbR)

USA High School-Programm seit:
1989

Schülerzahl im USA High School-Programm:
160 (andere Länder 80 Schüler)

USA Partner:
CHI, GLI

Spätplatzierung:
    Flug zu vorgebuchten Terminen
    (Unterbringung bei Area-Rep oder in Welcome families)
✓ Flug erst nach erfolgter Platzierung

Bewerbungsfrist:
15. Februar

Stipendien (siehe auch Kapitel Stipendien)
ja

Bewerbungsverfahren:
    Einzelinterview (Schüler und Eltern)
✓ Einzelinterview (Schüler)
    Gruppeninterview (Schüler und Eltern)
    Gruppeninterview (Schüler)
    ersatzweise telefonisches Interview

Philosophie der Arbeit:

„TASTE wurde 1989 von Helga Wistaedt gegründet. Als Mutter zweier Töchter, die beide ein High School-Jahr in den USA verbracht hatten, hatte sie das Ziel, eine Organisation ins Leben zu rufen, die eine überschaubare Schülerzahl vermittelt und betreut; Schüler wie auch Eltern intensiv auf das Auslandsjahr vorbereitet; alle TASTE-Schüler mit Namen kennt und nicht als Nummern handelt. Das Ziel ist erreicht! TASTE ist eine familiäre Organisation mit persönlicher Note. Pro Jahr nehmen ca. 250 Schüler an unseren internationalen High School-Programmen teil."

Weltweite Austauschprogramme:

- **Argentinien*:**
  EUR 8.990, Schülerzahl: 5
- **Australien**:**
  ab EUR 28.990, Schülerzahl: 5
- **Italien:**
  EUR 7.290, Schülerzahl: 0
- **Kanada:**
  ab EUR 11.990, Schülerzahl: 25
- **Mexiko:**
  EUR 7.590, Schülerzahl: 5
- **Neuseeland**:**
  ab EUR 15.990, Schülerzahl: 40

* Mehrtägiges Vorbereitungs-Seminar mit Sprachkurs im Gastland im Programmpreis enthalten.
** Privatschulprogramm. Betreuung durch Homestay Manager der Schulen.
Alle Programme sind auch für ein halbes Schuljahr möglich.

USA High School-Jahr
Preise und Leistungen:

Grundpreis: EUR 8.190

Leistungen der Organisation im Grundpreis:

Schüler Vorbereitungs-Treffen	✓
Schüler-Eltern Vorbereitungs-Treffen	✓
BRD Schüler Vorbereitungs-Seminar	✓
USA Schüler Vorbereitungs-Seminar	
Gruppenflug-Begleitung	
Elternabende	
Nachbereitungs-Treffen	
Nachbereitungs-Seminar	

Drittleistungen im Grundpreis:

Haftpflicht-Versicherung	✓
Kranken-Versicherung	✓
Unfall-Versicherung	✓
BRD Inland-Flug	✓
Transatlantik-Flug	✓
USA Inland-Flug	✓

Angebote und Leistungen der USA-Partnerorganisation:

Vorbereitungs-Treffen der Gastfamilien	✓
regelmäßiger tel. Kontakt mit dem Area Rep	✓
regelmäßige Treffen mit dem Area Rep	✓
regelmäßige Besuche des Area Rep	✓
Reiseangebote	✓

erwartbare zusätzliche Kosten:

Nachber.-Seminar (freiwillig)	EUR	240

erwartbarer Endpreis **EUR 8.430 ***

(Bitte „Regeln zum Tabellenteil" beachten)

Besonderheiten:

* **Achtung! Der erwartbare Endpreis kann sich um EUR 550 für eine Platzierung im Wunschgebiet oder einer Familie mit Pferden erhöhen.**

In verschiedenen Städten findet ein eintägiges Eltern Vorbereitungs-Treffen statt.

1/2 Schuljahr USA im Angebot	✓

+++++++ kein Häkchen = Leistung/Punkt nicht vorhanden ++++++

team! Sprachen & Reisen GmbH

Bärbroich 35
D-51429 Bergisch Gladbach

Tel.:	(0 22 07) 91 13 90
Fax:	(0 22 07) 91 13 87
E-Mail:	info@team-sprachreisen.de
Internet:	www.team-sprachreisen.de

SPRACHEN & REISEN

Anzahl Nebenstellen:
keine

Rechtsform:
GmbH

Gemeinnützigkeit in Deutschland:
nein

Gründungsjahr:
1992

USA High School-Programm seit:
1992

Schülerzahl im USA High School-Programm:
85 (andere Länder 132 Schüler)

USA Partner:
World Heritage

Spätplatzierung:
- Flug zu vorgebuchten Terminen
  (Unterbringung bei Area-Rep oder in Welcome families)
- ✓ Flug erst nach erfolgter Platzierung

Bewerbungsfrist:
31. März

Stipendien (siehe auch Kapitel Stipendien)
ja

Bewerbungsverfahren:
- ✓ Einzelinterview (Schüler und Eltern)
- ✓ Einzelinterview (Schüler)
- ✓ Gruppeninterview (Schüler und Eltern)
- ✓ Gruppeninterview (Schüler)
  ersatzweise telefonisches Interview

Philosophie der Arbeit:

„team! Sprachen & Reisen GmbH veranstaltet Schülersprachreisen und führt High School-Programme durch. Eltern vertrauen uns ihre Kinder an. Wir sind uns dieser Verantwortung bewusst. Bewerbern und Eltern wird von vornherein deutlich gemacht, dass es sich beim High School-Programm nicht um eine touristische Veranstaltung handelt. Die Bewerber und Bewerberinnen müssen bereit sein, sich auf neue Situationen und Lebensgewohnheiten einzustellen. Nur so können positive Erfahrungen in einem neuen Kulturkreis gemacht werden, die nur ein High School-Jahr ermöglicht."

USA High School-Jahr
Preise und Leistungen:

Grundpreis:	EUR 8.260

Leistungen der Organisation im Grundpreis:

Schüler Vorbereitungs-Treffen	
Schüler-Eltern Vorbereitungs-Treffen	✓
BRD Schüler Vorbereitungs-Seminar	✓
USA Schüler Vorbereitungs-Seminar	
Gruppenflug-Begleitung	✓
Elternabende	
Nachbereitungs-Treffen	
Nachbereitungs-Seminar	

Drittleistungen im Grundpreis:

Haftpflicht-Versicherung	
Kranken-Versicherung	
Unfall-Versicherung	
BRD Inland-Flug	✓
Transatlantik-Flug	✓
USA Inland-Flug	✓

Angebote und Leistungen der USA-Partnerorganisation:

Vorbereitungs-Treffen der Gastfamilien	✓
regelmäßiger tel. Kontakt mit dem Area Rep	✓
regelmäßige Treffen mit dem Area Rep	✓
regelmäßige Besuche des Area Rep	✓
Reiseangebote	✓

erwartbare zusätzliche Kosten:

Versicherungs-Paket	EUR	590
Nachber.-Treffen (freiwillig)	EUR	35
Kerosinzuschlag ab		
- Flughafen Frankfurt	ca. EUR	164
- andere Abflughäfen	ca. EUR	212

erwartbarer Endpreis	**EUR 9.107**

(Bitte „Regeln zum Tabellenteil" beachten)

Besonderheiten:

Eine 5-tägige Rundreise und die SEVIS-Gebühr ist im Grundpreis enthalten.

Mitglied in „Deutscher Fachverband High School" (DFH).

1/2 Schuljahr USA im Angebot	✓

Weltweite Austauschprogramme:

- **Argentinien*:**
  EUR 7.460 **, Schülerzahl: 0
- **Australien:**
  EUR 20.220, Schülerzahl: 12
- **Brasilien*:**
  EUR 7.480, Schülerzahl: 1
- **Frankreich*:**
  EUR 5.770, Schülerzahl: 0
- **Großbritannien:**
  ab EUR 10.380, Schülerzahl: 21
- **Irland:**
  ab EUR 12.880, Schülerzahl: 0
- **Kanada:**
  englisch: ab EUR 14.740,
  französisch: EUR 8.040
  Schülerzahl: 58
- **Neuseeland:**
  ab EUR 17.270, Schülerzahl: 40

* Vor- und Nachbereitung ab zehn Teilnehmern.
** Ein halbes Schuljahr.
Alle Programme sind auch für ein halbes Schuljahr möglich.

+++++++ kein Häkchen = Leistung/Punkt nicht vorhanden ++++++

Terre des Langues e.V.

Simmernstraße 67
D-93051 Regensburg

Tel.: (09 41) 56 56 02
Fax: (09 41) 56 56 04
E-Mail: terre-des-langues@t-online.de
Internet: www.terre-des-langues.de

Anzahl Nebenstellen:
2 (siehe Verzeichnis Postleitzahlen)

Rechtsform:
e.V.

Gemeinnützigkeit in Deutschland:
nein

Gründungsjahr:
1995

USA High School-Programm seit:
1995

Schülerzahl im USA High School-Programm:
18 (andere Länder 46 Schüler)

USA Partner:
TERRA LINGUA

Spätplatzierung:
- **Flug zu vorgebuchten Terminen**
  (Unterbringung bei Area-Rep oder in Welcome families)
- ✓ **Flug erst nach erfolgter Platzierung**

Bewerbungsfrist:
solange Plätze vorhanden

Stipendien (siehe auch Kapitel Stipendien)
nein

Bewerbungsverfahren:
- ✓ Einzelinterview (Schüler und Eltern)
- ✓ Einzelinterview (Schüler)
- Gruppeninterview (Schüler und Eltern)
- Gruppeninterview (Schüler)
- ✓ ersatzweise telefonisches Interview

Philosophie der Arbeit:

„Wir sind eine Terre des Langues-Familie. Unsere Mitarbeiter haben viele Jahre Erfahrung im High School-Bereich. Das bedeutet, dass Gastfamilien, Lehrer und Schüler als auch alle Organisatoren sich persönlich kennen. Der gute Geist dieser Familie lebt weit über die Zeit eines Aufenthaltes hinaus."

USA High School-Jahr
Preise und Leistungen:

Grundpreis:	EUR 7.800

Leistungen der Organisation im Grundpreis:

Schüler Vorbereitungs-Treffen	✓
Schüler-Eltern Vorbereitungs-Treffen	✓
BRD Schüler Vorbereitungs-Seminar	
USA Schüler Vorbereitungs-Seminar	
Gruppenflug-Begleitung	
Elternabende	
Nachbereitungs-Treffen	✓
Nachbereitungs-Seminar	

Drittleistungen im Grundpreis:

Haftpflicht-Versicherung	✓
Kranken-Versicherung	✓
Unfall-Versicherung	✓
BRD Inland-Flug	✓
Transatlantik-Flug	✓
USA Inland-Flug	✓

Angebote und Leistungen der USA-Partnerorganisation:

Vorbereitungs-Treffen der Gastfamilien	✓
regelmäßiger tel. Kontakt mit dem Area Rep	✓
regelmäßige Treffen mit dem Area Rep	✓
regelmäßige Besuche des Area Rep	✓
Reiseangebote	✓

erwartbare zusätzliche Kosten:

erwartbarer Endpreis	**EUR 7.800**

(Bitte „Regeln zum Tabellenteil" beachten)

Besonderheiten:

Je nach Teilnehmerzahl kann das Schüler-Eltern Vorbereitungs-Treffen auch zwei Tage dauern.

In den USA findet - je nach Teilnehmerzahl individuell oder in Gruppen - eine Vorbereitung statt.

1/2 Schuljahr USA im Angebot	✓

Weltweite Austauschprogramme:

- **Australien:**
  ab EUR 19.980, Schülerzahl: 1
- **Ecuador:**
  ab EUR 9.600, Schülerzahl: 1
- **Frankreich:**
  EUR 7.200, Schülerzahl: 20
- **Großbritannien:**
  EUR 12.210, Schülerzahl: 6
- **Irland:**
  EUR 16.270, Schülerzahl: 2
- **Kanada:**
  ab EUR 16.800, Schülerzahl: 2
- **Neuseeland:**
  ab EUR 18.200, Schülerzahl: 15
- **Spanien:**
  EUR 13.900, Schülerzahl: 0

Alle Programme sind auch für ein halbes Schuljahr möglich.

+++++++ kein Häkchen = Leistung/Punkt nicht vorhanden ++++++

TravelWorks (Marke der Travelplus Group GmbH)	

Münsterstraße 111
D-48155 Münster

Tel./Fax:	(0 25 06) 8 30 - 30 Fax: - 31
E-Mail:	info@travelplusgroup.de
Internet:	www.schueleraustausch-international.de

Anzahl Nebenstellen:
keine

Rechtsform:
GmbH

Gemeinnützigkeit in Deutschland:
nein

Gründungsjahr:
2001 (seit 2006 Travelplus Group GmbH)

USA High School-Programm seit:
2004

Schülerzahl im USA High School-Programm:
270 (andere Länder 245 Schüler)

USA Partner:
CIEE, Educatis

Spätplatzierung:
  Flug zu vorgebuchten Terminen
  (Unterbringung bei Area-Rep oder in Welcome families)
  ✓ Flug erst nach erfolgter Platzierung

Bewerbungsfrist:
31. März

Stipendien (siehe auch Kapitel Stipendien)
ja

Bewerbungsverfahren:
  ✓ Einzelinterview (Schüler und Eltern)
  ✓ Einzelinterview (Schüler)
  Gruppeninterview (Schüler und Eltern)
  Gruppeninterview (Schüler)
  ersatzweise telefonisches Interview

Philosophie der Arbeit:

„TravelWorks als Marke der Travelplus Group GmbH, ist Mitglied verschiedener weltweiter Qualitätsverbände sowie des DFH (Deutscher Fachverband High School) und Partner des BundesForum Kinder- und Jugendreisen e.V. In den letzten 20 Jahren haben wir im Rahmen unserer verschiedenen Auslandsprogramme über 100.000 zufriedene Teilnehmer auf Reisen geschickt. Wo auch immer die Reise hingehen soll: Gemeinsam mit unseren Partnern weltweit setzen wir von TravelWorks uns dafür ein, dass unsere Teilnehmer ihr High School Programm optimal vorbereitet antreten und im Gastland eine tolle und sichere Zeit haben."

Weltweite Austauschprogramme:

- **Argentinien:**
  EUR 7.950, Schülerzahl: 10
- **Australien:**
  EUR 19.690, Schülerzahl: 59
- **Brasilien:**
  EUR 7.290, Schülerzahl: 8
- **China:**
  EUR 8.100, Schülerzahl: 9
- **Costa Rica:**
  EUR 9.050, Schülerzahl: 8
- **Frankreich:**
  EUR 6.990, Schülerzahl: 21
- **Großbritannien:**
  EUR 12.500, Schülerzahl: 13
- **Kanada:**
  EUR 15.190, Schülerzahl: 57
- **Neuseeland:**
  EUR 16.650, Schülerzahl: 49
- **Spanien:**
  EUR 9.490, Schülerzahl: 5
- **Südafrika:**
  EUR 9.150, Schülerzahl: 9

Bis auf China sind alle Programme auch für ein halbes Schuljahr möglich.

USA High School-Jahr
Preise und Leistungen:

Grundpreis:	EUR 8.830

Leistungen der Organisation im Grundpreis:

Schüler Vorbereitungs-Treffen	
Schüler-Eltern Vorbereitungs-Treffen	✓
BRD Schüler Vorbereitungs-Seminar	
USA Schüler Vorbereitungs-Seminar	✓
Gruppenflug-Begleitung	✓
Elternabende	
Nachbereitungs-Treffen	
Nachbereitungs-Seminar	✓

Drittleistungen im Grundpreis:

Haftpflicht-Versicherung	✓
Kranken-Versicherung	✓
Unfall-Versicherung	✓
BRD Inland-Flug	✓
Transatlantik-Flug	✓
USA Inland-Flug	✓

Angebote und Leistungen der USA-Partnerorganisation:

Vorbereitungs-Treffen der Gastfamilien	✓
regelmäßiger tel. Kontakt mit dem Area Rep	✓
regelmäßige Treffen mit dem Area Rep	✓
regelmäßige Besuche des Area Rep	✓
Reiseangebote	✓

erwartbare zusätzliche Kosten:

Nachber.-Seminar (freiwillig) ca.	EUR	30

---

erwartbarer Endpreis	**EUR 8.860 ***

(Bitte „Regeln zum Tabellenteil" beachten)

Besonderheiten:

* Achtung! Der erwartbare Endpreis kann sich aufgrund eines Gebietszuschlages um EUR 750 erhöhen.

Mitglied in "Deutscher Fachverband High School" (DFH).

1/2 Schuljahr USA im Angebot	✓

++++++ kein Häkchen = Leistung/Punkt nicht vorhanden ++++++

**TREFF –
International Education e.V.**

Am Heilbrunnen 99
D-72766 Reutlingen

Tel.: (0 71 21) 6 96 69 60
Fax: (0 71 21) 6 96 69 69
E-Mail: info@treff-sprachreisen.de
Internet: www.treff-sprachreisen.de

Anzahl Nebenstellen:
1   (siehe Verzeichnis Postleitzahlen)

Rechtsform:
e.V.

Gemeinnützigkeit in Deutschland:
ja

Gründungsjahr:
1984 (seit 1994 als e.V.)

USA High School-Programm seit:
1994

Schülerzahl im USA High School-Programm:
164 (andere Länder 79 Schüler)

USA Partner:
CASE, ERDT, IF, ISE, WE

Spätplatzierung:
    Flug zu vorgebuchten Terminen
    (Unterbringung bei Area-Rep oder in Welcome families)
✓   Flug erst nach erfolgter Platzierung

Bewerbungsfrist:
31. März

Stipendien (siehe auch Kapitel Stipendien)
ja

Bewerbungsverfahren:
✓   Einzelinterview (Schüler und Eltern)
✓   Einzelinterview (Schüler)
✓   Gruppeninterview (Schüler und Eltern)
    Gruppeninterview (Schüler)
    ersatzweise telefonisches Interview

Philosophie der Arbeit:

„Wir wollen es ermöglichen, andere Länder, Kulturen und Lebensweisen kennenzulernen, um so gegenseitige Toleranz und internationale Freundschaften zu fördern. Unseren Bewerbern empfehlen wir, möglichst viel Information zu sammeln. Und zwar aus erster Hand. Vor allem die Erfahrungsberichte von Vorgängern und Bücher ehemaliger Teilnehmer sind eine wichtige Informationsquelle für Interessenten und Eltern. Weiterhin bietet unser Fragebogen in der Broschüre Hilfe bei der Entscheidungsfindung."

USA High School-Jahr
Preise und Leistungen:

Grundpreis: EUR 8.450

Leistungen der Organisation im Grundpreis:

Schüler Vorbereitungs-Treffen	✓
Schüler-Eltern Vorbereitungs-Treffen	✓
BRD Schüler Vorbereitungs-Seminar	
USA Schüler Vorbereitungs-Seminar	
Gruppenflug-Begleitung	✓
Elternabende	
Nachbereitungs-Treffen	
Nachbereitungs-Seminar	✓

Drittleistungen im Grundpreis:

Haftpflicht-Versicherung	✓
Kranken-Versicherung	✓
Unfall-Versicherung	✓
BRD Inland-Flug	✓
Transatlantik-Flug	✓
USA Inland-Flug	✓

Angebote und Leistungen der USA-Partnerorganisation:

Vorbereitungs-Treffen der Gastfamilien	✓
regelmäßiger tel. Kontakt mit dem Area Rep	✓
regelmäßige Treffen mit dem Area Rep	✓
regelmäßige Besuche des Area Rep	✓
Reiseangebote	✓

erwartbare zusätzliche Kosten:

erwartbarer Endpreis **EUR 8.450 ***

(Bitte „Regeln zum Tabellenteil" beachten)

Besonderheiten:

*Achtung! Der erwartbare Endpreis kann sich aufgrund eines Gebietszuschlages um EUR 300 -900 erhöhen.

Die SEVIS-Gebühr ist im Grundpreis enthalten.

1/2 Schuljahr USA im Angebot	✓

Weltweite Austauschprogramme:

- **Australien:**
  ab EUR 19.390, Schülerzahl: 21
- **Kanada:**
  ab EUR 15.740, Schülerzahl: 32
- **Neuseeland:**
  ab EUR 17.490, Schülerzahl: 26

Alle Progra26e sind auch für ein halbes Schuljahr möglich.

+++++++ kein Häkchen = Leistung/Punkt nicht vorhanden ++++++

Xplore GmbH

Theodorstraße 48
22761 Hamburg

Tel.: (0 40) 42 93 36 00
Fax: (0 40) 42 93 36 11
E-Mail: info@xplore.de
Internet: www.xplore.de

Anzahl Nebenstellen:
2 (siehe Verzeichnis Postleitzahlen)

Rechtsform:
GmbH

Gemeinnützigkeit in Deutschland:
nein

Gründungsjahr:
2009

USA High School-Programm seit:
2009

Schülerzahl im USA High School-Programm:
94 (andere Länder 97 Schüler)

USA Partner:
CIEE

Spätplatzierung
- ✓ **Flug zu vorgebuchten Terminen**
  (Unterbringung bei Area-Rep oder in Welcome families)
- ✓ **Flug erst nach erfolgter Platzierung**

Bewerbungsfrist:
15. April

Stipendien (siehe auch Kapitel Stipendien)
ja

Bewerbungsverfahren:
- ✓ **Einzelinterview (Schüler und Eltern)**
- **Einzelinterview (Schüler)**
- **Gruppeninterview (Schüler und Eltern)**
- **Gruppeninterview (Schüler)**
- ✓ **ersatzweise telefonisches Interview**

Philosophie der Arbeit:

„Xplore ist eine Organisation mit sehr erfahrenen Mitarbeitern, die sich seit über 20 Jahren mit Spaß und Enthusiasmus der Vermittlung von Gastschulaufenthalten widmen. Herzlichkeit gegenüber unseren Kunden ist uns ebenso wichtig wie Professionaliät und Pragmatismus; d.h. wir möchten uns authentisch zeigen, nichts versprechen, wo es nichts zu versprechen gibt. Wir versuchen aufzuklären und zu helfen, sehen uns als ultimativ kundenorientierte Organisation mit perfektem Service. Um jeden Bewerber bestmöglich kennen zu lernen, distanzieren wir uns daher von anonymen Sammel-Auswahlgesprächen und oberflächlichen Halbstundentreffen."

Weltweite Austauschprogramme:

- **Argentinien***:
  EUR 9.110, Schülerzahl: 3
- **Australien******:
  ab EUR 20.650, Schülerzahl: 10
- **Brasilien****:
  EUR 8.010, Schülerzahl: 6
- **Dänemark:**
  EUR 9.000, Schülerzahl: 0
- **Frankreich:**
  EUR 6.900, Schülerzahl: ***
- **Großbritannien:**
  EUR 9.650, Schülerzahl: 4
- **Indien:**
  EUR 9.660, Schülerzahl: 3
- **Finnland:**
  EUR 9.000, Schülerzahl: 0
- **Irland:**
  EUR 13.550, Schülerzahl: 11
- **Kanada:**
  ab EUR 15.550, Schülerzahl: 33
- **Neuseeland******:
  ab EUR 18.410, Schülerzahl: 26
- **Norwegen:**
  EUR 9.000, Schülerzahl: 0
- **Schweden:**
  EUR 9.000, Schülerzahl: 1
- **Spanien:**
  EUR 9.250, Schülerzahl: ***

* Einwöchiges Vorbereitungsseminar im Preis enthalten.
** Dreiwöchiges Einführungsprogramm und Sprachkurs im Preis enthalten.
*** Neues Programm.
**** Viertägiges Vorbereitungsseminar in Singapur im Preis enthalten.
Alle Programme sind auch für ein halbes Schuljahr möglich.

USA High School-Jahr
Preise und Leistungen:

Grundpreis: EUR 7.450

Leistungen der Organisation im Grundpreis:

Schüler Vorbereitungs-Treffen	
Schüler-Eltern Vorbereitungs-Treffen	✓
BRD Schüler Vorbereitungs-Seminar	
USA Schüler Vorbereitungs-Seminar	✓
Flugbegleitung	✓
Elternabende	✓
Nachbereitungs-Treffen	
Nachbereitungs-Seminar	✓

Drittleistungen im Grundpreis:

Haftpflicht-Versicherung	✓
Kranken-Versicherung	✓
Unfall-Versicherung	✓
BRD Inland-Flug	
Transatlantik-Flug	
USA Inland-Flug	

Angebote und Leistungen der USA-Partnerorganisation:

Vorbereitungs-Treffen der Gastfamilien	✓
regelmäßiger tel. Kontakt mit dem Area Rep	✓
regelmäßige Treffen mit dem Area Rep	✓
regelmäßige Besuche des Area Rep	✓
Reiseangebote	✓

erwartbare zusätzliche Kosten:

Flüge	ca. EUR 1.200

erwartbarer Endpreis EUR 8.650 *

(Bitte „Regeln zum Tabellenteil" beachten)

Besonderheiten:

* Achtung! Der erwartbare Endpreis kann sich aufgrund eines Gebietszuschlags um EUR 850 erhöhen.

1/2 Schuljahr USA im Angebot	✓

+++++++ kein Häkchen = Leistung/Punkt nicht vorhanden ++++++

Deutsches Youth For Understanding Komitee e.V.

Oberaltenallee 6
D-22081 Hamburg

Tel.: (0 40) 22 70 02 - 0
Fax: (0 40) 22 70 02 - 27
E-Mail: info@yfu.de
Internet: www.yfu.de

Anzahl Nebenstellen:
16* (siehe Verzeichnis Postleitzahlen)

Rechtsform:
e.V.

Gemeinnützigkeit in Deutschland:
ja

Gründungsjahr:
1957 (seit 1965 e.V.)

USA High School-Programm seit:
1957

Schülerzahl im USA High School-Programm:
737 (andere Länder 418 Schüler)

USA Partner:
YFU USA Inc.

Spätplatzierung:
- Flug zu vorgebuchten Terminen
  (Unterbringung bei Area-Rep oder in Welcome families)
- ✓ Flug erst nach erfolgter Platzierung

Bewerbungsfrist:
siehe Internet www.yfu.de

Stipendien (siehe auch Kapitel Stipendien):
ja

Bewerbungsverfahren:
- Einzelinterview (Schüler und Eltern)
- ✓ Einzelinterview (Schüler)
- Gruppeninterview (Schüler und Eltern)
- ✓ Gruppeninterview (Schüler)
  ersatzweise telefonisches Interview

* Rund 2.000 ehrenamtliche Mitarbeiter des Deutschen YOUTH FOR UNDERSTANDING Komitee e.V. sind in 16 lokalen Landesgruppen organisiert und bundesweit aktiv.

Philosophie der Arbeit:

„Als gemeinnützige Organisation setzt sich YFU weltweit für interkulturelle Bildung und Toleranz ein. Unsere Gastfamilien nehmen unsere Teilnehmer unentgeltlich und rein aus Interesse am Austausch bei sich auf. YFU legt großen Wert auf ausführliche Vorbereitung und persönliche Betreuung, damit die Teilnehmer bestmöglich von der Austauscherfahrung profitieren. Da das Einleben in eine neue Kultur sowie der Spracherwerb seine Zeit brauchen, bietet YFU bewusst nur einjährige Programme an. Damit das Austauschjahr nicht von der finanziellen Situation der Familie abhängig ist, vergibt YFU jedes Jahr Stipendien im Wert von rund einer halben Million Euro."

Weltweite Austauschprogramme:
- **Argentinien:** EUR 7.300, Schülerzahl: 27
- **Australien:** EUR 9.900, Schülerzahl: 3
- **Belgien:** EUR 5.800, Schülerzahl: 4
- **Brasilien:** EUR 6.900, Schülerzahl: 31
- **Bulgarien:** EUR 4.900, Schülerzahl: 4
- **Chile:** EUR 7.300, Schülerzahl: 22
- **China:** EUR 8.100, Schülerzahl: 18
- **Costa Rica:** EUR 7.500, Schülerzahl: 10
- **Ecuador:** EUR 7.300, Schülerzahl: 23
- **Finnland:** EUR 6.400, Schülerzahl: 37
- **Frankreich:** EUR 6.900, Schülerzahl: 9
- **Indien:** EUR 6.900, Schülerzahl: 10
- **Japan:** EUR 7.900, Schülerzahl: 17
- **Kanada:** EUR 9.900, Schülerzahl: 4
- **Lettland:** EUR 4.900, Schülerzahl: 13
- **Mexiko:** EUR 7.300, Schülerzahl: 13
- **Schweden:** EUR 6.900, Schülerzahl: 11
- **Südafrika:** EUR 7.100, Schülerzahl: 20
- **Thailand** EUR 6.400, Schülerzahl: 10

Alle Programme sind nur für ein Schuljahr möglich.
Über 40 verschiedene Austauschländer.

USA High School-Jahr
Preise und Leistungen:

Grundpreis: EUR 8.600

Leistungen der Organisation im Grundpreis:

Schüler Vorbereitungs-Treffen	✓
Schüler-Eltern Vorbereitungs-Treffen	✓
BRD Schüler Vorbereitungs-Seminar	✓
USA Schüler Vorbereitungs-Seminar	✓
Gruppenflug-Begleitung	✓
Elternabende	✓
Nachbereitungs-Treffen	✓
Nachbereitungs-Seminar	✓

Drittleistungen im Grundpreis:

Haftpflicht-Versicherung	✓
Kranken-Versicherung	✓
Unfall-Versicherung	✓
BRD Inland-Flug	✓
Transatlantik-Flug	✓
USA Inland-Flug	✓

Angebote und Leistungen der USA-Partnerorganisation:

Vorbereitungs-Treffen der Gastfamilien	✓
regelmäßiger tel. Kontakt mit dem Area Rep	✓
regelmäßige Treffen mit dem Area Rep	✓
regelmäßige Besuche des Area Rep	✓
Reiseangebote	✓

erwartbare zusätzliche Kosten:

erwartbarer Endpreis **EUR 8.600**
(Bitte „Regeln zum Tabellenteil" beachten)

Besonderheiten:
Mitglied im "Arbeitskreis gemeinnütziger Jugendaustauschorganisationen" (AJA).
Siehe auch Kapitel "Stipendien".
Das obligatorische Vorbereitungsseminar in Deutschland dauert 6-7 Tage. In den USA wird ca. zur Mitte und zum Ende des Aufenthaltes ein Orientierungsseminar veranstaltet. Für die deutschen Eltern gibt es mehrere Veranstaltungen.

1/2 Schuljahr USA im Angebot

++++++ kein Häkchen = Leistung/Punkt nicht vorhanden ++++++

www.schueleraustausch.de

Forum : Chat : Termine : Newsletter

Gastschüler in Deutschland: Inbound-Programme

Der wirkliche Austausch im eigentlichen Sinne des Wortes, das heißt auf Gegenseitigkeit, findet schon lange nicht mehr statt. Dennoch kommen jährlich rund 2.000 Schüler aus Ländern aller Kontinente nach Deutschland, um hier ein Schuljahr zu verbringen. Für diese Jugendlichen suchen die deutschen Organisationen Gastfamilien, was leider nicht immer ganz einfach ist. Interessierte Familien können direkt mit den Anbietern Kontakt aufnehmen (Adressen siehe Tabellenteil).

Organisation	Anzahl der Austauschschüler und Herkunft
AFS	637 Schüler aller Kontinenten
AYUSA	60 Schüler aller Kontinente
CAP	Kontinente je Nachfrage
Carl Duisberg	Kontinente je Nachfrage
DFSR	33 Schüler aus Nord- und Südamerika, Ozeanien und Asien
Eurovacances	21 Schüler aus Nord- und Südamerika, Ozeanien, Afrika und Europa
Experiment	136 Schüler aller Kontinente
GIVE	70 Schüler aus Nordamerika, Ozeanien und Europa
GLS	35 Schüler aus Europa, Asien und Südamerika
ICX	29 Schüler verschiedener Kontinente
iE	1 Schüler - Kontinente auf Nachfrage
into	10 Schüler aus Europa
Open Door	59 Schüler aller Kontinente
Partnership	56 Schüler aus Nord- und Südamerika, Asien, Afrika und Europa
STEP IN	115 Schüler aus Nord- und Südamerika, Afrika und Europa
STS	variable Schülerzahl von allen Kontinenten
TASTE	9 Schüler aus Nord- und Südamerika
Terre des Langues	68 Schüler aus Nordamerika und Europa
TREFF	6 Schüler aus Südamerika
YFU	601 Schüler aller Kontinente

Weitere Organisationen

Lokale und überkonfessionelle Anbieter

CJD Arnold-Dannemann-Akademie
Institut für internationale und ökumenische Arbeit
Ottilienberg
D-70531 Eppingen
Tel.: (0 72 62) 91 66 0
Fax: (0 72 62) 91 66 90
E-Mail: cjd.akademie@cjd.de
Internet: www.cjd-akademie.de
➔ USA-Schüleraustausch für Schüler der CJD Jugenddorf-Christophorusschulen und CJD- sowie CVJM-Mitarbeiterkindern auf Gegenseitigkeit an.

Privatschulen, Boarding Schools, Internate

Euro-Internatsberatung GmbH & Co. KG
Münchner Straße 24
D-85774 München
Tel.: (0 89) 45 55 55 77
Fax: (0 89) 45 55 55 70
E-Mail: info@boardingschool.com
Internet: www.internatsberatung.com

INTEDU
International Education
Heidstraße 7
D-42781 Haan
Tel.: (0 21 29) 95 98 61
Fax: (0 21 29) 95 98 62
E-mail: info@intedu.de
Internet: www.intedu.de

i-WAY
Individual Education e.V.
Gleueler Straße 272
D-50935 Köln
Tel.: (02 21) 46 39 47
Fax: (02 21) 46 42 14
E-Mail: info@i-way-ev.de
Internet: www.i-way-ev.de
➔ gemeinnützig

Riedenauer Education
Isabellastraße 17
80798 München
Tel.: (0 89) 28 67 35 61
Fax: (0 89) 28 67 35 62
E-Mail: mail@riedenauer-education.de
Internet: www.riedenauer-education.de

SSB Nottebohm
Schul- und Studienberatung
Bergstraße 124
D-69121 Heidelberg
Tel.: (0 62 21) 9 85 09 50
Fax: (0 62 21) 9 85 09 52
E-Mail: info@ssb-nottebohm.de
Internet: www.ssb-nottebohm.de

Töchter und Söhne
Dr. Detlef Kulessa GmbH
Abeggstraße 1
D-65193 Wiesbaden
Tel.: (06 11) 1 80 58 80
Fax: (06 11) 1 80 58 88
E-Mail: info@internate.org
Internet: www.internate.org

Darüber hinaus bieten fast alle in den Tabellen beschriebenen Organisationen die Vermittlung an Privatschulen, Internate oder Boarding Schools an.

Privat organisierter USA-Aufenthalt

Wer glaubt, durch ein privat organisiertes Schuljahr in den USA Zeit und Geld sparen zu können, muss Folgendes bedenken: Die Public High Schools sind gesetzlich verpflichtet, Gastschülern, die ohne Organisation in die USA kommen, das volle Schulgeld zu berechnen. Dies liegt je nach Gemeinde zwischen 4.900 und 12.500 US$. Dazu kommen die Kosten für den Flug und mögliche Versicherungen - der Gesamtpreis liegt also deutlich über dem Durchschnittspreis von EUR 8.500, den eine Organisation in Deutschland für alle Leistungen (inklusive Vor- und Nachbereitung) verlangt. Auch für den Schulplatz und das Visum muss selbst gesorgt werden. Unterschätzt wird meist auch der bürokratische Aufwand, bis die Organisation des Schuljahres unter Dach und Fach ist. Häufig erreichen uns verzweifelte E-mails oder Anrufe von deutschen Eltern, die mit der Vielzahl von Formularen und Bescheinigungen (stets in englischer Sprache) einfach nicht mehr klarkommen. Hierbei gibt es keine Institution, die dabei hilft. Auch bei der inhaltlichen und persönlichen Vorbereitung des USA-Aufenthaltes sind Schüler und Eltern ganz auf sich allein gestellt. Zusätzlich ist zu bedenken, dass selbst bei Verwandten, bekannten Familien oder Geschäftsfreunden Probleme auftauchen können, die einen Familienwechsel erforderlich machen. Und dann gibt es vor Ort keinen Ansprechpartner, der helfen kann. Schüler (und Eltern in Deutschland) sind in diesem Fall selbst für eine Regulierung verantwortlich. Einige Austauschorganisationen sind nach Absprache bereit, selbst ausgesuchte Gasteltern zu akzeptieren und in ihr Austauschprogramm aufzunehmen. Dann können die Formalitäten über die Austauschorganisation abgewickelt werden. Positive Erfahrungen mit einem privat organisiertem Jahr können Sie in Katjas Erfahrungsbericht im Internet nachlesen: www.schueleraustausch.de/forum

Was zu beachten ist:
- Die gastgebende Schule muß beim United States Citizenship and Immigration Service (USCIS) die Teilnahme am Student and Exchange Visitor Program (SEVP) beantragt haben. Erst dann kann sie das Visumsdokument I-20 ausstellen, das der Schüler benötigt, um in Deutschland das Visum (F-1) zu beantragen.
- Bevor das Visum ausgestellt wird, muss ein Nachweis über die Zahlung des Schulgeldes erbracht werden.

Schulpartnerschaften und Pädagogenaustausch

German American Partnership Program (GAPP)
Pädagogischer Austauschdienst
Graurheindorfer Straße 157
D-53113 Bonn
Tel.: (02 28) 50 10
Fax: (02 28) 50 12 59
E-Mail: pad@kmk.org
Internet: www.kmk-pad.org
➜ Vermittlung von Schulpartnerschaften in Nordamerika (Aufenthaltsdauer 3-4 Wochen) und ganzjähriger Lehreraustausch mit den USA.

Bayerischer Jugendring (BJR)
Internationaler Jugend- und Schüleraustausch
Herzog-Heinrich-Straße 7
D-80336 München
Tel.: (0 89) 51 45 80
Fax: (0 89) 51 45 88-8
E-Mail: info@bjr.de
Internet: www.bjr.de
➜ Internationaler Schüleraustausch auf Gegenseitigkeit für bayerische Schüler (Aufenthaltsdauer 2-9 Monate) in Australien, Frankreich, Großbritannien, Kanada, Neuseeland.

Auch viele Kultusministerien der Bundesländer vermitteln Schulpartnerschaften (siehe Abschnitt "Versetzungsrichtlinien" mit den Kontaktdaten der Ministerien).

Anbieter in Österreich

AFS Österreich
Maria-Theresien-Straße 9/6
A-1090 Wien
Tel.: (01) 3 19 25 20
Fax: (01) 3 19 25 31 32
E-Mail: office@afs.at
Internet: www.afs.at
➜ Austauschziele: siehe AFS Deutschland im Tabellenteil.

AIFS
Erdbergstraße 10/46 (Rochuspark)
A-1090 Wien
Tel.: (01) 14 05 14 52
Fax: (01) 9 43 86 27
E-Mail: wien@aifs.de
Internet: www.aifs.de
➜ Austauschziele und Halbjahresprogramme: siehe AIFS Deutschland im Tabellenteil.

EF Education First Wien
Johannesgasse 16
A-1010 Wien
Tel.: (01) 5 12 82 87
Fax: (01) 5 12 20 76
E-Mail: highschoolyear.at@ef.com
Internet: www.ef.co.at
➜ Austauschziele und Halbjahresprogramme: siehe EF Deutschland im Tabellenteil.

FSTS Gesellschaft für Studienreisen GmbH
Pfeilgasse 1 a
A-1180 Wien
Tel: (01) 4 03 32 51
Tel: (01) 4 08 14 80
E-Mail: fsts@fsts.at
Internet: www.fsts.at
➔ Austauschziele: Australien, Frankreich, Kanada, Neuseeland, Spanien, USA.

into Schüleraustausch e.V.
Währinger Straße 145/15
A-1180 Wien
Tel.: (01) 4 78 75 15
Fax: (01) 4 78 66 03
E-Mail: austria@into-exchange.com
Internet: www.into-schueleraustausch.at
➔ Austauschziele und Halbjahresprogramme: siehe into Deutschland im Tabellenteil.

iST
Mariahilfer Straße 123
A-1060 Wien
Tel.: (01) 59 99 91 21
Fax: (01) 59 99 97 00
E-Mail: info@ist-sprachreisen.at
Internet: www.ist-sprachreisen.at
➔ Austauschziele und Halbjahresprogramme: siehe iST Deutschland im Tabellenteil.

STS-Sprachreisen
Juchgasse 16/17
A-1030 Wien
Tel.: (01) 7 15 26 92
Fax: (01) 7 15 28 08
E-Mail: philine.kowalski@austria.sts.se
Internet: www.sts-highschool.at
➔ Austauschziele und Halbjahresprogramme: siehe STS Deutschland im Tabellenteil.

Travelplus Group GmbH
Tautenhayngasse 21/3
A-1150 Wien
Tel.: (01) 8 17 37 80 10
Fax: (01) 8 17 37 80 26
E-Mail: info@travelworks.at
Internet: www.travelworks.at
➔ Austauschziele und Halbjahresprogramme: siehe Travelplus Deutschland im Tabellenteil.

Youth for Understanding (Österreich)
Postfach 20
A-1182 Wien
Tel.: (01) 8 90 15 06
Fax: (01) 8 90 15 06 99
E-Mail: contact@aea.ch
Internet: www.aea.ch
➔ Austauschziele: siehe YFU Deutschland im Tabellenteil.

Anbieter in der Schweiz

AFS Interkulturelle Programme Schweiz
Kernstraße 57
CH-8004 Zürich
Tel.: (01) 2 18 19 19
Fax: (01) 2 18 19 00
E-Mail: info@afs.ch
Internet: www.afs.ch
➔ Austauschziele: siehe AFS Deutschland im Tabellenteil.

Computer & Ferien CAMPS AG
Hohlstraße 190
CH-8004 Zürich
Tel.: (0 44) 4 66 55 66
Fax: (0 44) 4 66 55 69
E-mail: mail@feriencamps.ch
Internet: www.feriencamps.ch
➔ Austauschziele und Halbjahresprogramme: Argentinien, Australien, Brasilien, Chile, Indien, Kanada, Neuseeland, Spanien, Südafrika, USA. Halbjahresprogramme möglich.

EF Education AG Zürich
Bärengasse 25
CH-8001 Zürich
Tel.: (08 00) 84 88 08
Fax: (43) 4 30 41 00
E-Mail: Kontaktformular im Internet nutzen
Internet: www.ef-swiss.ch
➔ Austauschziele und Halbjahresprogramme: siehe EF Deutschland im Tabellenteil.

The experiment in international living in Switzerland
Dufourstraße 37
CH-8702 Zollikon
Tel.: (01) 2 62 47 77
Fax: (01) 2 62 47 77
E-Mail: info@experiment.ch
Internet: www.experiment.ch
➔ Austauschziele und Halbjahresprogramme: siehe Experiment Deutschland im Tabellenteil.

GLS Lingua Service
Poststraße 22
CH-7000 Chur
Tel.: (0 81) 3 53 47 85
Fax: (0 81) 3 53 47 86
E-Mail: info@linguaservice.ch
Internet: www.linguaservice.ch
➔ Austauschziele und Halbjahresprogramme: siehe GLS Deutschland im Tabellenteil.

ICYE Schweiz
Internationaler Jugend- und Kulturaustausch
Weissensteinstraße 16
CH-3008 Bern
Tel.: (0 31) 371 77 80
Fax: (0 31) 3 71 40 78
E-Mail: info@icye.ch
Internet: www.icye.ch
➔ Austauschziele: Sozialeinsätze in rund 25 Länder.

into Schüleraustausch e.V.
Horlaubenstraße 2 c
CH-7260 Davos Dorf
Tel.: (0 81) 4 10 30 30
Fax: (0 81) 4 10 30 31
E-Mail: switzerland@into.ch
Internet: www.into-schueleraustausch.ch
➔ Austauschziele und Halbjahresprogramme: siehe into Deutschland im Tabellenteil.

iST Zürich
Bahnhofstraße 52
CH-8001 Zürich
Tel.: (01) 2 15 70 10
Fax: (01) 2 15 70 11
E-Mail: info@ist-sprachreisen.ch
www.ist-sprachreisen.ch
➔ Austauschziele und Halbjahresprogramme: siehe iST Deutschland im Tabellenteil.

Kaplan Schweiz
11 Petit-Chêne
CH-1003 Lausanne
Tel.: (21) 3 31 24 24
Fax: (21) 3 31 60 32
E-Mail: info.schweiz@kaplaninternational.com
Internet: www.kaplaninternational.com/ch
→ Austauschziele und Halbjahresprogramme: siehe Kaplan Deutschland im Tabellenteil.

LSI Language Studies International
Kreuzstraße 36
CH-8008 Zürich
Tel.: (44) 2 51 58 25
Fax: (44) 2 51 58 05
E-mail: zur@Lsi.edu
Internet: www.lsizh.ch
→ Austauschziele und Halbjahresprogramme: Australien, Großbritannien, Irland, Kanada, Neuseeland, USA. Halbjahresprogramme möglich.

Rotary Jugendaustausch Schweiz
Bleicheweg 6
CH-5605 Dottikon
Tel.: (0 56) 4 26 50 58
Fax: (0 56) 4 26 79 91
E-Mail: office@rotaryswissyep.ch
Internet: www.rotary-youth-ex.ch
→ Austauschziele: Grundsätzlich stehen weltweit alle Länder zur Auswahl, in denen Rotary vertreten ist und deren Distrikte zertifiziert sind. Austauschschüler leben in zwei bis drei verschiedenen Gastfamilien. Das Programm beruht auf Gegenseitigkeit.

STS Student Travel Schools
Bieberlinstraße 6
CH-8035 Zürich
Tel.: (01) 3 88 68 88
Fax: (01) 3 88 68 87
E-mail: highschool.switzerland@sts-education.ch
Internet: www.sts-education.ch
➔ Austauschziele und Halbjahresprogramme: siehe STS Deutschland im Tabellenteil.

Youth for Understanding (Schweiz)
Monbijoustraße 73
CH-3000 Bern 23
Tel.: (0 31) 3 05 30 60
Fax: (0 31) 3 05 30 61
E-Mail: info@yfu.ch
Internet: www.yfu.ch
➔ Austauschziele: siehe YFU Deutschland im Tabellenteil.

VIII Auswertung und Perspektiven

Die Vorgabe aus der Einleitung, Schüleraustausch sei kompliziert, wurde wohl eingehalten. Wer das Buch durchgearbeitet hat, ist vielleicht zunächst verunsichert. So viele Details und Unwägbarkeiten hängen an dieser Materie, dass ein klares Bild über die Verhältnisse in diesem „boomenden Markt" sich nur schwer formen will.
Wer deutliche Aussagen zu einzelnen Organisationen erwartet hat, ist bis hierher enttäuscht worden. Manch einer wird sich fragen, warum denn die eine oder andere Organisation in diesem Buch überhaupt Berücksichtigung fand, weiß man doch ganz genau, dass sie ...
Genau hier liegt das Problem: Die Kette der Horrorstorys über die angeblichen Schandtaten vereinzelter Organisationen ist lang und reißt nicht ab. Viele unserer Versuche, diesen Geschichten auf den Grund zu gehen, verliefen jedoch im Sande. Fast scheint es uns, als wenn sich die verschiedensten örtlichen Institutionen (Schulämter, Amerikahäuser, Kultusministerien etc.) auf ihre Spezis „eingeschossen" haben, im positiven wie im negativen Sinne. Da kommen dann sicherlich in vielen Fällen noch persönliche Sympathien bzw. Antipathien der einzelnen Mitarbeiter in den Institutionen und den Mitarbeitern diverser Austauschorganisationen dazu. Und schon hört man in bestimmten Regionen über bestimmte Organisationen verdächtig viel Positives bzw. Negatives.
Wir wollen das gar nicht bewerten, da es sich eben um Menschen handelt, die nun mal miteinander klarkommen oder nicht. Wir finden es nur schade, wenn wiederum andere Institutionen oder Vertreter der öffentlichen Meinung diese kleinen „Grabenkriege" ausnutzen, um mit sensationslüsternen Darstellungen die Diskussion um den Schüleraustausch unnötig anzuheizen.
Genau das will dieses Buch nicht. Wir wollen nicht dramatisieren, sondern aufklären. Auch wenn das manchmal eben zu Lasten konkreter Aussagen geht.
Klare Aussagen machen heißt, Bewertungen auszusprechen. Das bedeutet immer, sich zum Richter aufzuschwingen und alle richtigen Antworten zu wissen. Die vorangegangenen Seiten haben gezeigt, dass gerade dies im Bereich Schüleraustausch ausgesprochen schwierig ist. Die Gewissheit, was eine Organisation zu einer guten Organisation

macht, ist schwer zu erlangen. Nach Abschluss dieser Untersuchung, nach unzähligen Gesprächen mit kompetenten Marktteilnehmern sowie vielen Seiten des Literaturstudiums ergibt sich zwangsläufig ein Kriterienkatalog. Die Auflistung dieser Kriterien macht eine Hilfestellung möglich. Trotzdem bleibt die spezifische Problematik – nämlich die Wahl der Austauschorganisation bestehen. Anders als beim Autokauf oder bei sonstigen Konsumgütern kann der Betroffene beim „nächsten Mal" keine Korrektur vornehmen.

Schüleraustausch ist eine einmalige Sache und ist nur in einem winzigen Zeitabschnitt praktikabel. Entsprechend groß ist die Tragik einer schlechten Erfahrung. Viel hängt vom Schüler selbst ab und nicht zuletzt auch von den glücklichen Umständen. Aber, und das ist eine Schlussfolgerung aus diesem Buch, viel hängt auch von den günstigen Startbedingungen ab, von der guten Vorbereitung, von der reibungslosen administrativen Arbeit der Organisation.

Kriterien für besonders gute Arbeit

Zum Abschluss die Kriterien für besonders gute Arbeit im langfristigen Schüleraustausch mit den USA, die wir auch vor dem Ältestenrat des Deutschen Bundestages vorgestellt haben.

1. **Die Organisation sollte den Fragebogen für dieses Buch ausgefüllt zurückgesandt haben.**
   Der Fragebogen war umfangreich, aber – wie uns von den verschiedensten Geschäftsführern der Organisationen immer wieder bestätigt wurde – differenziert und fachkundig. Die Fragen dienten nicht der hinterlistigen Überführung über Machenschaften, sondern alleine der transparenten Darstellung der Marktsituation.

2. **Die Organisation sollte eine in Deutschland selbständige Geschäftsform haben.**
   Die Eltern eines Austauschschülers müssen wissen, wer ihr Ansprechpartner ist – insbesondere im Notfall. Und wenn es ganz schlimm kommt, müssen sie ihr Recht vor einem deutschen Gericht erstreiten dürfen. Organisationen, die aufgrund eines rechtlich nicht selbständigen Status dies nicht ermöglichen, nutzen die Schwächen ihrer Kunden aus. Es kann von keinem ver-

langt werden, in einer fremden Sprache in einem fremden Land und einem fremden Rechtssystem für sein Recht kämpfen zu müssen.

3. **Die Organisation sollte keine Platzierungsgarantie geben.**
Schüleraustausch ist ein „Menschen-zu-Menschen"-Geschäft. Wer behauptet, Vermittlungen zwischen Menschen garantieren zu können, beschönigt die Situation und ignoriert den Tatbestand, dass Jahr für Jahr Schüler unplatziert bleiben.

4. **Die Organisation sollte keine Gebietsgarantie geben.**
Einige amerikanische Organisationen lehnen sogar Teilnehmer ab mit der Begründung, dass es den Bewerbern gar nicht um ein Kennenlernen der Kultur geht, sondern nur um oberflächliches touristisches Interesse.

5. **Die Organisation sollte den Schüler vor einer Annahme persönlich kennenlernen. Daher darf der Bewerbungsablauf nicht ausschließlich schriftlich bzw. telefonisch sein.**
Wir verweisen in diesem Zusammenhang auf die Ausführungen im Abschnitt „Bewerbungsverfahren – Meinungen".

6. **Die Organisation sollte zur Vorbereitung des Schülers mindestens ein mehrtägiges Seminar anbieten.**
Wichtigster Bestandteil der Vorbereitungsarbeit ist die Auslösung eines Bewusstseinmachungs-Prozesses beim Schüler. Fast-Food-Informationen, geballt in wenigen Stunden, können solch einen Prozess mit Sicherheit nicht auslösen. Der Schüler muss die Möglichkeit haben, dialogisch seinen Horizont zu erweitern. Genau dies ist bei einem mehrtägigen Seminar, auf dem Mitarbeiter und Ehemalige „rund um die Uhr" zur Verfügung stehen, am ehesten gegeben.

7. **Die Organisation sollte ein eigenständiges Nachbereitungsangebot (Treffen oder Seminare) im Programm haben.**
Wir verweisen in diesem Zusammenhang auf den Abschnitt „Nachbereitung". Zwar ist die Wiedereingliederungs-Problematik, wie dort beschrieben, eine relativ neue Erkenntnis, trotzdem aber halten wir es für die moralische Pflicht eines Anbieters, sich auch um die emotionalen Folgen des Austausches beim Schüler zu kümmern. Wir erwarten in diesem Zusammenhang in jedem Fall das Angebot einer Nachbereitung, um hier entstande-

ne Konflikte mit der Unterstützung anderer Ehemaliger auffangen zu helfen.

8. **Die Organisation sollte einen oder mehrere Elternabende anbieten.**
Berichte anderer Eltern können helfen, zu relativieren und eigene Erlebnisse mit mehr Abstand zu betrachten. Insbesondere kurz vor Wiederkehr des Kindes ist er von Bedeutung, da die Wiedereingliederung nach einem Jahr USA schwer fallen kann.

Diese Kriterien stellen unsere persönliche Meinung dar, die wir uns gebildet haben aufgrund eigener Erfahrung und als Ergebnis der Arbeit an diesem Buch. Auch die Resonanz von Branchenkennern auf die vorherigen Auflagen des Buches haben das bestätigt.

Die Kriterien erfüllen leider immer noch nur wenige Organisationen. Wir hoffen, dass unser Buch dazu beiträgt, die Qualitätsstandards auf dem Schüleraustauschmarkt beständig zu erhöhen. Unser Ziel ist, dass austauschwillige Schüler und ihre Eltern in Zukunft aus einer gewachsenen Zahl anspruchsvoller Organisationen wählen können.

Dies wird eintreten, wenn sich allgemeine Standards in der Betreuung von und Arbeit mit Austauschschülern durchgesetzt haben. Dann werden Austauschschüler sich voll und ganz auf das ihnen Bevorstehende konzentrieren können: das größte Abenteuer ihres Lebens.

Handlungsbedarf

Zur Festsetzung eines einheitlichen Qualitätsstandards sehen wir folgenden Handlungsbedarf. Diese Vorschläge haben wir allen deutschen Austauschorganisationen zur Abstimmung vorgelegt. Deren Zustimmung finden Sie in % jeweils in Klammern dahinter.

- Einheitliche Qualitätsstandards: Festlegung durch unabhängiges Gremium und/oder gesetzliche Regelungen - z.B. für die Auswahl und Vorbereitung der Teilnehmer. (37%)

- Einrichtung eines Gütesiegels. (18%)

- Mindestanforderungen für die Vor- und Nachbereitung. (30%)

- Spätbewerbungen vermeiden. (26%)

- Informationen an zuständige Lehrer und Schulen. (60%)

- Organisationen sollten auskunftspflichtig sein. „Spontanprüfungen" bei Bewerbungen, Vor- und Nachbereitungen sollten möglich sein. (20%)

- Administrative Hindernisse (z.B. Versetzungsrichtlinien, Anerkennung der im Ausland erbrachten Leistungen) sollten abgebaut werden. (41%)

- Stärkere finanzielle Förderung durch öffentliche Mittel. (45%)

Verzeichnisse

Verzeichnis Organisationen

Advised...............................144	into..........................190, 237, 240
AeA....................................238	ISKA...................................192
AFS.................98, 146, 236, 238	iST..........................194, 237, 240
AIFS..........................148, 236	i-WAY................................233
AMS...................................150	Kaplan.........................196, 241
ASSIST..............................152	Kultur life..........................198
AYUSA..............................154	Lions...................................99
BJR....................................235	LSI......................................241
CAMPS.............................156	MAP..................................200
CAMPS AG.......................239	NWSE................................202
CAP....................................158	OneWorld..........................204
Carl Duisberg....................160	OPEN DOOR....................206
CJD....................................232	Partnership........................208
Dialogzentrum Magdeburg....99	Reflections........................210
DFH.............................99, 113	Riedenauer Education........233
DFSR..................................162	Rotary.........................99, 241
ecse....................................164	SSB....................................233
EEI.....................................166	STEP IN............................212
EF............................168, 236, 239	Stiftung Völkerverständigung ..99
ehighschool........................170	STS....................214, 237, 242
Euro-Internatsberatung......232	TASTE...............................216
EUROVACANCES.............172	team!..................................218
Experiment..................174, 239	Terre des Langues..............220
FSTS..................................237	Töchter und Söhne..............233
FLAG.................................176	Travelworks................222, 238
GAPP.................................235	TREFF...............................224
GIVE..................................178	Xplore................................226
Global Youth Group (GYG)...180	YFU....................98, 238, 242
GLS.............................182, 240	
ICX....................................184	
ICYE..................................240	
iE..188	
INTEDU............................232	
Interact..............................186	

Postleitzahlen

Hier haben Sie sofort einen Überblick über die Organisationen bzw. deren Vertretungen in Ihrer Nähe. Der Hauptsitz ist jeweils **fett** gedruckt.

PLZ	Ort	Organisation(en)
01	Dresden	AFS, EF, iST, YFU
01	Ebersbach	EUROVACANCES
04	Leipzig	AFS, AIFS
06	Halle	AFS
07	Weimar	AFS
09	Chemnitz	AFS, AIFS
10-14	Berlin	AFS, AIFS, **AYUSA,** Carl Duisberg, EF, EUROVACANCES, **GLS**, Partnership, NWSE, Partnership, Xplore, YFU
	Brandenburg	AFS
	Potsdam	AFS, EUROVACANCES, Terre des Langues, YFU
15	Frankfurt	AFS
	Oderland	AFS
17	Greifswald	AFS
18	Rostock	AFS, GLS
19	Schwerin	AFS, YFU
20-22	Hamburg	**AFS, EUROVACANCES**, KulturLife, **STS**, TREFF, **Xplore, YFU**
	Lüneburg	AFS
24	Kiel	AFS, GLS, **Kultur life**, YFU

PLZ	Ort	Organisation(en)
24	Altenholz	EUROVACANCES
25	Elmshorn	**CAMPS**
	Borstel-Hohenrade	EUROVACANCES
26	Oldenburg	AFS, **ICX**
	Ostfriesland	AFS
	Rastede	AIFS
27	Bremerhaven	AFS
28	Bremen	AFS, EUROVACANCES, GLS, YFU
29	Celle	AFS
	Ebstorf	EUROVACANCES
30	Hannover	AFS, Carl Duisberg, **TASTE**, YFU
	Garbsen	Terre des Langues
	Gehrden	EUROVACANCES
31	Leinebergland	AFS
33	Bielefeld	AFS, EUROVACANCES
34	Kassel	AFS
35	Gießen	AFS
	Marburg	AFS
37	Göttingen	AFS
	Leinebergland	AFS
	Rosdorf	EUROVACANCES
	Höxter	**Interact**

PLZ	Ort	Organisation(en)
38	Braunschweig	AFS
38	Velpke	EUROVACANCES
39	Magdeburg	**Dialogzentrum Magdeburg**, YFU
	Stendal	AFS
40	Düsseldorf	AFS, **ASSIST, EF,** EUROVACANCES, **OneWorld**, YFU
41	Linker Niederrhein	AFS
41	Neuss	AIFS
42	Wuppertal	AFS
	Wülfrath	EUROVACANCES
	Haan	**Intedu**
44	Bochum	AFS
	Dortmund	**Advised**, AFS, GLS
45	Essen	AFS, **ehighschool**, EUROVACANCES, **GYG**
46	Bocholt	EUROVACANCES
	Linker Niederrhein	AFS
48	Münster	AFS, EUROVACANCES, **Travelplus**
49	Osnabrück	AFS
50	Köln	AFS, CAMPS, **Carl Duisberg**, **EEI**, **into**, **i-WAY**, **OPEN DOOR**, **Partnership**, **Xplore**
50	Erftstadt	EUROVACANCES
51	Bergisch Gladbach	**team!**

PLZ	Ort	Organisation(en)
52	Aachen	AFS, EUROVACANCES, **juststudies**
53	Bonn	AFS, **AIFS**, **ecse,** EUROVACANCES, **Experiment, GAPP, STEP IN**
	Lohmar	**iE, WWQ**
	Neunkirchen	**FLAG**
54	Trier	AFS
55	Mainz	EUROVACANCES, YFU
56	Koblenz	AFS
56	Bornich	EUROVACANCES
57	Siegen	AFS
58	Hagen	**Reflections**
60	Frankfurt	AFS, **ISKA**
63	Bayer.-Untermain	AFS
	Neu-Isenburg	Carl Duisberg
64	Darmstadt	AFS, EUROVACANCES
	Heppenheim	**DFSR**
65	Wiesbaden	AFS, **ASPECT, Töchter und Söhne**, YFU
	Kelkheim	EUROVACANCES
66	Saarbrücken	AFS, AIFS, Carl Duisberg, YFU
	Wallerfangen	GLS
67	Südpfalz	AFS
68	Mannheim	GLS
69	Heidelberg	AFS, **GIVE, iST, SSB**

PLZ	Ort	Organisation(en)
70	Stuttgart	AFS, **CJD**, EUROVACANCES, GLS, YFU
71	Ludwigsburg	AFS
71	Winnenden	EUROVACANCES
72	Reutlingen	AIFS, **TREFF**
	Tübingen	AFS
74	Bad Rappenau	**AMS**
	Schwäbisch Hall	AFS
76	Karlsruhe	AFS
78	Konstanz	AFS, **CAP**
	Radolfzell	Carl Duisberg
	Schwarzwald-Baar	AFS
79	Freiburg	AFS, NWSE
	Lörrach	AFS
	Schopfheim	EUROVACANCES
80+81	München	AFS, **BJR**, Carl Duisberg, EF, EUROVACANCES, **Euro-Internatsberatung**, GLS, **MAP**, **Riedenauer Education**, TREFF, YFU
82	Gauting	DFSR
85	Buxheim	EUROVACANCES
86	Augsburg	AFS, Terre des Langues
	Bobingen-Waldberg	EUROVACANCES
87	Augsburg	AFS, Terre des Langues
	Kempten	EUROVACANCES

PLZ	Ort	Organisation(en)
88	Friedrichshafen	AFS
89	Ulm	AFS, EUROVACANCES
90	Nürnberg	AFS, EUROVACANCES
91	Buckenhof	EUROVACANCES
	Erlangen	AFS
93	Regensburg	AFS, EUROVACANCES, **Terre des Langues**
94	Passau	AFS
95	Bayreuth	AFS
96	Coburg	AFS
	Bamberg	AFS
	Küps	EUROVACANCES
97	Würzburg	AFS
98	Ilmenau	AFS
99	Erfurt	AIFS, YFU

InsideNews

alles Wissenswerte zum Schüleraustausch

:

monatlich
kostenlos

:

Newsletter
bestellen unter
www.schueleraustausch.de

Austauschländer (Teilnehmerzahlen in Klammern)

Ägypten (1)	AFS
Argentinien (193)	Advised, AFS, CAMPS, CAP, EUROCANCES, Experiment, GIVE, GLS, ICX, iE, into, iST, Kaplan, Kultur life, MAP, OPEN DOOR, Partnership, Step In, STS, TASTE, team!, Travelworks, Xplore, YFU
Aserbaidschan (1)	YFU
Australien (804)	Advised, AFS, AIFS, AYUSA, CAMPS, CAP, Carl Duisberg, DFSR, ecse, ehighschool, EUROVACANCES, Experiment, GIVE, GLS, GYG, ICX, iE, into, ISKA, iST, Kaplan, Kultur life, MAP, OPEN DOOR, STEP IN, STS, TASTE, team!, Terre des Langues, Travelworks, TREFF, Xplore, YFU
Belgien (69)	Carl Duisberg, ehighschool, Experiment, GLS, YFU
Bolivien (12)	AFS
Brasilien (119)	AFS, CAMPS, Experiment, GLS, into, iST, Kultur life, Partnership, STS, team!, Travelworks, Xplore, YFU
Bulgarien (4)	YFU
Chile (91)	AFS, EUROVACANCES, Experiment, GLS, into, Kultur life, OPEN DOOR, Partnership, YFU
China (79)	AFS, AIFS, DFSR, ehighschool, EUROVACANCES, Experiment, GLS, iE, iST, Partnership, STS, Travelworks, YFU
Costa Rica (163)	AFS, AIFS, CAMPS, EUROVACANCES, Experiment, GLS, ICX, into, iST, Kultur life, Kaplan, MAP, Travelworks, YFU
Dänemark (20)	AFS, AYUSA, iST, Xplore, YFU
Dom. Republik (20)	AFS
Ecuador (56)	AFS, Experiment, ICX, OPEN DOOR, Terre des Langues, YFU

Estland (19)	YFU
Finnland (60)	AFS, AYUSA, YFU
Frankreich (248)	Advised, AFS, AYUSA, CAP, Carl Duisberg, DFSR, ehighschool, Experiment, GIVE, GLS, GYG, ICX, into, iST, Kultur life, OPEN DOOR, STEP IN, STS, team!, Terre des Langues, Travelworks, Xplore, YFU
Großbritannien (784)	Advised, AIFS, AYUSA, CAMPS, DFSR, EF, ehighschool, EUROVACANCES, Experiment, GIVE, GLS, GYG, ICX, iE, into, ISKA, iST, Kultur life, OPEN DOOR, Partnership, STS, team!, Terre des Langues, Travelworks, Xplore
Ghana (2)	YFU
Honduras (5)	AFS
Honkong (8)	AFS
Indien (30)	AFS, CAMPS, EEI, Experiment, GLS, into, ISKA, MAP, Xplore, YFU
Indonesien (2)	AFS, YFU
Irland (511)	Advised, AIFS, AYUSA, CAMPS, Carl Duisberg, DFSR, EEI, EF, ehighschool, EUROVACANCES, Experiment, GLS, GYG, ICX, into, ISKA, iST, Kultur life, MAP, Partnership, STEP IN, STS, team!, Terre des Langues, Xplore
Island (2)	AFS
Italien (48)	Advised, AFS, CAP, DFSR, ehighschool, EUROVACANCES, Experiment, GLS, into, iST, STS, TASTE, YFU
Japan (69)	AFS, AYUSA, DFSR, GLS, iST, YFU

Kanada (1.825)	Advised, AFS, AIFS, AMS, AYUSA, CAMPS, CAP, Carl Duisberg, DFSR, ecse, EEI, ehighschool, EUROVACANCES, Experiment, GIVE, GLS, GYG, ICX, iE, into, ISKA, iST, Kaplan, Kultur life, MAP, OPEN DOOR, STEP IN, STS, TASTE, team!, Terre des Langues, Travelworks, TREFF, Xplore, YFU
Kolumbien (10)	AFS
Kroatien (5)	AFS
Lettland (21)	AFS, YFU
Litauen (4)	YFU
Malaysia (20)	AFS
Mexiko (46)	AFS, GLS, TASTE, YFU
Neuseeland (1.748)	Advised, AFS, AIFS, AYUSA, CAMPS, CAP, Carl Duisberg, DFSR, ecse, EEI, EUROVACANCES, Experiment, GIVE, GLS, GYG, iE, into, ISKA, iST, Kaplan, Kultur life, MAP, OPEN DOOR, STEP IN, STS, TASTE, team!, Terre des Langues, Travelworks, TREFF, Xplore
Niederlande (6)	AFS, YFU
Norwegen (47)	AFS, AYUSA, into, YFU
Panama (40)	AFS
Paraguay (20)	AFS
Peru (18)	AFS
Phillipinen (4)	AFS
Polen (23)	AFS, YFU
Portugal (8)	AFS
Rumänien (3)	YFU

Russland (12)	AFS, YFU
Schweden (63)	AFS, AYUSA, GLS, into, iST, STS, Xplore, YFU
Schweiz (7)	AFS, YFU
Serbien (2)	AFS, YFU
Slowakei (8)	YFU
Spanien (118)	Advised, AFS, AIFS, AYUSA, DFSR, EUROVACANCES, Experiment, GLS, GYG, ICX, Interact, into, iST, Kaplan, Kultur life, MAP, OPEN DOOR, Partnership, STEP IN, STS, Travelworks, Xplore
Südafrika (152)	AIFS, CAMPS, CAP, EUROVACANCES, Experiment, GLS, ICX, iE, into, Kultur life, Partnership, STS, Travelworks, YFU
Südkorea (4)	YFU
Tansania (1)	GLS
Thailand (70)	AFS, Experiment, GLS, ICX, into, YFU
Tschechien (7)	AFS, YFU
Türkei (20)	AFS, YFU
Ungarn (13)	AFS, YFU
Uruguay (27)	YFU
USA (8.019)	alle Anbieter außer EEI
Venezuela (29)	AFS

Literatur

Online-Bezugsquellen der hier gelisteten Titel finden Sie auch auf unserer Internetseite **www.schueleraustausch.de** (Literaturtipps).

Erfahrungsberichte

Bartel, Claus-Daniel (2006), „The Best Year of my Life" (Ottendorf: Verlag Piribauer) ISBN 3950214003. EUR 16,90. Tagebuch eines Austausches in New Mexiko im Jahr 2004/2005. 284 Seiten.

Bernuth, Wolf von (1990), „I´m ok in OK - The diary of my year in Oklahoma" (Berlin: Cornelsen) ISBN 3464053296. EUR 7,50. In englischer Sprache verfasstes Tagebuch als Erfahrungsbericht eines Schülers, der ein Austauschjahr in Oklahoma verbrachte. (Mit Vokabel-Anhang). 64 Seiten.

Böckl, Malte (2003), „Die Cowboys warten schon" (Jena: Verlag Neue Literatur) ISBN 3934141587. EUR 9,90. Erfahrungsbericht eines Schülers, der ein Austauschjahr in Texas verbrachte. 97 Seiten.

Faltin, Daniel (2010), "Mein Jahr in den USA" (Berlin: Berliner Wissenschafts-Verlag) ISBN 3830517793. EUR 15. Subjektiver Einblick in das Leben eines Austauschschülers: Von der Idee über die Vorbereitung bis zum letzten Tag in den Staaten und der Rückkehr nach Deutschland. 170 Seiten.

Herberth, Johann (2000), „Als Schüler in den Vereinigten Staaten" (Freiburg: interconnections) ISBN 3860400649. EUR 13,90. In Tagebuchform geschriebener Erlebnisbericht mit einem Teil „Praktische Hinweise" sowie Adress-Sammlung. 218 Seiten.

Kinkead, Katharine T. (1962), „Walk together, talk together" (New York: W.W. Norton) ISBN 039307384X. ca. EUR 15. Ein Zeitdokument: Wie die ersten AFS-Austauschschüler ihren Austausch erlebten, mit welchen Problemen sie kämpfen mußten. Gut geeignet, um die heute Sicht der Dinge zu relativieren (engl.). 101 Seiten.

Koffner, Heidi (2007), „Drei Austauschschüler: In den USA, Australien und Deutschland. Tagebuch einer Mutter" (Gelnhausen: Triga-Verlag) ISBN 3897745674. EUR 13,50. Empfindungen einer Mutter vor, während und nach dem Auslandsaufenthalt ihrer Kinder, in Tagebuchform. 225 Seiten.

Meyerhoff, Joachim (2011), „Alle Toten fliegen hoch" (Köln: Kiepenheuer & Witsch) ISBN 3462042920. EUR 18.95. Von der ersten Seite an folgt der Leser dem jugendlichen Helden, der sich aufmacht, einen der begehrten Plätze in einer amerikanischen Gastfamilie zu ergattern. Aber schon beim Auswahlgespräch in Hamburg werden ihm die Unterschiede zu den weltläufigen Großstadt-Jugendlichen schmerzlich bewusst. Phantastisch erzählt. 319 Seiten.

Picker, Philipp (2007), „Mein High School Jahr am Rio Grande" (BoD) ISBN 3833472057. EUR 11,50. Brownsville/Texas war die neue Heimat des Autors während seines High School Jahres in den USA 2006/2007, wovon er informativ berichtet. 108 Seiten.

Rauner, Max, „Als Gastschüler in den USA" (E-Book für den Kindle) ASIN B0057G5B3S. EUR 5. Der beste Erfahrungsbericht eines Austauschschülers, angereichert mit allem Wissenswerten rund um die Planung und Realisierung eines USA-Schulbesuchs. 517 KB.

Silberzahn, Raphael (2005), „Ein Jahr USA und zurück" (BoD) ISBN 3833421819. EUR 14,50. Der Autor schildert die eigenen Erfahrungen in einem Austauschjahr mit vielen Höhepunkten, aber auch manchmal unüberwindbaren Hindernissen. 188 Seiten.

Willfroth, Dana (2006), „Mein Japanjahr: Ein Tagebuch" (BoD) ISBN 3833467738. EUR 15. Japan hautnah aus der sehr persönlichen Sicht einer Austauschschülerin, die in der elften Klasse ein Jahr an einer buddhistischen Mädchen-High-School und bei Gastfamilien in Tokyo verbrachte. 228 Seiten.

Forschung / Fachliteratur

Abt, Heike / Chang, Celine / de Ponte, Ulrike / Thimmel, Andreas / Zeutschel, Ulrich / Thomas, Alexander / Würbel, Andreas (2007)„Internationale Jugendbegegnungen als Lern- und Entwicklungschance" (Bensberg: Thomas-Morus-Akademie) ISBN 3891981082. EUR 12. Erkenntnisse und Empfehlungen aus der Studie „Langzeitwirkungen der Teilnahme an internationalen Jugendaustauschprogrammen auf die Persönlichkeitsentwick-lung". 234 Seiten.

Bachner, David J. / Zeutschel, Ulrich (2008), „Students of Four Decades: Partipiciants' Reflections on the Meaning and Impact of an International Homestay Experience" (Münster: Waxmann-Verlag) ISBN 3830920822. EUR 19,90. Die Studie dokumentiert die Ergebnisse eines zweijährigen Forschungsprojektes, das im Auftrag von Youth For Understanding (YFU) durchgeführt wurde. Untersucht wurden die Rahmenbedingungen der Teilnahme und die Auswirkungen auf den weiteren Lebensweg der Teilnehmer in den USA und der BRD. 283 Seiten.

Ruffino, Roberto / Hardt, Elisabeth (2003), „Mobility of Secondary School Pupils and Recognition of Study Periods Spent Abroad" (Brüssel: http://efil.afs.org/voice/other_publications/educational-publications) Die Studie untersucht die Mobilität der Europäer hinsichtlich langfristigem Schüleraustausch. 164 Seiten.

Saeger, Jan. G. (2001), "Deutsch-Amerikanischer Schüleraustausch. Frühe Intention und heutige Wahrnehmung" (Erlangen, Selbstverlag: jansaeger@aol.com). EUR 19,80 inkl. Versandkosten. 105 Seiten.

Zeutschel, Ulrich, Hrsg. (2004), „Jugendaustausch – und dann...? Erkenntnisse und Folgerungen aus Wirkungsstudien und Nachbetreuungsangeboten im internationalen Jugendaustausch" (Bensberg: Thomas-Morus-Akademie) ISBN 389198104X. EUR 8. Ergebnisse der Fachtagung „Langzeitwirkungen von Jugendaustausch". 184 Seiten.

Ratgeber

Albert, Alexandra (2011), „Ein Schuljahr in Neuseeland" (Berlin: MANA Verlag) ISBN 3934031587. EUR 16,80. Informativ, was Hinweise zu Land, Leute und Schulsystem betrifft. Schüleraustauschspezifische Themen werden kaum behandelt und von den rund 30 Organisationen, die ein Schuljahr in Neuseeland anbieten, nur sieben Anbieter vorgestellt. 190 Seiten.

Brenneisen, Detlev / Huhn, Angelika / Oehring, Ursula / Puzich, Hartwich (2006), „ABC des echanges. Begleitbuch für den Schüleraustausch" (Langenscheidt) ISBN 3468456115. EUR 8,95. Grundlage einer gezielten Vorbereitung auf einen Schüleraustausch mit Frankreich mit etwa zwei Jahren Sprachvorkenntnissen. 120 Seiten.

Engler, Barbara. (2011), „Schuljahres-Aufenthalte USA" (Stuttgart: Aktion Bildungsinformation e.V.). ISBN 3887200691. EUR 16 inkl. Versandkosten. Allgemeines über High School-Aufenthalte, Entscheidungshilfen, Marktübersicht über 29 deutsche Anbieter. 252 Seiten, Anhang.

Engler, Barbara. (2011), „Schulbesuch weltweit, primär Australien, Kanada, Neuseeland" (Stuttgart: Aktion Bildungsinformation e.V.). ISBN 3887200667. EUR 13 inkl. Versandkosten. 270 Seiten, Anhang.

Giesler, Horst (2011) „Ein Schuljahr in Australien: Gastschüler an einer australischen High School" (Berlin, Mana-Verlag) ISBN 3934031498. EUR 16,80. Dieses Buch begleitet potentielle Kandidaten eines Auslandsschuljahres auf dem Weg von der Bewerbung über den Schulaufenthalt in Australien und wieder zurück. 157 Seiten.

Hansel, Bettina (2007), „The Exchange Student Survival Kit" (London: Nicolas Brealy Publishing) ISBN 1931930317. EUR 28. In englischer Sprache erfährt man hier alles über mögliche Probleme während eines Austauschjahres und wie man diese meistern kann. Gut geeignet als Begleiter während des Austauschjahres. 166 Seiten.

King, Nancy / Huff, Ken (1997), „Host Family Survival Kit - A Guide for American Host Families" (Yarmouth: Intercultural Press) ISBN 1877864374. EUR 28. In englischer Sprache erfährt man hier alles über mögliche Probleme einer amerikanischen Gastfamilie. Gut geeignet, einen Blick „über den Tellerrrand" zu werfen, besonders für Eltern des deutschen Austauschschülers zum Verständnis geeignet. 199 Seiten.

Klein, Stefan (2004), „Rechtshandbuch Schüleraustausch. Die Praxis des Gastschulaufenthaltes und ähnlicher Verträge" (Münster: LIT-Verlag) ISBN 3825872408. EUR 19,90. Der Autor erläutert von der Auswahl bis zur Nachbereitung die rechtlichen Grundlagen des § 651 l BGB, dem Recht zum Gastschulaufenthalt. Die Ausführungen gelten ähnlich für Sprachreisen, Au-Pair Programme und Internatsaufenthalte. 240 Seiten.

Klein, Stefan (2004), „Schüleraustausch" (München: dtv) ISBN 3423580798. EUR 8,50. Der Autor erläutert dem juristischen Laien anhand von Fällen, Beispielen und Musterbriefen, welche Ansprüche bestehen, wenn man mit dem Verlauf des Austauschjahres unzufrieden ist. 204 Seiten.

Maidhoff, Annelie (2010), „Erste Hilfe Schüleraustausch Frankreich (Pons) ISBN 3125617057. EUR 5. Alle wichtigen sprachlichen und kulturellen Infos, um im Gastland anzukommen und gleich klarzukommen, ohne in ein Fettnäpfchen zu treten. 96 Seiten.

Metschar von Klett, Peter (2013), „Erste Hilfe Schüleraustausch USA und Kanada (Pons) ISBN 3125618886. EUR 5. Alle wichtigen sprachlichen und kulturellen Infos, um im Gastland anzukommen und gleich klarzukommen, ohne in ein Fettnäpfchen zu treten. 112 Seiten.

Plöger, Patrik / Stirnberg, Jan (2007), „Far away at home - In der Welt zu Hause" (Eigenverlag www.farawayathome.de) ISBN 300014498. EUR 15. Die Autoren beschreiben das Austauschkonzept von Rotary International, bei dem der gegenseitige Schüleraustausch im Mittelpunkt steht. 176 Seiten.

Richter, Bent (2004), „Ein Austauschjahr. Vom Zauber des Dazugehörens" (Norderstedt: BoD GmbH) ISBN 3833419490. EUR 12,50. Informationen für Schüler und Eltern von der Idee bis zur Entscheidung für oder gegen ein Austauschjahr mit Fallbeispielen und Übungen. 96 Seiten.

Richter, Bent / Gatzky, Janina (2006), „Die Rückkehr aus dem Austauschjahr. Das Ende vom Anfang" (Norderstedt: BoD GmbH) ISBN 3833431899. EUR 15,90. Hilfe für Familien und Schüler, Schwierigkeiten bei der Heimkehr zu überwinden. 168 Seiten.

Taylor, Lucy (2013), „Erste Hilfe Schüleraustausch Großbritannien und Irland (Pons) ISBN 3125618878. EUR 5. Alle wichtigen sprachlichen und kulturellen Infos, um im Gastland anzukommen und gleich klarzukommen, ohne in ein Fettnäpfchen zu treten. 112 Seiten.

Terbeck, Thomas (2013), „Handbuch Fernweh" (Cappenberg: Weltweiser Verlag) ISBN 3935897243. EUR 18,50. Allgemeine Hinweise zum Austauschjahr, Veranstalter-Tabellenteil mit Angaben für die USA und andere Austauschländer. 592 Seiten.

Sonstige

Nöstlinger, Christine (2012), „Das Austauschkind" (Weinhein, Basel: Beltz & Gelberg) ISBN 3407741006. EUR 6,50. Ein englisches Austauschkind in Wien, das alle Regeln und Gebote der Gastfamilie auf den Kopf stellt. Zum Nachdenken und Schmunzeln für Eltern und Schüler. 160 Seiten.

Knorr, Rosanne (2012), „The grown-UP's guide to running away from Home" (E-Book für den Kindle, Ten Speed Press) ASIN B00ASMRFLO. EUR 8. Ratgeber für Eltern, die selbst nicht die Gelegenheit hatten, ein Austauschjahr zu machen und jetzt als Erwachsene einen längeren Auslandsaufenthalt planen oder in einem anderen Land ein neues Leben beginnen wollen (engl.). 1247 KB.

Broschüren, digitale Medien

"Facts about Germany" Alle wichtigen Informationen über Deutschland: Geschichte, Wirtschaft, Bevölkerung etc.. Zum Download in deutscher und englischer Sprache: www.tatsachen-ueber-deutschland.de. Im Buchhandel: Frankfurt: Societäts-Verlag, ISBN 3797310870. EUR 9,90. 168 Seiten.

„**Broschüren und Infos für Jugendliche über Auslandsaufenthalte und internationale Begegnungen**" Diese Faltblätter mit Adressen und Zielgebieten können angefordert werden unter: www.ijab.de. Hier steht auch eine umfangreiche Datenbank zur Verfügung.

"**DVD Deutschland: Von der Zugspitze zur Insel Sylt**" Eine DVD über Deutschland, die in der ganzen Welt in den Sprachen Deutsch, Englisch, Spanisch und Französisch abgespielt werden kann - das ideale Gastgeschenk. Zu bestellen unter www.deutschlandvideos.de.

Wolf, Eva, "**12 Monate Deutschland**" Der Film folgt vier Austauschschülern aus drei Kontinenten in deutsche Gastfamilien und lässt uns teilhaben an ihren Enttäuschungen, Konflikten und Erfolgen in der Fremde. Der Film gibt einen Einblick in Gewohnheiten unter deutschen Dächern und zeigt, dass wir andere Sitten nicht nur in anderen Ländern finden sondern manchmal schon im Haus nebenan. 90 Minuten Dokumentarfilm. www.lemmefilm.de.

Zeitungen/Zeitschriften

World Press Special, „Growing up in the U.S." EUR 2,50. „Read on" EUR 18,60. „September 11" EUR 5 und viele mehr. (Bremen: Eilers & Schünemann: www.sprachzeitungen.de). In englischer Sprache sind zu den jeweiligen Themen aktuelle amerikanische Zeitungsberichte abgedruckt, die einen realen Überblick bieten. Jeweils 64 Seiten.

USA - Geschichte und Gegenwart

Bailey, Thomas A. / Cohen, Lizabeth / Kennedy, David M. (2011), „The Brief American Pageant" (USA: Wadsworth Publishing) ISBN 1111342954. Ca. EUR 46. Ein Standardwerk amerikanischer Geschichte (englisch), zahlreiche Abbildungen, Anhang. 816 Seiten.

Dippel, Horst (2010), „Geschichte der USA" (München: C.H. Beck) ISBN 3406601669. EUR 8,95. Ein komprimierter Überblick über die Geschichte der USA von der Kolonialzeit bis heute. 143 Seiten.

Versetzungrichtlinien der Bundesländer

Die Kultusministerkonferenz verabschiedete am 2. Juni 2006 die neue Fassung zur gymnasialen Oberstufe. Die neue Vereinbarung sieht unter bestimmten Bedingungen die Möglichkeit eines Auslandsaufenthaltes von Schülerinnen und Schülern während der Qualifikationsphase - also den letzten vier Schulhalbjahren - vor, um damit die Mobilität der Schülerinnen und Schüler nicht nur innerhalb Deutschlands sondern Europas und der weiten Welt zu erhöhen. Mehr Infos unter www.kmk.org.

Je nachdem, wie schnell die einzelnen Länder die Neufassung realisieren, gelten bis dahin noch die bestehenden Versetzungsrichtlinien, die auf den folgenden Seiten zu finden sind.

> Wer mehr wissen möchte, kann sich die jeweilige Landesausgabe der schulrechtlichen Sammlung des Luchterhand-Verlages besorgen. Erste Infos unter www.luchterhand.de
>
> Links und Informationen zu den nachfolgenden Ministerien finden sich auch direkt auf der Webseite der Kultusministerkonferenz, wo sie ständig aktualisiert werden:
> www.kmk.org

Bitte beachten Sie auch unsere Regionalforen zu jedem einzelnen Bundesland im Internet unter www.schueleraustausch.de/forum.

Baden-Württemberg

Kurzinfo:
Es besteht grundsätzlich die Möglichkeit, ein Auslandsschuljahr auf Antrag anrechnen zu lassen. Dies gilt gleichermaßen für die Einführungsphase der gymnasialen Oberstufe. Befindet sich der Schüler oder die Schülerin in der Qualifikationsphase, ist nur eine Beurlaubung möglich - alle vier Schulhalbjahre müssen besucht werden.

Originaltext:
§3 (3) „Ein Schüler, für den zum Ende der Klassen 5 bis 10 kein Zeugnis erteilt und damit keine Versetzungsentscheidung getroffen werden kann, weil er an einem längerfristigen Einzelschüleraustausch mit dem Ausland teilgenommen und dort die Schule besucht hat, wird auf Antrag der Erziehungsberechtigten, bei Volljährigkeit auf seinen Antrag ohne Versetzungsentscheidung in die nächsthöhere Klasse bzw. in die Jahrgangsstufe 11 aufgenommen. Abweichend von Satz 1 kann ein Schüler, bei dem die Voraussetzungen von Satz 1 am Ende der Klasse 10 vorliegen und der nicht die dem Unterricht in den Klassen 7 bis 10 entsprechenden Kenntnisse in einer zweiten Pflichtfremdsprache besitzt, nur nach Bestehen einer Feststellungsprüfung in der zweiten Pflichtfremdsprache in die Jahrgangsstufe 11 aufgenommen werden."

Kontakt:
Ministerium für Kultus, Jugend und Sport Baden-Württemberg
Thouretstraße 6
D-70173 Stuttgart
Tel.: (07 11) 27 90
Fax: (07 11) 2 79 28 10
E-Mail: poststelle@km.kv.bwl.de
Internet: www.kultusportal-bw.de

Bayern

Kurzinfo:
Die Anerkennung eines Auslandsschuljahres während der Einfürungsphase (Klasse 11: 13-jähriger Bildungsgang bzw. Klasse 10: 12-jähriger Bildungsgang bis zum Abitur) nach einer Probezeit im 1. Halbjahr der Qualifikationsphase kann auf Antrag gestattet werden, wenn ein regelmäßiger Schulbesuch im Ausland und dabei erzielte Leistungen nachgewiesen werden können.

Originaltext:
§66 (1) „Schülerinnen und Schülern, für die eine Vorrückungsentscheidung nicht getroffen werden kann, weil sie zum Schulbesuch im Ausland beurlaubt waren, wird auf Antrag das Vorrücken auf Probe in die nächsthöhere Jahrgangsstufe gestattet, wenn eine Schule im Ausland ordnungsgemäß besucht wurde und hierüber sowie über die dabei erzielten Leistungen eine Bestätigung der Schule vorgelegt wird. 2§ 63 Abs. 3 gilt entsprechend."

§66 (2) „Dies gilt nicht für Schülerinnen und Schüler, die im der Beurlaubung vorangegangenen Schuljahr das Klassenziel nicht erreicht haben. Solche Schülerinnen und Schüler müssen die nicht bestandene Jahrgangsstufe wiederholen, es sei denn, sie unterziehen sich nach der Rückkehr mit Erfolg der Nachprüfung nach den Vorschriften des § 64. 3Abweichend von § 64 Abs. 1 Satz 1 können in diesem Fall auch Schülerinnen und Schüler, die in Jahrgangsstufe 10 oder 11 des neunjährigen Gymnasiums das Ziel der Jahrgangsstufe nicht erreicht hatten, an der Nachprüfung teilnehmen."

§66 (3) „Schülerinnen und Schüler, die die Vorrückungserlaubnis nicht erhalten haben, im Anschluss daran zum Schulbesuch im Ausland beurlaubt werden und für die infolge dieser Beurlaubung keine Vorrückungsentscheidung getroffen werden kann, gelten im Schuljahr der Beurlaubung nicht als Wiederholungsschülerinnen und Wiederholungsschüler."

Kontakt:
Bayerisches Staatsministerium für Unterricht und Kultus
Salvatorstraße 2
D-80333 München
Tel.: (0 89) 2 18 60
Fax: (0 89) 21 86 28 09
E-Mail: über Kontaktformular auf der Internetseite
Internet: www.stmuk.bayern.de

Berlin

Kurzinfo:
Im 13-jährigen Bildungsgang bis zum Abitur besteht die Möglichkeit, ein Auslandsschuljahr während der Einführungsphase (11. Klasse) auf Antrag anrechnen zu lassen. Die Entscheidung darüber obliegt der Schulleitung. In der Qualifikationsphase kann darüber hinaus die Anrechnung des ersten Kurshalbjahres durch die Schulleitung erfolgen, wenn bestandene Aufnahmeprüfungen in den jeweiligen Prüfungsfächern und die Leistungen im Ausland eine erfolgreiche Fortsetzung des Bildungsgangs erwarten lassen. Im 12-jährigen Bildungsgang bis zum Abitur kann ein Auslandsschuljahr nur als eingeschobenes Jahr zwischen Klasse 10 und 11 absolviert werden.

Originaltext:
§8 (1) „Bei einem höchstens einjährigen Auslandsaufenthalt während der Einführungsphase ist nach Rückkehr auf Antrag die Eingliederung in den bisherigen Schülerjahrgang möglich. Die Entscheidung trifft die Schulleiterin oder der Schulleiter auf der Grundlage eines vor Antritt der Beurlaubung ausgesprochenen Votums der Klassenkonferenz und unter Würdigung der im Ausland erbrachten Leistungen. (...) Die Voraussetzungen für die Wahl eines Faches zum Prüfungsfach sind erfüllt, wenn am Unterricht dieses Faches durchgehend in der Jahrgangsstufe 10 und während des gesamten Auslandsaufenthaltes teilgenommen wurde; über Ausnahmen entscheidet die aufnehmende Schule. (...)"

Kontakt:
Senatsverwaltung für Bildung, Jjugend und Wissenschaft
Bernhard-Weiß-Straße 6
D-10178 Berlin
Tel.: (0 30) 90 22 70
Fax: (0 30) 9 02 27 50 12
E-Mail: briefkasten@senbwf.berlin.de
Internet: www.berlin.de/sen/bwf

Brandenburg

Kurzinfo:
Bei entsprechender Fächerauswahl und erfolgreich erbrachter Leistungen im Ausland kann ein Auslandsschuljahr sowohl in der Einführungsphase und dem 1. Jahr der Qualifikationsphase auf Antrag anerkannt werden. Dies gilt gleichermaßen für den 12- und den 13-jährigen Bildungsgang.

Originaltext:
§4 (1) „Auf Antrag können Schülerinnen und Schüler in der Einführungsphase und den ersten beiden Schulhalbjahren der Qualifikationsphase für einen längstens einjährigen Schulbesuch im Ausland beurlaubt werden. Im letzten Schuljahr der Qualifikationsphase ist eine Beurlaubung für einen Schulbesuch im Ausland unzulässig."
§4 (2) „Nach Rückkehr wird die Schullaufbahn in der Jahrgangsstufe fortgesetzt, die der zuletzt abgeschlossenen jahrgangsstufe folgt. Die Schullaufbahn kann unter Anrechnung der Zeiten des Schulbesuchs im Ausland in der nächsthöheren Jahrgangsstufe fortgesetzt werden, wenn die Schülerin oder der Schüler nachweist, dass mit dem Schulbesuch im Ausland die Voraussetzungen gemäß §8 oder §9 (Anmerkung: Dort ist die Belegverpflichtung in der Einführungs- und Qualifikationsphase geregelt) erfüllt wurden oder die nachgewiesenen Leistungen vor und während des Schulbesuchs im Ausland eine erfolgreiche Mitarbeit in der höheren Jahrgangsstufe erwarten lassen. Die Entscheidung darüber trifft die Schulleiterin oder der Schulleiter der Schule. Sie oder er berät die Schülerin oder den Schüler nachweislich über die weitere Schullaufbahn."

Kontakt:
Ministerium für Bildung, Jugend und Sport
Heinrich-Mann-Allee 107 (Haus 1/1a)
D-14480 Potsdam
Tel: (03 31) 86 60
Fax: (03 31) 8 66 35 95
E-Mail: poststelle@mbjs.brandenburg.de
Internet: www.mbjs.brandenburg.de

Bremen

Kurzinfo:
Es besteht die Option, die während eines Auslandsaufenthalts versäumten Kurshalbjahre der gymnasialen Oberstufe nachzuholen oder zu überspringen. Letzteres ist zulässig, wenn der Schulbesuch im Ausland nicht länger als ein Schuljahr dauert und höchstens ein Halbjahr des ersten Jahres der Qualifikationsphase betroffen ist. Wird ein Halbjahr der Qualifikationsphase übersprungen, werden Kurse des zuletzt besuchten Halbjahres der Einführungsphase in die Gesamtqualifikation eingebracht.

Originaltext:
GyO-VO 3.1 „Die während eines Schulbesuchs im Ausland versäumten Halbjahre der Gymnasialen Oberstufe können entweder nachgeholt oder übersprungen werden. Die Möglichkeit, zu überspringen, kann nur geprüft werden, wenn der Auslandsaufenthalt nicht länger als ein Schuljahr dauert und kein halbjahr der Qualifikationsphase betroffen ist."
GyO-VO 3.2 „Nach der Rückkehr aus dem Ausland führen die Erziehungsberechtigten bzw. volljährigen Schülerinnen und Schüler ein Beratungsgespräch über die weitere Schullaufbahn in der Gymnasialen Oderstufe. Im Einvernehmen mit den Erziehungsberechtigten bzw. den volljährigen Schülerinnen und Schülern wird von der Schule festgelegt, ob die Zurückkehrenden versäumte Halbjahre nachholen oder überspringen. Kommt kein Einvernehmen zu Stande, entscheidet die Schulleiterin oder der Schulleiter."

Kontakt:
Der Senator für Bildung und Wissenschaft
Rembertiring 8-12
D-28195 Bremen
Tel.: (04 21) 3 61 0
Fax: (04 21) 3 61 41 76
E-Mail: office@bildung.bremen.de
Internet: www.bildung.bremen.de

Hamburg

Kurzinfo:
Ein in der Einführungsphase durchgeführter Auslandsaufenthalt kann auf Antrag anerkannt werden, wenn die erbrachten Leistungen der Schüler eine erfolgreiche Fortsetzung der Qualifikationsphase erwarten lassen. Der Eintritt in die Studienstufe ist grundsätzlich nur zu Beginn des ersten Halbjahres zulässig - alle vier Halbjahre der Studienstufe müssen besucht werden.

Originaltext:
§3 (2) „Schülerinnen und Schüler des acht- und sechsstufigen Gymnasiums, des Aufbaugymnasiums und der integrierten Gesamtschule, die im zwölfjährigen Bildungsgang nach dem Besuch der Jahrgangsstufe 9 in die Jahrgangsstufe 10 oder im dreizehnjährigen Bildungsgang nach dem Besuch der Jahrgangsstufe 10 in die Jahrgangsstufe 11 versetzt werden, rücken unter Anrechnung der Dauer des Schulbesuchs im Ausland in die Studienstufe ihrer Schule auf, wenn sie während der gesamten nachfolgenden Jahrgangsstufe oder während des zweiten Halbjahres der nachfolgenden Jahrgangsstufe eine vergleichbare Schule im Ausland regelmäßig besucht haben und wenn zu erwarten ist, dass sie den Anforderungen der Studienstufe gewachsen sein werden. (...)"
§3 (3) „Ist die Voraussetzung des Absatzes 2 Satz 1 nicht erfüllt, rücken die Schülerinnen und Schüler in die Studienstufe nur dann auf, wenn sie nachträglich an der schriftlichen Überprüfung nach § 80 der Ausbildungs- und Prüfungsordnung der Klassen 1 bis 10 der allgemein bildenden Schulen vom 22. Juli 2003 (...) teilgenommen (...) haben."

Kontakt:
Behörde für Schule und Berufsbildung
Hamburger Straße 31
D-22083 Hamburg
Tel.: (0 40) 42 86 30
Fax: (0 40) 4 28 63 28 83
E-Mail: schulinformationszentrum@bsb.hamburg.de
Internet: http://www.hamburg.de/bsb

Hessen

Kurzinfo:
Im Rahmen eines Schüleraustausches sollen Auslandsaufenthalte mit Schulbesuch gefördert werden. Die schulische Ausbildung in Hessen sollen Schülerinnen und Schüler nach Möglichkeit anschließend ohne zeitlichen Verlust fortsetzen. Die Schulleitung entscheidet, ob zusätzlich ein Überprüfungsverfahren zur erfolgreichen Mitarbeit in der gymnasialen Oberstufe erfolgen soll.

Originaltext:
§4 (1) „Aufenthalte in einer ausländischen Schule im Rahmen eines Schüleraustausches oder eines entsprechenden Programms oder eines Praktikums zur Berufsorientierung im Ausland sollen gefördert und den Schülerinnen und Schülern ermöglicht werden, ihre schulische Ausbildung anschließend ohne zeitlichen Verlust fortzusetzen. Die Entscheidung über ein Überprüfungsverfahren nach § 2 Abs. 6 trifft die Schulleiterin oder der Schulleiter."

§4 (2) „Findet der Auslandsaufenthalt von mindestens halbjähriger Dauer während der Qualifikationsphase statt, so können auf Antrag Leistungen der Pflichtfächer aus der Einführungsphase bei der Gesamtqualifikation (§ 26) nach § 23 Abs. 5 angerechnet werden."

§4 (3) "Über die Anerkennung von Leistungen, die eine Schülerin oder ein Schüler in der Qualifikationsphase einer anerkannten deutschen Auslandsschule oder einer Europäischen Schule erbracht hat, entscheidet auf Antrag das Staatliche Schulamt. Dieses gilt auch für Unterrichtsleistungen, die an einer sonstigen ausländischen Schule erbracht worden sind, wenn die Gleichwertigkeit nachgewiesen ist."

Kontakt:
Hessisches Kultusministerium
Luisenplatz 10
D-65185 Wiesbaden
Tel.: (06 11) 36 80
Fax: (06 11) 3 68 20 99
E-Mail: über Kontaktformular auf der Internetseite
Internet: www.kultusministerium.hessen.de

Mecklenburg-Vorpommern

Kurzinfo:
Bei einem Schüleraustausch in der Einführungsphase (Klasse 10) entscheidet der Schulleiter über die Anerkennung. Eine Verkürzung des Besuchs der gymnasialen Oberstufe um die Einführungsphase ist möglich, wenn eine erfolgreiche Teilnahme am Unterricht bestimmter Unterrichtsfächer nachgewiesen werden kann. Die Qualifikationsphase muss durchgängig besucht werden.

Originaltext:

§35 (1) „Auf Antrag kann die Verpflichtung zum Besuch der Einführungsphase um die Zeit eines nachgewiesenen, regelmäßigen und gleichwertigen Schulbesuchs im Ausland verkürzt werden. Erstreckt sich dieser Schulbesuch über die ganze Einführungsphase oder über die Dauer des zweiten Schulhalbjahres, so kann der Eintritt in die Qualifikationsphase ohne Übergangsprüfung erfolgen. Die Entscheidung trifft der Schulleiter nach geeigneter Leistungsüberprüfung. (...)"
§35 (2) „Eine Verkürzung des Besuchs der gymnasialen Oberstufe um die Einführungsphase ist nur möglich, wenn die erfolgreiche Teilnahme am Unterricht mindestens folgender Unterrichtsfächer nachgewiesen wird:
1. Unterricht in beiden Pflichtfremdsprachen aus dem Sekundarbereich I oder Fortsetzung der Pflichtfremdsprache und Beginn einer neuen Fremdsprache
2. Mathematik
3. ein naturwissenschaftliches Fach (Chemie, Biologie, Physik)
4. ein Fach aus dem gesellschaftswissenschaftlichen Aufgabenfeld.
In Zweifelsfällen holt der Schulleiter die Entscheidung der zuständigen Schulaufsichtsbehörde ein. (...)"

Kontakt:
Ministerium für Bildung,
Wissenschaft und Kultur
Werderstraße 124
D-19055 Schwerin
Tel.: (03 85) 58 80
Fax: (03 85) 5 88 70 82
E-Mail: poststelle@bm.mv-regierung.de
Internet: www.regierung-mv.de

Niedersachsen

Kurzinfo:
Bei einem 13-jährigen Bildungsgang kann ein Schulbesuch im Ausland in der Einführungsphase (11. Klasse) auf Antrag anerkannt werden, wenn ein regelmäßiger Schulbesuch im Ausland nachgewiesen wird. Findet der Auslandsaufenthalt während der gesamten Einführungsphase oder im zweiten Schulhalbjahr statt, kann der Schüler ohne Versetzungsentscheid zum Besuch der Qualifikationsphase berechtigt werden. Bei einem 12-jährigen Bildungsgang können im Ausland erbrachte Leistungen im Regelfall nicht in die Einführungs- oder Qualifikationsphase eingebracht werden (Ausnahme: wenn der Nachweis der Gleichwertigkeit erbracht ist.)

Originaltext:
§4 (1) „Die Zeiten eines regelmäßigen und gleichwertigen Schulbesuchs im Ausland werden auf die Verweildauer in der gymnasialen Oberstufe angerechnet, jedoch nicht zulasten der Schülerin oder des Schülers."
§4 (2) „Bei einem Schulbesuch im Ausland erbrachte Leistungen können bei einem zwölfjährigen Bildungsgang auf die in der Einführungs- oder der Qualifikationsphase der gymnasialen Oberstufe zu erbringenden Leistungen im Regelfall nicht angerechnet werden. (...)
§4 (3) „Die Einführungsphase der gymnasialen Oberstufe kann in einem dreizehnjährigen Bildungsgang auf Antrag verkürzt werden, soweit die Schülerin oder der Schüler einen regelmäßigen und gleichwertigen Schulbesuch im Ausland nachweist. Wird die Einführungsphase wegen eines Schulbesuchs nach Satz 1 ganz erlassen oder um das zweite Schulhalbjahr verkürzt, so ist die Schülerin oder der Schüler ohne Versetzung zum Besuch der Qualifikationsphase berechtigt."

Kontakt:
Niedersächsisches Kultusministerium
Schiffgraben 12
D-30159 Hannover
Tel.: (05 11) 12 00
Fax: (05 11) 1 20 74 50
E-Mail: poststelle@mk.niedersachsen.de
Internet: www.mk.niedersachsen.de

Nordrhein-Westfalen

Kurzinfo:
Die Anerkennung eines Auslandsschuljahres während der Einführungspahse (Klasse 10 im 12-jährigen und Klasse 11 im 13-jährigen Bildungsgang) ist bei gegebenem Leistungsstand mit der Zustimmung der Schulleitung möglich.

Originaltext:
§4 (1) „Während der beiden ersten Jahre der gymnasialen Oberstufe können Schülerinnen und Schüler für einen Auslandsaufenthalt gemäß § 34 Abs. 3 SchulG beurlaubt werden. Nach Rückkehr wird die Schullaufbahn grundsätzlich in der Jahrgangsstufe fortgesetzt, in der der Auslandsaufenthalt begonnen wurde. Das zweite Jahr der Qualifikationsphase kann nicht für einen Auslandsaufenthalt unterbrochen werden."

§4 (2) „Schülerinnen und Schüler, die zu einem einjährigen Auslandsaufenthalt in der Einführungsphase oder einem halbjährigen Auslandsaufenthalt im zweiten Halbjahr Einführungsphase beurlaubt sind, können ihre Schullaufbahn ohne Versetzungsentscheidung in die Qualifikationsphase fortsetzen, wenn aufgrund ihres Leistungsstandes zu erwarten ist, dass sie erfolgreich in der Qualifikationsphase mitarbeiten können."

Kontakt:
Ministerium für Schule und Weiterbildung
des Landes Nordrhein-Westfalen
Völklinger Straße 49
D-40221 Düsseldorf
Tel.: (02 11) 58 67 40
Fax: (02 11) 58 67 35 37
E-Mail: poststelle@msw.nrw.de
Internet: www.schulministerium.nrw.de

Rheinland-Pfalz

Kurzinfo:
Die Anerkennung eines Auslandsschuljahres während der Klasse 11 ist nach einer maximal 10-wöchigen Probezeit in der 12. Klasse und mit Einverständnis der Kurslehrerkonferenz möglich.

Originaltext:

§3 LVO 3.1.3 „Schülerinnen und Schüler, die für die Dauer der Einführungsphase zum Besuch einer Auslandsschule beurlaubt waren, können ausnahmsweise in die Jahrgangsstufe 12 eintreten. Spätestens nach 10 Wochen entscheidet die Kurslehrerkonferenz, ob die bis dahin gezeigten Leistungen die Zulassung zur Jahrgangsstufe 12 rechtfertigen. Bei Verbleib in Jahrgangsstufe 12 werden die Noten des Halbjahres 12/2 doppelt gerechnet."

Kontakt:
Ministerium für Bildung, Wissenschaft, Weiterbildung
und Kultur des Landes Rheinland-Pfalz
Mittlere Bleiche 61
D-55116 Mainz
Tel.: (0 61 31) 1 60
Fax: (0 61 31) 16 28 78
E-Mail: poststelle@mbwwk.rlp.de
Internet: www.mbwwk.rlp.de

Saarland

Kurzinfo:
Ein Schulbesuch im Ausland während der Einführungsphase kann auf Antrag anerkannt werden.

Originaltext:
§39 (1) „Die an anerkannten deutschen Auslandsschulen und an Europäischen Schulen erbrachten Schulzeiten werden auf den Leistungsnachweis und die Verweildauer in der gymnasialen Oberstufe angerechnet."
§39 (2) „Im übrigen werden Schulzeiten, die im Ausland verbracht worden sind, auf den Leistungsnachweis und die Verweildauer in der Hauptphase nicht angerechnet; eine Anrechnung auf den Leistungsnachweis und die Verweildauer in der Einführungsphase bedarf in jedem einzelnen Falle der Entscheidung durch den Schulleiter/die Schulleiterin."

Kontakt:
Ministerium für Bildung und Kultur
des Saarlandes
Hohenzollernstraße 60
D-66117 Saarbrücken
Tel.: (06 81) 5 01 74 04
Fax: (06 81) 5 01 75 00
E-Mail: presse@bildung.saarland.de
Internet: www.saarland.de/ministerium_bildung.htm

Sachsen

Kurzinfo:
Schüler können sich nach der 9., 10. oder 11. Klasse für ein Auslandsschuljahr beurlauben lassen. Die Anerkennung des Auslandsschuljahres nach der 9. oder 10. Klasse ist möglich, wenn ein regelmäßiger Besuch und vergleichbare Lerninhalte nachgewiesen werden können. Während der Qualifikationsphase ist eine Anrechnung des Auslandsschuljahres nicht möglich.

Originaltext:
§31 (1) „Nach den Klassenstufen 9 und 10 sowie nach der Jahrgangsstufe 11 können Schüler, die die Klassen- oder Jahrgangsstufe nicht wiederholen müssen, auf ihren Antrag, bei minderjährigen Schülern auf Antrag der Eltern, von der Sächsischen Bildungsagentur für die Zeit eines längstens einjährigen Schulbesuchs im Ausland beurlaubt werden. Die Genehmigung einer Beurlaubung nach der Jahrgangsstufe 11 erfordert, dass die Voraussetzungen für den Eintritt in die Jahrgangsstufe 12 nach Ablauf der Beurlaubung gesichert sind. Der Schüler hat keinen Anspruch auf die Einrichtung eines bestimmten Kursangebotes."

§31 (2) „Nach Beendigung des Schulbesuchs im Ausland im Anschluss an die Klassenstufen 9 und 10 wird der Unterricht in der Klassenstufe oder Jahrgangsstufe fortgesetzt, in die der Schüler vor der Beurlaubung versetzt worden ist. Auf Antrag des Schülers kann die Sächsische Bildungsagentur genehmigen, dass der Unterricht bei Beurlaubung nach der Klassenstufe 9 in der Jahrgangsstufe 11 fortgesetzt wird, wenn eine Schule im Ausland mit vergleichbaren Lerninhalten regelmäßig besucht wurde und hierüber sowie über die dabei erzielten Leistungen eine Bestätigung der Schule vorgelegt wird."

Kontakt:
Sächsisches Staatsminiusterium für Kultus
Carolaplatz 1, Westflügel
D-01079 Dresden
Tel.: (03 51) 56 40
Fax: (03 51) 5 64 25 25
E-Mail: über Kontaktformular auf der Internetseite
Internet: www.smk.sachsen.de

Sachsen-Anhalt

Kurzinfo:
Die Anerkennung eines Schuljahres während der Einführungsphase (10. Klasse) im Ausland ist mit dem Einverständnis des Schulamts möglich. Eine Beurlaubung während der Qualifikationsphase für einen Schulbesuch im Ausland sowie eine Unterbrechung der Qualifikationsphase sind nicht möglich.

Originaltext:
§5 (1) „Eine Beurlaubung zum Schulbesuch im Ausland kann auf Antrag für die Zeit eines nachgewiesenen längstens einjährigen Schulbesuchs im Ausland durch das Staatliche Schulamt genehmigt werden, wenn regelmäßiger Schulbesuch in einem vergleichbaren Bildungsgang nachgewiesen wird."
§5 (2) „Der Schulbesuch im Ausland kann auf Antrag durch das Staatliche Schulamt auf den Besuch der Einführungsphase angerechnet werden. Umfasst dieser Schulbesuch im Ausland auch das zweite Halbjahr der Einführungsphase, kann der Eintritt in die Qualifikationsphase ohne Versetzungsentscheidung erfolgen, wenn in der jeweiligen Landessprache, einer weiteren Fremdsprache, Mathematik, einer Naturwissenschaft und einem Fach des gesellschaftswissenschaftlichen Aufgabenfeldes zumindest ausreichende Leistungen erzielt worden sind. Das Staatliche Schulamt kann im Einzelfall den Eintritt in die Qualifikationsphase auch zulassen, wenn eine vollständige entsprechende Belegung im Gastland nachweislich nicht möglich war. (...)"
§5 (3) „Erfolgt die Beurlaubung nach dem Absolvieren der Einführungsphase und vor Eintritt in die Qualifikationsphase, wird diese Zeit nicht auf die Verweildauer in der gymnasialen Oberstufe angerechnet."
§5 (4) „Eine Beurlaubung vom Besuch der Qualifikationsphase für einen Schulbesuch im Ausland ist unzulässig."

Kontakt:
Kultusministerium des Landes
Sachsen-Anhalt
Turmschanzenstraße 32
D-39114 Magdeburg
Tel.: (03 91) 5 67 01
Fax: (03 91) 5 67 76 27
E-Mail: poststelle@mk.sachsen-anhalt.de
Internet: www.mk.sachsen-anhalt.de

Schleswig-Holstein

Kurzinfo:
Auf Antrag kann ein in Klasse 11 oder 12 absolvierter Auslandsschulbesuch anerkannt werden. Beim Abitur in 12 Jahren kann die 10. Klasse und bei einem Schuljahr auf der Südhalbkugel die erste Hälfte der 11. Klasse anerkannt werden.

Originaltext:
§2 (1) „Besonders leistungsfähige Schülerinnen und Schüler, die in der Jahrgangsstufe 11 im Rahmen eines mindestens halbjährigen, höchstens einjährigen Schulbesuches im Ausland beurlaubt wurden, können nach ihrer Rückkehr einen Antrag auf Überspringen eines Schulhalbjahres der Einführungszeit oder der gesamten Einführungszeit stellen. Bei minderjährigen Schülerinnen und Schülern ist der Antrag jeweils von den Eltern zu stellen. Über den Antrag entscheidet die Schulleiterin oder der Schulleiter."

§13 (7) „Schülerinnen und Schülern, die in der Jahrgangsstufe 12 im Rahmen eines mindestens halbjährigen, höchstens einjährigen Schulbesuches im Ausland beurlaubt wurden, können auf Antrag ausnahmsweise Beleg- und Einbringungsverpflichtungen aus der Jahrgangsstufe 11 auf die für die Jahrgangsstufe 12 geregelten Verpflichtungen angerechnet werden, bei halbjährigem Aufenthalt nur die Leistungen aus dem zweiten Halbjahr der Einführungszeit. über den Antrag entscheidet die Schulleiterin oder der Schulleiter. Sie oder er hat sich vom besonderen Leistungsvermögen der Schülerin oder des Schülers zu überzeugen. Die Übernahme ausländischer Leistungsbewertungen ist nicht möglich."

Kontakt:
Ministerium für Bildung und Wissenschaft
des Landes Schleswig-Holstein
Brunswiker Straße 16-22
D-24105 Kiel
Tel.: (04 31) 98 80
Fax: (04 31) 9 88 58 15
E-Mail: pressestelle@mbf.landsh.de
Internet: www.schleswig-holstein.de/mbw

Thüringen

Kurzinfo:
Die Anerkennung eines Auslandsschuljahres während der Einführungsphase (10. Klasse) ist grundsätzlich möglich, eine Anerkennung von Auslandsschulleistungen in der Qualifikationsphase (11. und 12. Klasse) jedoch nicht.

Originaltext:
§13 "Auslandsaufenthalte können bis zur Dauer eines ganzen Schuljahres genehmigt werden. Der Schüler ist verpflichtet, während dieser Zeit eine Schule im Ausland zu besuchen. Der Schulbesuch ist nach Rückkehr nachzuweisen. Der Schüler besucht nach Rückkehr die Klassenstufe, in die er vor dem Auslandsaufenthalt versetzt worden ist. Findet der ganzjährige Auslandsaufenthalt während des Besuchs der Oberstufe statt, erfolgt keine Anrechnung der Zeit des Auslandsaufenthaltes auf die Höchstverweildauerin der Thüringer Oberstufe.
Abweichend kann auf Antrag der Eltern bzw. des volljährigen Schülers der Schulleiter nach Anhörung der Klassenkonferenz vor Antritt des Auslandsaufenthaltes außer in der Qualifikationsphase der Thüringer Oberstufe beschließen, dass dem Schüler die Möglichkeit eingeräumt wird, nach Rückkehr aus dem Ausland seine Schullaufbahn in der nächst höheren Klassenstufe fortzusetzen. Die Möglichkeit zum Vorrücken kann eingeräumt werden, wenn auf der Grundlage der bisher gezeigten Leistungen zu erwarten ist, dass der Schüler erfolgreich am Unterricht teilnehmen kann. (...)"

Kontakt:
Thüringer Ministerium für Bildung, Wissenschaft und Kultur
Werner-Seelenbinder-Straße 7
D-99069 Erfurt
Tel.: (03 61) 3 79 00
Fax: (03 61) 37 94 690
E-Mail: über Kontaktformular auf der Internetseite
Internet: www.thueringen.de/de/tmbwk

Internet

Damit Sie die hier aufgelisteten Links nicht erst mühsam eintippen müssen, finden Sie diese und viele weitere Links direkt zum Anklicken unter unserer eigenen WWW-Adresse, die wir laufend erweitern und aktualisieren:

www.schueleraustausch.de (Surftipps)

www.schueleraustausch.de/forum
Das Forum zum Schüleraustausch mit Erfahrungsberichten, Chat, Blog, Fotoalben, Terminen, Literatur, Tipps, Links und vielem mehr.

www.schueleraustausch-messe.de
Veranstalter von Schüleraustausch-Messen bundesweit.

www.treffpunkt-ppp.de
Gemeinschaftsprojekt der Teilnehmer des 15. PPP mit Forum, Chat und Infos rund um das Parlamentarische Patenschafts-Programm.

www.50states.com
Informationen und Links zu allen US-Staaten.

www.auswaertiges-amt.de
Homepage des Auswärtigen Amtes mit Länder- und Reiseinformationen, konsularischer Service und Visa-Informationen sowie Broschüren und Adressen der deutschen Auslandsvertretungen.

www.csiet.org
Homepage des Council on Standars for International Educational Travel, der amerikanischen Organisation, die für die Qualitätssicherung bei Austausch- und Lehrprogrammen sorgt. Die Liste der von der CSIET anerkannten Organisationen kann hier abgerufen werden.

www.deutsche-kultur-international.de
Deutsche Kultur International ist ein Gemeinschaftsprojekt der Vereinigung für internationale Zusammenarbeit und wird von der Kulturabteilung des Auswärtigen Amtes gefördert. Programme, Stipendien, Organisationen - Link-Sammlung zum deutsch-amerikanischen Jugendaustausch.

www.deutschlandvideos.de
Eine DVD über Deutschland, die in der ganzen Welt in den Sprachen Deutsch, Englisch, Spanisch und Französisch abgespielt werden kann - das ideale Gastgeschenk.

www.ed.gov
Homepage des U.S. Department of Education. US-Bildungsserver mit Infos über fast alles. Besonders interessant: Schulindex aller US-Schulen.

www.rps-schule.de
Homepage des Oberschulamtes Stuttgart: Auslandskontakte, Schüleraustausch, internationale Schülerbegegnungen und Schülergruppenaustausch (für Klassen und Schülergruppen). Übersicht der Fördermöglichkeiten.

www.koerber-stiftung.de
Homepage der Körber-Stiftung, die das Projekt „Das Transatlantische Klassenzimmer – Schüler erobern die Welt per E-Mail" leitet. Gibt viele Tips und Ideen für Online-Projekte im Unterricht.

www.us-botschaft.de
Homepage der US-Botschaft mit allen notwendigen Adressen, Telefonnummern und Informationen zur Beschaffung eines Visums sowie Infos rund um Studium und Austausch.

www.exchanges.state.gov
Homepage des United States Information Service. Hier findet man zum Beispiel die vorgeschriebenen Versicherungstypen für Austauschschüler.

www.rausvonzuhaus.de
Der Internationale Jugendaustausch und Besucherdienst der Bundesrepublik Deutschland (IJAB) bietet Informationen zu Auslandsaufenthalten und internationalen Begegnungen für junge Leute.

http://nces.ed.gov/globallocator
Die Internetseite bietet eine Suche nach öffentlichen und privaten Highschools mit Eingrenzung auf Ort, Postleitzahl und Entfernung zur Postleitzahl.

Infozentren

www.educationusa.de
In Partnerschaft mit dem US-Außenministerium bietet EducationUSA Beratungsstellen in Deutschland zu Bildungsmöglichkeiten in den USA.

http://german.germany.usembassy.gov/germany-ger/austausch/index.html
Berlin

http://german.duesseldorf.usconsultae.gov
Düsseldorf

www.carl-schurz-haus.de
Freiburg

www.amerikazentrum.de
Hamburg

www.dai-heidelberg.de
Heidelberg

www.amerika-gesellschaft.de
Kiel

http://german.leipzig.usconsulate.gov
Leipzig

www.dialogzentrum-md.de
Magdeburg

www.amerikahaus.de
München

www.dai-nuernberg.de
Nürnberg

www.dai-sb.de
Saarbrücken

www.daz.org
Stuttgart

www.dai-tuebingen.de
Tübingen

2012-2013 CSIET Advisory List

Die hier gelisteten US-Organisationen erfüllen die Standards des CSIET (weitere Infos unter www.CSIET.org) zum Zeitpunkt der Erhebung. CSIET übernimmt mit diesen Angaben keine Garantie für Qualität sowie Art und Weise der Durchführung der Programme einzelner Organisationen. Weiterhin können auch Organisationen, die nicht bei CSIET aufgeführt sind, im Bereich Schüleraustausch arbeiten. Die in Klammern gesetzten Abkürzungen finden Sie im Tabellenteil bei den USA-Partnern der deutschen Organisationen wieder. Soweit vorhanden, sind Internet-Adressen angegeben.

Academic Cultural Exchange Service
Internet: www.exploretheworld.org

Academic Foundation for International Cultural Exchange (AFICE)
Internet: www.afice.org

AFS-USA (AFS)
Internet: www.afsusa.org

American Councils for International Education (ACTR/ACCELS)
Internet: www.americancouncils.org

American Cultural Exchange Service
Internet: www.exploretheworld.org

AIFS Foundation - Academic Year in America
Internet: www.academicyear.org

Amicus International Student Exchange
Internet: www.academicyear.org

American Intercultural Student Exchange
Internet: www.aise.com

Asian American Cultural Exchange Association
Internet: www.aacea.net

ASPECT Foundation
Internet: www.aspectfoundation.org

ASSE International
Internet: www.asse.com

American Secondary Schools for International Students (ASSIST)
Internet: www.assist-inc.org

Association for Teen-Age Diplomats (ATAD)
Internet: www.atad.org

AYUSA International
Internet: www.ayusa.org

Azumano International
Internet: www.azumano.com/international

Children Around the World
Internet: www.childrenaroundtheworld.info

Center for Cultural Interchange (CCI)
Internet: www.cci-exchange.com

Council for Educational Travel
Internet: www.cetusa.org

Council on International Educational Exchange (CIEE)
Internet: www.ciee.org

Cultural Academic Student Exchange, Inc. (CASE)
Internet: www.case-usa.org

Cultural Homestay International (CHI)
Internet: www.chinet.org

Education Travel and Culture, Inc. (ETC)
Internet: www.edutrav.org

Educational and Cultural Interactions
Internet: www.eciprograms.com

Educational Merit Foundation
Internet: www.emfusa.org

Educational Resource Development Trust (ERDT/SHARE)
Internet: www.erdtshare.org

EF Foundation for Foreign Study
Internet: www.effoundation.org

Face the World Foundation (FTW)
Internet: www.facetheworld.org

Foreign Links Around the Globe (FLAG)
Internet: www.flag-intl.org

Forte International Exchange Association
Internet: www.forteexchange.org

Foundation for Academic Cultural Exchange (FACE)
Internet: www.facexchange.org

Foundation for Worldwide International Student Exchange (WISE)
Internet: www.wisefoundation.com

German American Partnership Program Inc. (GAPP)
Internet: www.goethe.de/gapp

Global Insights (GLI)
Internet: www.globalinsights.org

Heritage Student Foundation
Internet: www.heritagestudent.org

International Cultural Exchange Services (ICES)
Internet: www.iceusa.org

International Experience USA (iE-USA)
Internet: www.ie-usa.com

International Fellowship (INFEL)
Internet: www.internationalfellowship.org

International Student Exchange (ISE)
Internet: www.iseusa.com

Ivy Bridge Group
Internet: www.iwbridgegroup.com

Laurasian Institution
Internet: www.laurasian.org

Next International Cultural Exchange
Internet: www.nextacademy.net

Nacel Open Door
Internet: www.nacelopendoor.org

New World Academic and Cultural Exchange
Internet: www.nwace.org

Northwest Student Exchange (NWSE)
Internet: www.nwse.com

NW Services PEACE Program
Internet: www.nw-services.com

Organization for Cultural Exchange Among Nations (OCEAN)
Internet: www.oceanintl.org

Pax - Program of Academic Exchange
Internet: www.pax.org

Quest International
Internet: www.questexchange.org

Reflections International Inc.
Internet: www.reflectionsinternational.org

Rotary: Central States, Empire State, ESSEX, Florida, Ohio-Erie, South Central, YES/SCANEX, District 5190, 5950, 5960
Internet: www.rotary.org

States 4-H International Exchange Programs
Internet: www.states4Hexchange.org

STS Foundation
Internet: www.stsfoundation.org

Student American International (SAI)
Internet: www.studentamericaninternational.com

Terra Lingua USA
Internet: www.terralingua.com

World Experience
Internet: www.worldexperience.org

World Heritage
Internet: www.world-heritage.org

World Link
Internet: www.worldlinkinc.org

Youth For Understanding USA (YFU USA)
Internet: www.yfu-usa.org

Stichworte

Alkohol 81, 90
Alter 33
Ankunft 53
Anpassungsbereitschaft 38
Area-Rep 74ff, 80, 88, 90
Aufenthaltsdauer 27, 87
Ausbildungsfreibetrag 36
Aussehen 42, 81
Austauschländer 26, 101f, 259
   Argentinien 101
   Australien 102
   Brasilien 102
   China 103
   Costa Rica 103
   Ecuador 104
   Frankreich 104
   Großbritannien 105
   Irland 105
   Italien 106
   Japan 106
   Kanada 107
   Mexiko 107
   Neuseeland 108
   Schweden 108
   Spanien 109
   Südafrika 109
Auswahlverfahren 31, 67f, 87f
Autofahren 121ff
BAföG 100
Behörden (USA) 85ff, 133
Betreuer 74ff, 80, 88, 90, 117
Betreuung 88f, 93f, 117, 129
Bewerbung 67, 70ff
Bewerbungsfrist ... 74, 79, 98, 137
Bewerbungsunterlagen .62, 74, 81
Bewerbungsverfahren 70f, 138

Bildungskredit 100
Botschafterfunktion 52, 63
Bundestag 98
Calling-Card 92
Chronische Krankheiten 38
CSIET 25, 75, 87, 293ff
Department
of State 33, 61, 85ff
Deutschlandbild 49ff
DVD 46
ehemalige Schüler .. 69, 71, 79, 82
Eifersucht 64
Einleben 54
Eltern 37, 47, 68, 81
Elternabend 88, 246
E-Mail 35
Feiertage (s.a Holiday Blues) ... 56
Fernsehen 49ff
Flug 126, 133, 139f
Freizeitaktivitäten 38, 44
Freunde 47, 90, 94
Führerschein 121ff
Gastfamilie 35, 76, 89f, 126f
   Auswahl 76
   Platzierung 80, 117
   soziale Stellung 40f, 80
   Suche 74, 76
   Welcome-Families 117, 137
Gastfamilienwechsel ... 62, 79, 89f
Gastgeschenke 46
Gastgeschwister 64
Gebietsgarantie 141, 245
Gebietszuschlag 141
Gegenseitigkeit
des Programms 62, 77, 231
Gemeinnützigkeit ... 87, 118ff, 136

297

Gesetz (s. Bundestag) 117
Gesundheit (s. Versicherung)
Heimweh 56, 58, 64
High School-Diploma 129
Holiday blues 56
Impfungen 86
Inbound-Programme 231
Informationen finden 64f, 130
Informationsmaterial.68f, 88, 289
Internet 66, 110, 289ff
Jahrgangsstufe 33f, 271ff
KFSB 118, 136
Kindergeld 35
Kirche 39, 45
Kleidung 42
Kommunikation 35, 82, 92
Konfliktsituation .. 62, 83, 84f, 91f
Kosten 35, 95, 125, 139
Kulturschock 55, 64, 129
Leistungen 35, 95f, 117, 138ff
Literatur 65, 263
Lokale Anbieter 232
Motivation 37
Nachbereitung 57, 93, 96, 141
Nebenstellen, deutsche 136
Österreichische Anbieter 236
Pädagogenaustausch 235
Parlamentarisches Patenschafts-
Programm (PPP) 98
Partnerorganisation 74, 80, 84, 87
Platzierungsgarantie 121, 245
Preis 35, 95f, 125f
   Grundpreis 118, 125, 127, 138
   Endpreis 118, 125, 127, 140
Privat organisiertes Schuljahr.234
Private High School 232

Rasieren 43
Rauchen 42, 81
Qualitätsstandards 244
Rechtsform 118f, 136
Rechtliche Situation 111, 117
Regeln 47, 53f, 85, 90
Religion 39, 45
Returnees .69, 71, 79, 82, 93, 132
Rückkehr 57, 88, 93
Rücktritt 81
Schule (Dtld.) Anerkennung
   USA-Jahr 34, 124, 271ff
   Beurlaubung 34, 271ff
   Jahrgangsstufe 34, 271ff
Schule USA 86f, 123
   Freizeit 44f
   Kurssystem 43f
   Laufzettel 47
   Leistung 43
Schulpartnerschaft 235
Schulpflicht 33, 271ff
Schweizer Anbieter 238f
Selbständigkeit 47f
Seminar 64, 82ff, 138, 245
Sicherungsschein 118
Sport 44
Sprachkenntnisse 45, 82
Spielregeln 54
Steuervorteil 36
Stipendium 97ff, 138
Taschengeld 35, 140
Telefonieren 90, 92
Treffen 64, 77, 82, 138
Unterbringung 126
US-Botschaft 66, 131, 293
Verpflegung 126

Versicherung............85, 122, 139
Verstehen..............................56
Vertrag................................117
Versetzungsrichtlinien..........271ff
Visum.....................80f, 131, 140
Voraussetzungen
    persönliche...........31f, 36f, 67
    formale...............................33
Vorbereitung (s.a. Seminar,
Treffen)....................63, 74ff, 128
Vorurteile (s. Deutschlandbild)
Wiedereingliederung (s.a. Nach-
bereitung).......34, 57, 88, 93, 245
Zeugnis..................123f, 129, 271

· SPRACHZEITUNGEN ·

Sprachtraining.
Landeskunde.
Vokabelhilfen.

Salut...
Hola...
Hallo...
Hello...
Ciao...

ANGEBOT: *Sie erhalten 3 Monate kostenlosen Zugang zum Online Service + mp3 Audio-Dateien bei Abschluss eines Jahresabonnements.*

*Bitte geben Sie bei Bestellung den Aktionscode **go abroad** an.*
Telefon +49(0)421. 369 03-76

www.sprachzeitungen.de

Das Stipendium
der Kreuzberger Kinderstiftung

Du möchtest ein Schuljahr im Ausland verbringen?

Du wohnst in Berlin, Brandenburg, Sachsen, Sachsen-Anhalt, Mecklenburg-Vorpommern oder Thüringen?

Du besuchst eine Schule, die mit dem Mittleren Schulabschluss endet?

Stipendiatenjahrgang 2012

Dann bewirb dich um ein Stipendium der Kreuzberger Kinderstiftung! Es deckt bis zu 80% der Programmkosten.

Alle Informationen findest du auf
www.kreuzberger-kinderstiftung.de
Oder ruf uns an: 030 – 695 339 70

Kreuzberger | Kinderstiftung

Deutsche Stiftung VÖLKERVERSTÄNDIGUNG

Die Deutsche Stiftung Völkerverständigung ist eine gemeinnützige Stiftung mit Sitz in der Nähe von Hamburg. Wir sind ordentliches Mitglied des Bundesverbandes Deutscher Stiftungen.

Die Stiftung arbeitet für das friedliche Zusammenleben der Menschen unterschiedlicher Kulturen.

Zwecke der Stiftung sind insbesondere

- die Förderung der Toleranz auf allen Gebieten der Kultur und des Gedankens der Völkerverständigung
- die Förderung der Erziehung und Bildung
- die Förderung des bürgerschaftlichen Engagements

Den internationalen Jugendaustausch fördern wir mit

- viele, neutralen Informationen im Internet
- den bundesweiten SchülerAustausch-Messen
- dem SchülerAustausch-Preis
- Deutsches Forum Internationaler Jugendaustausch
- Austausch-Stipendien für Jugendliche die sich sozial engagieren

www.SchuelerAustausch-Messe.de

Aktuelles ● Anbieter ● Austausch-Stipendien ● Termine ● **Tipps**

SchülerAustausch-Messe

Umfassende Informationen

- Ausstellung
- Erfahrungsberichte
- Podiumsdiskussion
- Unabhängige Vorträge

Die führenden Austausch-Organisationen, Beratungsinstitute, Botschaften und Konsulate informieren über:

Schulaufenthalte (Highschool)
Internate, Privatschulen, Praktika, Au Pair
Sprachreisen, Work and Travel, Freiwilligendienste

Finanzierungs- und Versicherungsfragen
Fördermöglichkeiten und Stipendien

Der Eintritt ist frei

Orte, Termine, Aussteller und weitere Informationen:

www.SchuelerAustausch-Messe.de

Aktuelles ● Anbieter ● Austausch-Stipendien ● Termine ● Tipps

IHR VERSTAND
SAGT IHNEN...

IHR
BAUCHGEFÜHL
SAGT IHNEN...

DOCH WIE
BEWEGEN SIE
SICH RICHTIG?

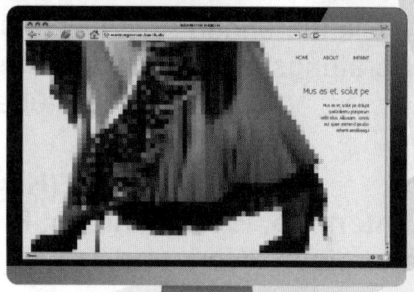

Von der Konzeption und Beratung über Print bis Internet.
Mit Multichannel-Kommunikation führen wir Sie sicher über
das Medienparkett.

AGENTUR BARTH
MARKETING, KOMMUNIKATION
UND DESIGN GMBH

Telefon (0631) 357 17-0
kontakt@agentur-barth.de
www.agentur-barth.de